はじめて読む日本語の歴史

【うつりゆく音韻・文字・語彙・文法】

沖森卓也
Takuya Okimori

ベレ出版

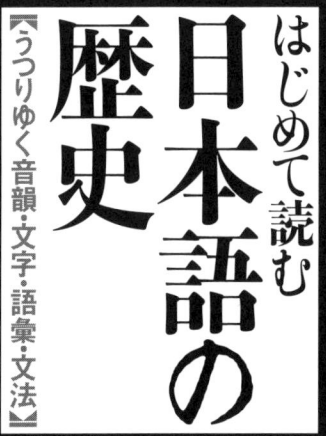

はじめに

『源氏物語』桐壺の巻は「いづれのおほん時にか、女御・更衣あまたさぶらひけるなかに」という言葉で書き始められています。これを与謝野晶子は「どの天皇様の御代であったか、女御とか更衣とかいわれる後宮がおおぜいいた中に」というように訳しています。原文の「いづれの」を「どの」と訳したのは逐語的直訳的なものですが、それでは「いづれの」と「どの」とはどのような関係にあるのでしょうか。

古典の最高峰ともいうべき『源氏物語』は、今からおよそ一〇〇〇年前ころの平安時代の日本語によって書かれたものです。しかし、それが「日本語」であることを疑う人はいないでしょう。古典はむずかしいと多くの人が言うように、両者が直接に連続しているなどとは思われないというのが率直な感想かもしれませんが、『源氏物語』の「日本語」と、現在私たちが使っている「日本語」とはすがた・かたちこそ異なるものの、間違いなく同一のものなのです。そこで、先ほどの問いに対する答えは、両者は同じ日本語の語彙における新古の言い方であり、その変遷の過程を記すと、「いづれ」が「いどれ」を経て「どれ」となり、「これ」が「の」をともなう場合に「この」ともなるように、「どれの」が「どの」というかたちをとるようになったということになります。

古典語を現代語に訳すこと自体がこの両者の隔たりを象徴的に表していますが、私たちの先人たちがふつうにコミュニケーションの場においてずっと用いてきた日本語が、時の流れとともにようすを変えて今日に至っているのです。その意味で、古典語を理解するには、まずその変遷の過程を踏まえておくことが最良の手段であると言えます。また逆に、現代の言葉は古い日本語が変遷を遂げてきた結果のすがたでもあります。すぐ前の言語体系を受け継いで「今」使った言葉は、その一瞬において過去の言葉になり、その積み重ねが歴史を形成していきます。したがって、現代日本語をより深く知るためには、その歴史を理解しておく必要があるのです。

歴史は決して過去だけのものではありません。「今」を作り出す直接の源泉でもあります。私たちが日ごろ何気なく用いる日本語がどのように変遷してきたのか、どのような成り立ちを持っているのか、一度ゆっくり振り返ってみることにしましょう。

二〇一〇年三月

著者

目次

第2章 奈良時代までの日本語

第3章 平安時代の日本語

第4章 鎌倉時代の日本語

第5章 室町時代の日本語

第6章 江戸時代の日本語

第7章 明治以降の日本語

第1章

日本語の歴史とは何か

1. 日本語の歴史を知るということ

歴史を知る意味

日本語の歴史を知るということはどういうことでしょうか。この問いではピンとこない人のために、日本の歴史（日本史）に問いを代えてみましょう。そうすると、日本がどのような歩みを経て現代に至っているか、それは政治経済だけでなく、社会や文化、また国際関係などで積み上げられてきた事実によって、現代日本が成り立っていることをよく知ることであり、今後どのような道を歩むべきかということを自覚するためであると答えられそうです。

このように考えますと、日本語の歴史を知るということは、日本語がどのような変遷を経て現代語として成り立っているか、その構造と体系がどこからもたらされ、今後どのような方向に向かっていくのかということを認識するためであると言えそうです。現代日本語を知るためにも、日本語の歴史を理解しておくことは必須かつ意義深いことなのです。

この書ではふつうの日本史の記述と同じように、古い時代から順に述べることにしますが、それは変化の流れをよりわかりやすくするためです。それぞれの時代に生きた人たちがどのような日本語を話し書いていたのか、それぞれの時代がどのような言語の変化を経験してきたのか、それは現代に生きる私たちとも無縁のことではありません。日本が今後変貌を遂げていくように、日本語もその姿を変化させていくことは止められません。現在はこの一瞬においてすべて過去となっていきますが、その過去によってしか現在がないことを自覚して、日本語の歴史を興味深く見ていくことにしましょう。

2. いつ日本語が生まれたか

日本語の範囲

さて、日本語は日本国の公用語であり、古くから日本民族が用いてきた言語です。この日本語の歴史を記述するとき、いつから日本語が存在すると言えるのでしょうか。そもそも「日本語」という名称は「日本」という国名または地域名とかかわっています。「日本」という国号の成立は七世紀後半であるとされていますから、それ以前は、たとえば「倭国語」などと呼ぶ方がふさわしいとも言えます。

しかし、日本語という言語そのものを扱う上では、単に国名または地域名の成立とだけ関係づけることはできません。ほかの言語とは異なる性質を持ち、連続性があるという実態に即して、極東アジアに位置する島国の一言語として扱うのが穏当でしょう。

そこで、日本語の最も古い姿として認めることのできる例を探しますと、「漢委奴国王」と記す、いわゆる金印がそれに当たります。国名の「倭（委）」が一人称の「ワ」（「我が」の「ワ」）に由来するとする説は疑問もないわけではありませんが、かりにそうでなくても、「倭」はのちに「やまと」とも読まれるところを見ると、そこに連続性を見いだすことができるでしょう。そうすると、『後漢書』に光武帝が倭国の使者に印綬を与えたと記す西暦五七年にまで遡ることができることになります。『魏書』東夷伝倭人条の記事に「卑弥呼」「卑狗」などとあることから見ても、紀元前後に「日本語」が存在したことはまず間違いありません。しかし、それ以前については資料がなく、現時点ではよくわかりません。

日本語の系統

ところで、ある言語がどこからきたかということを研究する分野を「系統論」と称していますが、日本語の系統はどのようなものであったのでしょうか。

日本語の系統については、朝鮮語・ビルマ語・タミル語などに求めたり、アルタイ諸語やオーストロネシア語族などにルーツを探したり、これまでさまざまな説が提出されています。しかし、今日では、特定の言語と同じ系統であるというのではなく、その成り立ちはかなり複雑であったと考えるのが一般的です。

日本語の特徴から見て、語頭にr、l音がない、母音調和（詳しくは後で述べます）がある、人称・性・数・格の変化がない、前置詞ではなく後置詞を用いる、修飾語が被修飾語の前にくることなどから、北方系言語の要素は確かに見られます。これに対して、音節が母音で終わること、頭子音が二つ以上重ならないこと、身体語彙に共通性が見られることなどから、南方系言語の要素も無視できません。このことから考えますと、極東アジアの、太平洋に面する島国において、南方系のオーストロネシア語族の言語を基層とし、これに北方系のアルタイ諸語の言語が押し寄せた結果、多様な特性を併せ持つ独自な言語が形成されてきたというように想定されます。このことは日本人の身体的特徴とも関連していると見られます。

弥生文化には北方系の要素の影響が強いことから、北方系の言語が日本列島の言語にその性質を付与したとすれば、それは弥生時代に入ってからということになります。ここに、文献時代以前の日本語の胚胎期が始まると考えることができるでしょう。

日本語の分布

一方、地域的な分布から見ますと、日本語の方言は一般に次のように区画されます。

- 内地方言
  - 東部方言
  - 西部方言
  - 九州方言
- 琉球方言
  - 奄美大島方言
  - 沖縄方言
  - 先島方言

琉球方言は、独自に発達した面も多いことから、日本語の姉妹語として「琉球語」と呼ばれることもあります。しかし、その言語的特徴から日本語との類縁関係は実証されていて、ふつう日本語の二大方言の一つとして扱っています。「日本語は……」などという場合の日本語は共通語もしくは中央語を無意識的に指して用いることが多いのですが、日本語の中にはさまざまな特徴を持つ方言が存在することを忘れてはならないでしょう。

3. 日本語の歴史を知る手がかり

日本語の資料

では、日本語の歴史を知る手がかりにはどのようなものがあるのでしょうか。それには、まず文字で記されたものが挙げられます。日本語そのものを、もしくは日本語について記した資料です。それには、日本国内のものと日本国外のものとがあり、また、日本の文字で書き記されたもの以外にも、中国語・朝鮮語・ポルトガル語・英語などの外国語によるものもあります。また、その素材について見ると、墨書されたり印刷されたりした紙のほかにも、木簡・竹簡などの木・竹、もしくは布、金石文と呼ばれる銅や鉄などの金属などがあります。これらを一括して、文字で書かれたものということで文字資料と呼ぶことにします。

このほかには、音声として今日に残されているもので、たとえば方言や芸能（謡曲・浄瑠璃など）、法会で僧によって唱えられる声明、新しくは録音資料などによっても古い時代の日本語を、部分的ではありますが、知ることができます。ある時期の言語としてその時代を特定することはできませんが、それらが古い姿を伝えている点で文字資料を補うことができます。

文字資料が時代性を反映するものとして中心的な研究対象となりますが、必ずしも特定の時代に限定できない場合もあります。それが著者または編者が自ら書いたものであれば問題ないのですが、文学作品を中心として、後世の人が写した書物でしか現代に伝わっていないものも少なくありません。出版物であっても初版であれば、その時代のものとして確定できますが、のちに印刷されたものについては注意が必要です。このように、その資料がどの年代のものかを明確にしておくことは歴史を考える上では必須のことです。古くは自筆本が残されていることは稀であって、その場合、本文批判などを通して原本を忠実に復元することが求められることになります。歴史を記述する上で、資料の成立年代というのは非常に重要な要素です。

言葉とその使用者

日本語の歴史という場合、日本列島におけるそれぞれの地域の言語についての歴史であることが望まれます。ただ、右に述べたような文字資料は幸いにして今日に残ったものであって、古く遡れば遡るほど失われたものが多いと想定されます。

さらに、現存する資料の性質から見て、古い時代ほど特定の階層の人々の言語しか知ることができないことも事実です。文字を知り、それを用いた人は時代が古くなるほど限られていましたから、記されている言葉も特定の階層のものに限定されることになります。

奈良・平安時代では、都の貴族および僧侶が書き残した言葉がほとんどを占めます。それが庶民階層の言葉や方言とは異なったものであったことは「下種《げす》のことばには必ず文字余りたり」（枕草子 同じことなれども）、「此当国方言、毛人方言、飛騨方言、東国方言」（東大寺諷誦文稿）などの記述によって知られます。そして、鎌倉時代になりますと、武士の言葉、新仏教の信者たちの言葉などがこれに加わり、室町時代には上層町人の言葉も次第に書き記されるようになりました。さらに、江戸時代になると、特にその後期には下層町人の言葉も残されるようになる一方、方言資料も多く編集されました。

このほか、男女・年齢・職業などによっても言葉に違いがありましたが、それらも古くなるほど資料的な制約があって、わかる範囲に限りがあるのです。このように、記述可能な日本語がどのような人々のものかということも留意点の一つです。

中央語の歴史

右にも記しましたように、方言には古い資料が乏しく、その歴史を体系的に記述するのはなかなか困難です。これに対して、政治・文化の中心である都には文字資料が豊富に残されています。したがって、まずはそれに基づいてそれぞれの時代の言葉を記述するのが合理的であり、また効率的です。このような都の言葉を「中央語」と呼ぶことがありますが、日本語の歴史という場合、ふつう中央語を記述することが優先されることになります。もちろん、可能な限り方言の歴史にも配慮すべきことは言うまでもありません。

この中央語は具体的に言いますと、古くは、都が飛鳥・大坂・奈良、そして千年弱、京都に置かれていましたから、畿内地域のものに相当します。そして、一八世紀中ごろ以降、次第に江戸が上方と並び立つようになり、さらに明治以降東京が首都となったという歴史的背景によって、江戸・東京の言葉が中央語となりました。すなわち、地理的に見ますと、中央語の位置が大きく移動しているのです。このことは日本語の歴史を考える上で、よく理解しておく必要があります。

4．話し言葉の歴史をたどる

話し言葉の歴史

もう一つ重要な点ですが、日本語の歴史は基本的に話し言葉（口語）を記述していきます。

文字を獲得すると、書き言葉（文語）が生じますが、その当初は話し言葉に基づいて書くというものであったと考えられます。しかし、書き言葉に規範的な体系が確立されますと、次第に話し言葉との隔たりが大きくなっていきます。日本語の場合、平安時代まではこの両者にほとんど違いがなかったと見られますが、鎌倉時代になりますと、前代、すなわち平安時代の言語を規範とする書き言葉が用いられるようになりました。話し言葉が言語の変化を反映するのに対して、書き言葉は守旧的・保守的ですから、当然その隔たりは時代の変化とともにはなはだしくなっていきました。一八八七（明治二〇）年以降の言文一致運動によって話し言葉に基づく書き言葉が用いられるまでその状態が続きました。

書き言葉、すなわち文語の歴史も言語生活という観点から見ますと、その解明も必要ではあります。しかし、時代による言語の変化を明らかにすることが日本語の歴史記述の立場ですから、第一義的には話し言葉、すなわち口語の歴史をたどることが求められるわけです。実際には、文語の中に口語の反映を見いだすということにもなるのですが、その「ずれ」からとらえられる断片的な事実から浮かび上がる様相こそが、言語史の自然な流れを物語るものです。ただし、口語だといっても、そこには俗語的な言葉、やや改まった言葉なども含まれていますから、それはある幅を持ったものであることにも留意しておく必要があります。

5. 日本語史の時代区分

歴史と時代区分

私たちはよく「古代」とか「中世」とか「近代」とか、そのような言葉を使って、あるまとまった時代の特徴をとらえようとすることがあります。では、これは何を基準としているのでしょうか。

右のような時代区分の名称は言うまでもなく、ヨーロッパのルネサンス期以降に用いられるようになったものです。模範とすべき古代、その再生（ルネサンス）である近代、その中間にあるのが非合理的・非個性的な中世というものでした。のちに歴史時代が長くなって、市民革命・産業革命以前を近世とも名付けるようになりました。

ただ、このような名称は、近代こそが人間的・個性的・合理的であるというものの見方を不可避的に私たちに植え付けている感が否めません。「おおらかな古代」「暗い中世」「明るい近代」というような漠然としたイメージが無意識的に歴史の見方を偏向させていることはないでしょうか。もちろん、今日では古代・中世の意味づけもルネサンス期当時とは異なってきましたし、これに代わる時代区分の名称に適当なものがないことも事実です。また、歴史を知れば知るほど、その時代を生きぬいた人々の情愛や悲哀、価値観などを知ることで、その概念も組み直されていくでしょうから、時代の名称にとらわれることなく、また、近代中心主義に陥ることもなく、それぞれの時代がどのような様相であったか、それを客観的・実証的に理解し、その流れを虚心に見つめることが、真の意味での歴史理解であるように思われます。

日本語史の時代区分

さて、日本語史における時代区分もルネサンス期の意識が少なからず反映されています。たとえば、古代・中世・近代という三分法では、古典語の成立期（～一〇八六年）までを古代語、古典語が姿を変えてゆく院政時代から安土桃山時代（一〇八六～一六〇三年）までを中世語、現代語的な様相を呈する江戸時代以降（一六〇三年～）を近代語と呼ぶのがだいたいの傾向です。また、古代・中世・近世・近代という四分法では、古代・中世は右に同じですが、江戸時代（一六〇三〜一八六八年）のものを近世語、明治維新以降のものを近代語と名付けています。日本史や日本文学史におけるそれとほぼ重なって用いられていると言えます。

これらをさらに細分化して、古代語の中を、古典語として未完成である奈良時代以前のものを上代語、後世模範とされる古典語として完成した平安時代のものを中古語（院政時代を含まないことが多い）としたり、中世語の中を、鎌倉時代までを前期、南北朝以降を後期としたり、近世語も宝暦（一七五一〜六四年）を境として、上方を中心とする前期、江戸を中心とする後期とに分けたりすることもあります。その一方で、大きく二つに分けて、古典語的様相を呈する鎌倉時代（〜一三三三年）までを古代語、現代語的様相を呈する南北朝時代（一三三三〜九二年）以降を近代語と称することもあります。

このような名称とは別に、政治史に基づいて政権の所在地によって、奈良時代（および、それ以前）・平安時代・鎌倉時代・室町時代・江戸時代などと時代を区分することもあります。社会や文化が言語と密接な関係にあることを考慮すれば、そのような時代区分も有効でしょう。そこで、以上のような時代区分をまとめて左に図示しておきましょう。

このほかに、明治以降については、第二次世界大戦前までを近代語、それ以降を現代語と呼ぶことも可能でしょう。ただ、どのように時代区分するにしても、それぞれの時代の歴史的特徴を実証的に位置づけることが求められます。日本語の時代区分において、それが二分法でいいのか三分法でいいのか、いくつに区分すべきかは、歴史の流れを主体的に把握する上に立って行われなければならないでしょう。

二分法	古代			近代			
三分法	古代		中世		近代		
四分法	古代		中世		近世		近代
五分法	上代	中古	中世		近世		近代
七分法	上代	中古	中世前期	中世後期	近世前期	近世後期	近代
政治史的区分	奈良時代以前	平安時代	院政・鎌倉時代	室町時代	江戸時代前期	江戸時代後期	明治以降

6. うつりゆく音韻・文字・語彙・文法

本書の構成

「古代・中世・近世・近代」などという時代区分の名称は、右に述べましたように、何分法の立場に立つかによって、扱う範囲が異なることになります。特に「近代」という名称を使った場合、混乱が生じかねません。そこで、本書では、政治史に基づく、「奈良時代まで」「平安時代」「鎌倉時代」「室町時代」「江戸時代」「明治以降」という名称を用いることとし、院政時代はその言語的特徴によって鎌倉時代に含めることにしました。それは、本書を読み終えた後、時代区分について改めて考えていただきたいからでもあります。いくつに時代区分するのが適当か、その答えを出すようにしてください。それが取りも直さず、歴史の流れを客観的かつ主体的に見つめることになるからです。

各時代の記述においては音韻・文字・語彙・文法という分野に分けて述べることにしました。その導入としてそれぞれの時代の概観を記し、叙述の流れに従って適宜右の諸分野の記述を配置しました。そのため、常に一定の順序になっていませんので、その点は留意してください。そして、古典語から現代語への流れを重視して記述しました。したがって、なるべく現代語とかかわる話題を中心に据えましたので、必ずしも日本語の歴史を網羅的に扱ったものでないことも断っておきます。

本書の記述は、これまでの研究成果に多くを負っています。それを逐一記すことは敢えて省くことにしましたが、ここにその学恩に深く謝意を表します。特に、『日本国語大辞典』（第二版）は大いに参考させていただき、また引用に際してもこれに負うところが少なくありません。関係各位に深謝申し上げる次第です。また、もっと知りたい、もっと読みたいと思った方のために参考文献を巻末に付しました。本書が日本語の理解をより深めるきっかけとなるように切に願っています。

第2章

奈良時代までの日本語

1．奈良時代までの言語と社会―日本語が誕生する

奈良時代までの概観

縄文時代・弥生時代を経て、古墳時代に入るのが三、四世紀のことですが、この頃から大和朝廷は日本列島の支配を次第に固めていきます。七世紀後半になると、中国から律令制度を取り入れて国家としての体裁を整え、本格的な都城の造営も行われました。そして、七九四年に平安京に遷都されるのですが、それまでの時代をここでは扱うことにしましょう。

八世紀に成立した資料には『古事記』『日本書紀』『風土記』そして『万葉集』などがあります。これらは正式の漢文（純漢文）、または日本語的な要素の混ざった変体漢文（和化漢文）で書かれていますが、中には万葉仮名だけで書き記す万葉仮名文、また訓を主体とした表記もあって、日本語の最も古い姿が知られます。その具体的な手順については後で触れることにしますが、右のような書物を通して知られる言葉は奈良・飛鳥を中心とした畿内の、しかも主に貴族階級の言語です。その上、残された資料が歌謡・和歌に偏っていますので、次の平安時代の言語と比べるには少し注意が必要です。つまり、歌の言葉が主となる奈良時代以前の文献に、ある語・表現が見られないからといって、それらが当時において口語で用いられていた可能性をまったくは否定しきれないのです。

奈良時代の方言

中央語以外の言葉については、『万葉集』巻一四の東《あずま》歌や巻二〇の防人《さきもり》歌を通して東国（北海道を除く東日本）の方言が知られますが、それらは大和地方の言葉とはやや異なった体系を持っていました。

知《ち》々《ち》波《は》々《は》我《が》可《か》之《し》良《ら》加《か》伎《き》奈《な》弖《で》佐《さ》久《く》安《あ》例《れ》弖《て》伊《い》比《ひ》之《し》気《け》等《と》婆《ば》是《ぜ》和《わ》須《す》礼《れ》加《か》祢《ね》豆《つ》流《る》（万葉集　四三四六）

右は駿河《するが》国（今の静岡県）出身の防人の歌です。第二句までは「父母《ちちはは》が頭《かしら》かき撫《な》で」ですが、第三句「さくあれて」は「幸《さき》くあれと」の転、第四句「いひしけとばぜ」は「言ひし言葉《ことば》ぞ」の転、第五句は「忘れかねつる」で、全体の意味は〈父と母が頭を撫でて、元気でいろよと言った言葉が忘れられない〉となります。ここでは中央語のオ段の音がエ段の音となる例が見られますが、音韻が対応しているという点から見て基本的には同じ系統の言葉であり、方言として扱うことができます。

今日に至るまで東日本と西日本の言語の違いが引き継がれていますが、そのような対立がすでに奈良時代において確認できることは幸いなことだと言えましょう。『万葉集』以外にも『風土記』などにその土地の言葉が記されている記事が見えます。たとえば、「国巣《くず》　俗語云都《つ》知《ち》久《く》母《も》、又夜《や》都《つ》賀《か》波《は》岐《き》」（常陸国風土記　茨城郡）、「土歯池《ひぢはの》　俗言岸為比《ひ》遅《ぢ》波《は》」（肥前国風土記　高来《たかく》郡）という記事から、凶暴な土着民のことをいう「くず」を常陸《ひたち》（今の茨城県）の言葉では「つちくも」または「やつかはき」と言い、「きし（岸）」のことを肥前（今の長崎県・佐賀県）の言葉では「ひぢは」と言うことが知られます。

言霊思想

この時代の資料から確認できるもう一つの特徴は、言霊《ことだま》思想が色濃く反映している点です。たとえば、『万葉集』の冒頭を飾る雄略《ゆうりゃく》天皇の長歌には、「名告《なの》らさね」というように、若い女性に名前を言うように求める場面が歌い込まれています。古くは、女性の実名が他人に知られることを忌避し、その本当の名前は実の親兄弟など以外では、夫のみが知り得るものであったのです。つまり、名前を相手に知らせるということは結婚を許諾するということですから、その歌は典型的な求愛の歌ということになります。

このように実名がわからないというのは平安時代も同様で、「紫式部」は「若紫の物語を書いた式部」、「清少納言」は「清原の少納言」というあだ名です。『蜻蛉日記』の作者は藤原道綱《みちつな》（兼家《かねいえ》の子）の母、『更級日記』の作者は菅原孝標《たかすえ》の女《むすめ》というように親族関係で仮に呼称したものにすぎません。

言葉に精霊が宿るとして、言葉の威力を畏れるという考え方は世界に共通するものです。人々はこの言語観に基づいて、幸福、または逆に災いをもたらす言葉を残しています。

是《こ》の神風《かむかぜ》の伊勢《いせ》の国は常世《とこよ》の浪の重浪帰《しきなみよ》する国、傍国《かたくに》の可怜《うま》し国なり（日本書紀　垂仁紀）

〈この（神風の）伊勢の国は常住不変の国の幾たびも波の打ち寄せる国、大和の脇の美しい国である〉

ここでは国を褒めることで、その未来を祝福しているのです。また、ワタツミノ大神が、釣り針に呪いをかけるときの言葉として次のような文句を教えています。

此の鉤《ち》は、おぼ鉤《ち》、すす鉤《ち》、貧鉤《まぢち》、うる鉤《ぢ》（古事記　上）

チは釣り針のことで、この「鉤《ち》」を持った者は、心がふさぎ、たけり狂い、貧乏になり、愚かになるという、まじないの言葉です。言葉に出すことによって、実際にそのことが起こるという暗示には、底知れぬ威力を感じていたのです。

このような言葉の力は諺《ことわざ》として後々まで残されてもいきます。「痛《いた》き瘡《きず》には鹹塩《からしほ》を潅《そそ》く」「重《おも》き馬荷《うまに》に上荷《うはに》打《う》つ」（万葉集　八九七）や「堅石《かたしは》も酔人《ゑひひと》を避《さ》く」（古事記　中）など、諺には人々の知恵が反映されています。前者は、ひどいことは度重なるということを、後者は、酔っぱらいには近づくなということを言い伝えているのです。

2. 伝来した漢字はどのように使われたか

無文字の時代

さて、日本語は漢字と仮名で書かれています。しかし、古くからそうだったのではありません。

漢字はもともと中国語を書き表すために作られたものです。それが日本に伝わり日本語を書き表す場合にも用いられるようになりました。では、漢字が日本に伝わる以前はどうだったのでしょうか。漢字に代わる文字はあったのでしょうか。この答えはノーです。

漢字が伝わる以前の日本は無文字社会でした。文字はありませんでしたが、「結縄《けつじょう》」と呼ばれる、縄の結び方や結び目によって事柄や数字を表す符号の一種はあったようです。たとえば、沖縄に伝わる「藁算《わらさん》」は、藁で編んだり結び目を付けたりして、物品の種類や数量を記録するのに用いられたものです。これは第二次世界大戦前まで実際使われていたと言いますから、驚きです。中国の歴史書『隋書』倭国伝に「無文字、唯刻木結縄」、つまり「文字はなく、ただ木を刻んだり縄を結んだりする」と記されていますから、漢字伝来以前から、結縄が倭《わ》の国で使われていたと見られます。また、八〇七年に斎部広成《いんべのひろなり》が著した『古語拾遺《こごしゅうい》』という歴史書にも「上古之世未有文字」、つまり上古の世にはまだ文字がなかったと記されていますから、国内外の記録から見て、漢字伝来以前に日本に文字がなかったということは疑いありません。

神代文字という主張

一方、古く日本に固有の文字があったという主張もあり、今でも一部の人たちには信じられているようです。その文字を総称して「神代文字《じんだいもじ》」と呼んでいますが、このような主張が最初に記録に見えるのは、卜部《うらべ》懐賢《かねかた》（兼方）の著した『釈日本紀《しゃくにほんぎ》』（一二七四～一三〇一年頃成立）においてです。そこには「於和字者、其起可在神代歟」、つまり「和字」は漢字伝来以前の神代に起こったと述べられています。しかし、その「和字」は具体的にこのようなものだという明確な記述はありません。一種ナショナリズムに支えられた神代文字の主張は、その後江戸時代になって、平田篤胤《あつたね》の「日文《ひふみ》」、鶴峯戊申《つるみねしげのぶ》の「天名地鎮《あないち》」などとして世に示されますが、いずれも明らかな偽作です。たとえば、「日文」と称される文字は、誰が見てもすぐに朝鮮語のハングルを模倣しているとわかるものです。

神代文字を否定する根拠

神代文字の存在を否定する根拠は実にたくさんあって、逐一挙げるのは煩雑なことから、重要な点を一つだけ述べておきます。

文字が音を表すものである以上、古代において区別されていた音韻、つまり意味の違いを反映する音が体系的に書き分けられていなければなりません。後で詳しく述べますが、奈良時代以前には、イロハ四七音以外に、少なくとも二〇音が音節として区別されていました。しかし、主張されている神代文字は、一〇世紀中葉以降の、イロハ四七（または「ン」を加えて四八）音、もしくは五十音図による五〇音を書き分けるという域を出ていません。つまり、奈良時代以前の言語上の特徴が、それらにはまったく見られないのです。

言葉を記す工夫

自らが使用する言語に固有の文字があることを願う気持ちは、自然な心情としてそれなりに理解できます。しかし、ギリシア文字がフェニキア文字に由来すること、そのギリシア文字からラテン文字が作り出されたことなどからわかるように、ほかの言語の文字に工夫を加えて、自らの言語に適した文字を作り上げていくというのも自然の流れですし、むしろ世界の言語における文字成立の由来としてはその方が圧倒的に多いのです。ですから、固有の文字体系がないという劣等感を持つ必要はまったくありませんし、それよりも、工夫を凝らして自らの言語をしっかりと書き記せる文字を成立させたことを誇りに思ってよいのです。

このように、漢字伝来以前に日本には固有の文字が存在しなかったことは明らかで、日本語が最初にめぐり合った文字は漢字でした。そして、九世紀にその漢字から仮名（平仮名・片仮名）が作り出されるのですが、その話はもう少し後にしましょう。

漢字とつきあって一六〇〇年

日本語の表記において漢字が本格的に用いられ、のちの時代との歴史的つながりが大きいという観点から漢字の伝来を見ますと、その時期はおそらく四世紀末から五世紀初めと推定されます。この時期には朝鮮半島からさまざまな技術を持つ人たちが渡来したと考えられ、その中には漢字に熟達した者もいました。そして、その子孫たちは代々文章作成にかかわっていきました。『稲荷山古墳鉄剣銘』（四七一年）に刻まれている漢字の用法や字体などは、朝鮮半島におけるそれと類似する点も多く認められます。したがって、日本列島における本格的な漢字使用は四世紀末から五世紀初め頃で、漢字と日本語のつきあいはおよそ一六〇〇年になると言えましょう。

万葉集の本文

そこで、具体的に漢字がどのように使われていたか見ることにしましょう。次は、八世紀後半に編集された『万葉集』に見える短歌を記したものです。

春過而夏来良之白妙能衣乾有天之香来山（万葉集　二八）

これを見て「え?」と驚いた人もいることでしょう。しかし、これがまさしく『万葉集』の本文なのです。では、これはどのような日本語を記しているのでしょうか。漢字の知識を少し持っていれば、だいたい読めると思います。じっくりと本文を眺め、ちょっと考えてみてください。もちろん、次にヒントをいくつか示しておきましょう。

漢字の用法

まず、漢字の用法には音《おん》と訓《くん》があります。これらは『万葉集』の時代にもすでにありましたから、「春」を「ハル」、「過」を「スギル」と読むことが可能です。

そして、漢字は漢文（古典中国語）を書き表すもので、日本では古くから漢文の訓読が行われてきました。『万葉集』にはそのような漢文の用法を利用しているところがあります。たとえば、『論語』学而篇に「子曰、学而時習之、不亦説乎」という一節があります。これを古くから、「子曰《しのたま》はく、学《まな》びて時《とき》に之《これ》を習《なら》ふ。亦説《またよろこば》しからずや」などというふうに読んできました。ですから、「而」は接続の意を表す助詞「て」に相当します。

和歌には長歌と短歌がありますが、前記の歌は短歌です。五七五七七となるはずです。そうなると、初句の「春過而」は「はるすぎて」となることがわかります。

音とはもちろん、たとえば「良」を「リョウ」、「之」を「シ」と読む類です。『万葉集』の時代では、漢字の音で日本語を書き表す場合、その漢字はふつう一つの音（音節）に相当するように用います。「良」は古くは「ラウ」と発音されていましたので、ここでは「ラ」の音を表し、「良之」で「ラシ」を表しているのです。そうすると、第二句の「夏来良之」は「なつきたるらし」というように読めることになります。「はるすぎて　なつきたるらし」と読めるとなると、百人一首にある持統天皇の歌を思い出す人もいるでしょう。

はるすぎて　なつきにけらし　しろたへの　ころもほすてふ　あまのかぐやま

すなわち、前掲の歌は百人一首に取られたものの原文です。歌が伝えられるうちに少し異なる表現になることもありました。そこで、最初に示した歌をもう一度見て、読んでみてください。

第三句「白妙能」はそのまま「しろたへの」でいいようですね。「能」は「ノウ」という音ですが、ここでは「ノ」の音を表します。第四句「衣乾有」の「有」は「アリ」という語を表し、ここでは「乾」は助詞「て」の付いた「ほして」と解釈されますから、これらを合わせますと、「ころもほしてあり」に相当します。この「てあり」が teari → tari と変化して、助動詞「たり」が生じたのですが、この語の使用であると見れば、七音で「ころもほしたり」となります。

第五句「天之香来山」はそのまま「あめのかぐやま」です（「アマノ」か「アメノ」かは細かい注釈が必

要になるので、ここでは触れないことにします）。「之」は漢文訓読で「の」と読まれるものですし、「香」は「カ」に、「来」は「くる」の古語形である「ク」が濁音の「グ」に用いられているのです。

そこで、正解を次に示しておきます。

はるすぎて　なつきたるらし　しろたへの　ころもほしたり　あめのかぐやま

最古の日本語資料

年代の確定する最も古くに日本語が記されたものを具体的に見ることにしましょう。それは前掲の、皆さんもよくご存じの「漢委奴国王」と刻まれた金印です。西暦五七年に後漢の皇帝から倭国の使者に与えられたもので、江戸時代の一七八四年に福岡県の志賀島で発掘されました。

この五文字は「漢の委《わ》の奴《な》の国王」と読めます。「委《わ》」は倭国すなわち日本のこと、「奴《な》」はのちの「儺《なの》県《あがた》」（福岡市博多区）に相当するもので、国の名を示しています。この「ワ」「ナ」は日本の地名として理解できますから、中国で製作されたものですが、日本語が書き記された最古のものと言えます。

同じく中国では、三世紀成立の『魏書』東夷伝に「伊都《いと》国」「末盧《まつら》国」「邪馬《やま》壹国」「卑弥呼《ひみこ》」「壱与《いよ》」「卑《ひ》狗《こ》」「卑奴母離《ひなもり》」など倭国の地名・人名・官名が見えることも周知のことと思います。このように、中国においては古くから漢字の音を借りて日本語を書き記すという方法があったことが知られるのです。

最古の国内資料

他方、日本列島において四世紀以前に鏡や土器などに文字が断片的に記されている事実も報告されています。しかし、それらは中国語として記された漢字である可能性が高く、日本語を記したとは判断できません。そこで、国内において日本語を記した現存最古のものとして登場するのが『稲荷山古墳鉄剣銘』です。これも歴史資料として有名なものですから、ご存じでしょうが、次に引用しておきましょう。

（表）辛亥年七月中記乎獲居臣上祖名意富比垝其児多加利足尼其児名弖已加利獲居其児名多加披次獲居其児名多沙鬼獲居其児名半弖比

（裏）其児名加差披余其児名乎獲居臣世々為杖刀人首奉事来至今獲加多支鹵大王寺在斯鬼宮時吾左治天下令作此百錬利刀記吾奉事根原也

《訓読》辛亥年七月中記す。乎獲居《をわけ》臣、上祖《かみつおや》の名は意富比垝《おほひこ》、その児、多加利足尼《たかりすくね》、その児、名は弖已加《てよか》利獲居《りわけ》、その児、名は多加披次獲居《たかはしわけ》、その児、名は多沙鬼獲居《たさきわけ》、その児、名は半弖比《はでひ》、その児、名は加差披《かさは》余《や》、その児、名は乎獲居《をわけ》ぞ。臣、世々杖刀人の首《をさ》として奉事《つかへまつ》り来《きた》りて今に至る。獲加多支鹵《わかたける》大王《おほきみ》の寺、斯鬼《しきの》宮《みや》に在《あ》りし時に、吾《われ》、天下を左治す。この百錬利刀を作らしめ、吾が奉事れる根原を記す。

冒頭の「辛亥年」は四七一年に当たること、「獲加多支鹵」が雄略天皇に比定できること、「大王」号が用いられていることなど、X線によって文字が発見された一九七八年当時、古代史に大きな波紋を広げました。そして、日本語の人名・地名が漢字の音を借りて表記されていたことも重要な発見となりました。

万葉仮名

このような漢字の読みを借りて日本語の音節を表記したものを「万葉仮名」と呼んでいます。右の『稲荷山古墳鉄剣銘』で言うと、「ヲ」を表す「乎」、「ワ」を表す「獲」などの用法がそれに当たります。万葉仮名という名称は『万葉集』によく見えるため、そのように呼ばれているのですが、ただ、このような用法はもともと中国にあったものです。

中国語では現代もそうですが、中国語以外の言葉を借用する場合、大きく二つの手法がとられています。一つは意訳です。コンピュータを「電脳」などと翻訳して用いる類です。もう一つは音訳です。現代中国語でフランスを「法蘭西」（日本語では「仏蘭西」）、ドイツを「徳意志」（日本語では「独逸」）などと書き表す手法で、「乎獲居」はその古い例に当たります。

中国に仏教が伝来し、経典が漢訳されたとき、〈仏門に入って修行する者の団体〉を意味するサンスクリット語 saṃgha は「衆」「和合衆」などと意訳される一方で、「僧伽《そうぎゃ》」と音訳されることもありました（これがのちに「僧」という一字でも用いられるようになります）。意訳は既存の語彙体系になぞらえるもので、一般的な語彙はそうした方式をとることもできます。しかし、ほかの言語の固有名に対しては、それを意訳したのでは固有語の名を指すものではなくなってしまいます。たとえば、仏教の始祖 Śākya は「釈迦」のように音訳する以外にありません。このような音訳の手法が朝鮮半島を経由して日本にもたらされたことに、万葉仮名は由来します。

万葉仮名は音節文字ですから、たとえば「カ」には「加」「可」を用い、「ガ」には「我」を用いるというように、清音と濁音を区別することもかなり意識的に行われていました。清濁がすべての資料で書き分けられているとは言えませんが、多くの場合区別されていたと見てよいようです。

3. 二種類の漢字音――呉音と漢音

漢字音

音《おん》についても少し説明しておきましょう。「オン」と言うだけでは、音楽や発音上の「オト」と区別しにくいので、堅い言い方では「漢字音」または「字音」と呼ばれます。中国語における漢字の発音のことで、日本に伝えられたものも指します。中国語の発音も時代とともにかなりの変化があり、また同じ漢字であっても方言によって読み方が異なります。さらに、そもそも中国語と日本語とでは音韻体系に相違がありますから、中国語の発音そのままでは日本語として用いることはできません。そこで、「中国漢字音」とは別に、日本では日本語の発音に合わせた漢字音が用いられることとなり、これを「日本漢字音」と称しています。

この日本漢字音もなかなか複雑です。たとえば、「行」は「修行」では「ギョウ」と読みますが、「孝行」では「コウ」と読みます。ほかにも「平」は「平等」では「ビョウ」、「平和」では「ヘイ」と読むなど、一つの漢字が複数の字音を持つ場合も決して少なくありません。それは日本に伝来した時期などの違いに起因するもので、広く用いられている字音体系に「呉音」と「漢音」があります。

呉音と漢音

漢音は遣唐使や中国からの渡来人たちが七世紀後半から平安時代初期までにもたらしたもので、唐の都である長安（現在の西安）あたりの黄河中流域の発音に基づくものを指します。呉音は、漢音が伝来する以前の六世紀を中心として百済を経由して伝来したもので、五、六世紀の長江下流域の発音に由来するものです。ちなみに、百済は当時、中国の南朝と交流が盛んであったため、学問・仏教などとともにその地域の漢字音を受容したのでした。

右に例示した「行」「平」でいうと、「ギョウ・ビョウ」が呉音、「コウ・ヘイ」が漢音に当たります。呉音は仏教や律令などに関する漢語、また日常語としても用いられたもので、一方、漢音は漢籍を中心とする漢語に用いられました。

ただ、『稲荷山古墳鉄剣銘』では、たとえば「オ」に「意」、「ホ」に「富」、「ヨ」に「已」が用いられています。このような字音は呉音伝来以前のもので、「古音」と称されています。中国の漢代以前の音に由来するものと見られ、五世紀以前の朝鮮半島で広く用いられていた字音が、渡来人によって漢字の本格的な使用に際してもたらされたものでした。

字音構造

次に、字音をどのように借りるかという点について見ることにしましょう。中国語の音節構造は複雑で、隋・唐時代では下記のようでした。

頭子音を「声」、それ以外の声調を含む部分を「韻」と呼んでいます。漢詩における押韻という場合の「韻」のことです。それらの数については学説によって少し異なりますが、この時代の頭子音はおよそ三七、介音はy（厳密には二種類あります）とw、核母音はおよそ九つあったようです。また、韻尾には母音韻尾のi、u（これを副母音とも言います）のほか、子音韻尾のm、n、ng（これを撥韻尾と呼びます）とp、t、k（これを入声韻尾と呼びます）がありました。日本漢字音では、このような韻尾を、m・n韻尾は「ン」（古くはm韻尾は「ム」）、ng韻尾は「ウ」、p韻尾は「ウ」（字音仮名遣いでは「フ」）、t韻尾は「チ・ツ」、k韻尾は「キ・ク」でそれぞれ対応させています（例：トウ（東　ng韻尾）、ホウ〈ホフ〉（法）、イチ（一）、ヤク（薬））。

「官」	k	w	a	n	〔平声〕	（日本漢字音　クヮン）
	頭子音	介音	核母音	韻尾	（声調）	
	声	韻				

4. 万葉仮名で日本語を書く

万葉仮名の用法

後で詳しく述べますが、古代日本語の音節は、たとえば「カ」（ka）は子音のkと母音のaに分解できるように、一つの子音と一つの母音から構成されていました。現代と大きく違っている点は、拗音（キャ・シュの類）が存在しないこと、「ん」に相当する撥音や「っ」で書かれる促音がないことなどです。すなわち、「頭子音＋核母音」という、きわめて単純な音節構造でしたから、声調（アクセント）は別としても、介音と、そしてとりわけ韻尾において、決定的な違いがあったわけです。そこで、字音を借りた万葉仮名（これを「音仮名」と呼んでいます）の用法について見ますと、もともと韻尾のないものを用いるか、韻尾を省略して用いるかということになります。前者には「加《か》・比《ひ》」など、後者には「安《あ》」（n韻尾の省略）、「末《ま》」（t韻尾の省略）などが当たります。

頭子音も母音も当時の中国語の方が多かったのですから、どの字音を日本語の音節に当てるのが適当であるかはなかなか難しい問題でもあったわけです。

万葉仮名文

ところで、日本語の発音どおりに万葉仮名を用いて表記する場合もありました。歌謡を記したものはすでに七世紀に見られ、『万葉集』でも神亀五（七二八）年以降の歌の表記に用いられているのですが、これが散文に使用された例を次に挙げておきましょう。七六二年頃に書かれた、奴婢や米の受け渡しなどについて記された文書（正倉院文書『万葉仮名文書（乙）』）です。

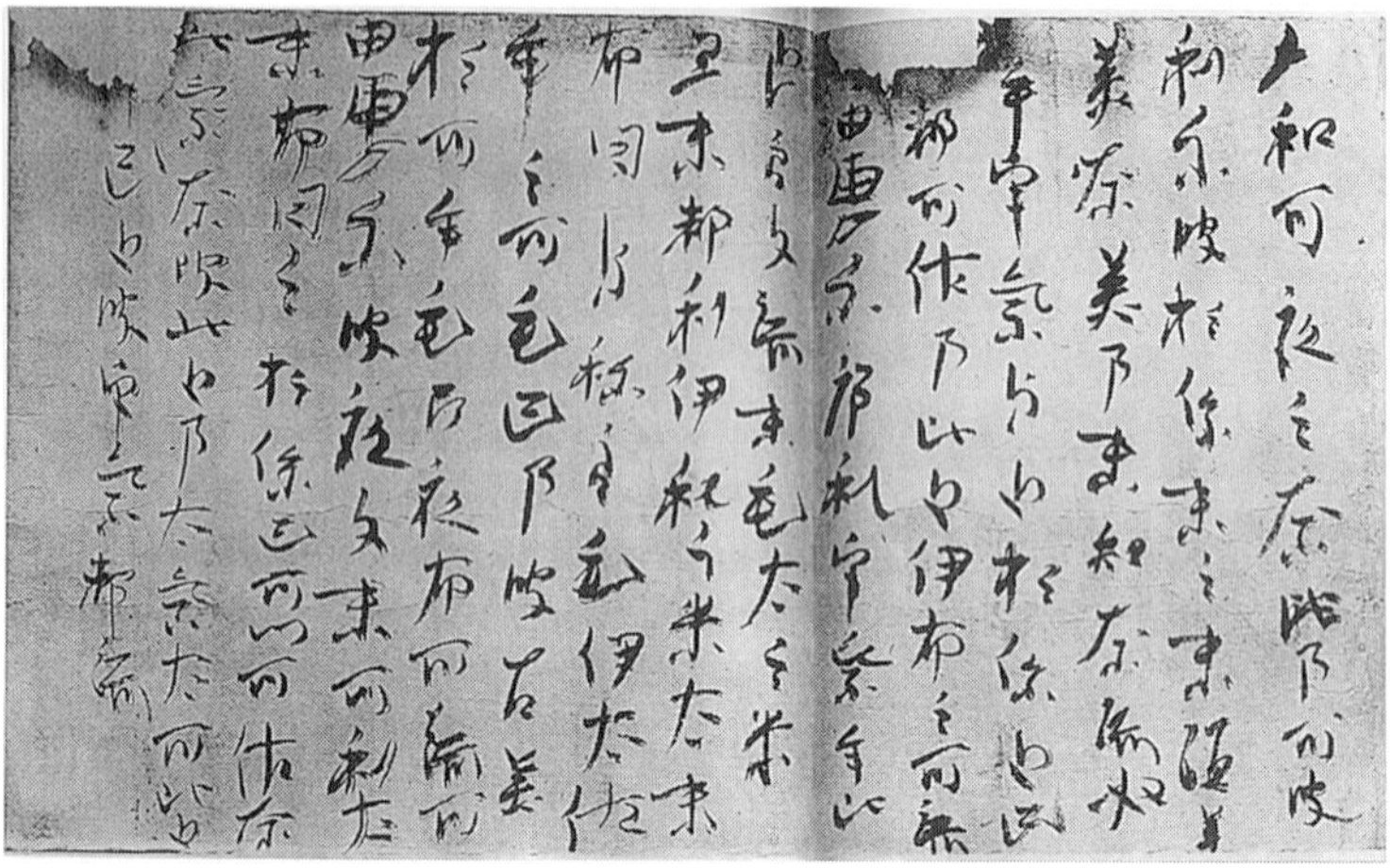

万葉仮名文書（正倉院）

■和可夜之奈比乃可波
利尓波於保末之末須美
美奈美乃末知奈流奴
乎宇気与止於保止己
（可）都可佐乃比止伊布之可流
（可）由恵尓序礼宇気牟比
止良久流末毛太之米
弖末都利伊礼之米太末
布日与祢良毛伊太佐
牟之可毛己乃波古美
於可牟毛阿夜布可流可
由恵尓波夜久末可利太
末布日之於保己可川可佐奈
比気奈波比止乃太気太可比止
□己止波宇気都流

我が養ひの代
りには、おほまします〔み〕
南の町なる奴《やっこ》
を受けよと大床
が司の人言ふ。然る
が故に、それ受けむ人
ら車持たしめ
て奉り入れしめ給
ふ日《ひ》、米らも出ださ
む。然も、この運み
置かむも危かるが
故に、早く罷りた
まふ日《ひ》し、大床が司な
びけなば、人の丈高人
□事は受けつる。

＊大床が司…「ツカサ」は役所のこと。「オオトコ」は不明。「おほこ」は「ト」の脱落か。
丈高人…背の高い人の意で、警護兵のことか。

ここでは訓で読む漢字「奴・日」も交えられていますが、日本語を表音式に記していますから、読み方に「ゆれ」はありません。のちに万葉仮名から平仮名・片仮名が生じて、平仮名文・片仮名文が出現しますが、そのような仮名文の原形は実に奈良時代に存在していたのです。

漢文が正式の、また通用の文章であった中で、日本固有の歌を表記する際に、万葉仮名で書く方式が出現しました。それは日本語そのものは漢文では十分には書き表せない、むしろ発音のままに書き記し伝えようという強い意識に支えられたものでした。歌という韻文から文書という散文へと、その表記法が広がったのが右の万葉仮名文書の示すところです。おそらくは漢文が十分には書けない識字能力の低い人によって作成されたものと見られますが、散文にも万葉仮名文が応用できるという確信が得られたことは、漢文から脱却した仮名主体表記への濫觴《らんしょう》となったことは疑いありません。その意味で、右の資料は今日の日本語表記を導き出した貴重なものなのです。

万葉仮名の使い分け

ところで、奈良時代以前には、万葉仮名の用いられ方に後世とは異なる決まりがありました。たとえば、

『万葉集』の一部を次に引用します。

a　泉河乃可美都瀬爾宇知橋和多之（三九〇七　長歌）

【訓読】泉《いづみ》の川の上《かみ》つ瀬《せ》に打橋《うちはし》渡し〈泉の川の上の瀬に打橋を渡して〉

b　憶保枳美能弥許登可之古美安之比奇能夜麻野佐波良受（三九七三　長歌）

【訓読】大君の命《みこと》かしこみあしひきの山野障《さは》らず〈大君の仰せがおそれ多いので（あしひきの）山野も物ともせず〉

c　安麻泥良須可未能御代欲里夜洲能河波奈加爾敝太弖々（四一二五　長歌）

【訓読】天照《あまて》らす神の御代《みよ》より安《やす》の川中に隔《へだ》てて〈天照らす神の昔から安の川を中に隔てて〉

d　多良志比売可尾能美許等能奈都良須等美多々志世利斯伊志遠多礼美吉（八六九）

【訓読】足《た》らし日女神《ひめかみ》の命《みこと》の魚釣《なつ》らすとみ立《た》たしせりし石《いし》を誰《たれ》見《み》き〈神功皇后様が魚をお釣りになるとしてお立ちになった石を誰が見たというのか〉

このようなa～dのうち、「ミ」を表した万葉仮名に着目して整理しますと、次のようになります。

美…かみ〈上〉・きみ〈君〉・かしこみ〈畏み〉・みこと〈命＝御言〉・みたたし〈御立たし〉・み〈見〉

弥…みこと〈命＝御言〉

未…かみ〈神〉

尾…かみ〈神〉

「かみ（上）」「きみ（君）」「みこと（御言）」の「ミ」を記すのに「美」「弥」が、「かみ（神）」の「ミ」を記すのに「未」「尾」が用いられていることがわかります。そして、ミコトの「ミ」に「美」「弥」を当てた例があり、またカミ（神）の「ミ」に「未」「尾」を当てた例があることを見ますと、「美」「弥」は同じ音を、同じく「未」「尾」も同じ音を表しています。しかし、右に挙げた「かみ（上）」の「ミ」、「きみ（君）」の「ミ」、「みこと（命）」の「ミ」を書き表す場合は「美」「弥」が用いられ、「未」「尾」を用いた例はなく、「かみ（神）」の「ミ」を書き表す場合は「未」「尾」が用いられ、「美」「弥」を用いた例はまったく見当たらないのです。すべての例を挙げる紙幅はないので、結論だけ述べることにしましたが、この事実は、「美」「弥」と「未」「尾」とは同じ音を表すものではなく、ともに「ミ」に類似する発音であっても、別々の音としてはっきり区別されていたことを示すものと考えざるを得ないのです。「美」「弥」のグループには「民」が、「未」「尾」のグループには「味」「微」などが用いられていることは詳しく見ればわかりますが、「美」のグループと「未」のグループの区別は厳然としています。

次に「コ」について見ますと、やはり同じく二つのグループに分かれます。

古　かしこみ〈畏み〉「古」のグループ

許　みこと　　　　　「許」のグループ

細かく繰り返すことは省きますが、「古」のグループで「命《みこと》」の「コ」を表すことはなく、「許」のグループで「畏《かしこ》み」の「コ」を表すことはありません。これらを、万葉仮名の各グループと、表記される単語との関係で簡単に示しますと、次のようになります。

◎ミの音節　「美」「弥」「民」「見」のグループ……三・御などの「ミ」

「未」「微」「味」「尾」のグループ……身・実・箕などの「ミ」

◎コの音節　「古」「故」「庫」のグループ……子・籠・粉・蚕・小などの「コ」

「己」「許」「去」「居」のグループ……此・木（木陰《こかげ》）などの「コ」

上代特殊仮名遣い

このような万葉仮名の使い分けを「上代特殊仮名遣い」と呼んでいます。そして、二つのグループをそれぞれ甲類・乙類と呼び慣わしていますが、この使い分けを発見し、その言語学上の意味を明らかにしたのは橋本進吉でした。

上代特殊仮名遣いを通して、当時奈良地方で区別された音節を五十音図に当てはめますと、ヤ行の「イ」とワ行の「ウ」を除いて、濁音の行も含めすべてが埋まり、さらに「キ・ケ・コ・ソ・ト・ノ・ヒ・ヘ・ミ・メ・ヨ・ロ」およびその濁音「ギ・ゲ・ゴ・ゾ・ド・ビ・ベ」の一九の音節（『古事記』では「モ」を加えて二〇の音節）に、それぞれ二種類の音節が区別されていたということがわかりました。すなわち、濁音節二七を含め、八七（古事記では「モ」を加えて八八）の音節が区別されていたことになります。

◎二類の区別のある音節（清音のみ記し、□内は二類の区別のある音節です）

ア	カ	サ	タ	ナ	ハ	マ	ヤ	ラ	ワ
イ	[キ]	シ	チ	ニ	[ヒ]	[ミ]		リ	ヰ
ウ	ク	ス	ツ	ヌ	フ	ム	ユ	ル	
エ	[ケ]	セ	テ	ネ	[ヘ]	[メ]	エ	レ	ヱ
オ	[コ]	[ソ]	[ト]	[ノ]	ホ	[モ]	[ヨ]	[ロ]	ヲ

5．奈良時代までの母音と子音

母音

甲類と乙類の音節の区別が発音の違いに基づくことは、ほぼ疑いありません。漢字音、特に『日本書紀』に用いられた漢音の万葉仮名をてがかりにその当時の発音を推定しますと、ア段・イ段甲類・ウ段・エ段甲類・オ段甲類の音節の母音は現在とほぼ同じ［a］［i］［ɯ］［e］［o］であっただろうとされています。それ以外については諸説があり、イ段乙類には［ïi］［ï］、エ段乙類には［əi］［əe］［ë］など、オ段乙類には［ə］［ö］などが推定されています。通説は、このような母音における差異をそのまま母音の違いに求め、母音が八つあったというものですが、ほぼ各行に二類の別のあるオ段は別にして、イ段・エ段は「カ・ガ・ハ・バ・マ」という一部の行にしか区別が認められません。そこで、イ段・エ段についてはその別を母音の違いに求めるのではなく、子音の口蓋／非口蓋に基づくものとし、オ段には二種類の母音を認める、六母音とする服部四郎の説もあります。

子音

子音については、「カ・ガ・ナ・バ・マ・ヤ・ラ・ワ」の各行は［k］［g］［n］［b］［m］［j］［r］（弾き音。詳しくは平安時代の子音の発音を参照してください）［w］で、タ・ダ行は［t］［d］の一種類であって、現代の「チ・ツ」のような子音の揺れはなかったと考えられています（ただし、濁音はその直前に鼻音が付いたものでした）。サ行は「サ」が［ts］、「シ・セ」は［ʃ］または［s］、「ス・ソ」は［s］、ザ行はそれぞれの有声音［dz］［ʒ］［z］と考えられていますが、定説には至っていません。

ハ行の子音は両唇摩擦音［Φ］で、奈良時代よりさらに古くは両唇破裂音［p］であっただろうと言われています。その理由としては、日本語の清濁が、調音点・調音法を同じくする無声子音と有声子音からなっている、すなわちk：g, s：z, t：dという一対からなっていることから見ると、ハバ行の子音はp：bであったことが想定されること、中国原音のpに相当する万葉仮名がハ行音に用いられていること、琉球方言の中には「はな（花）」を「パナ」［pana］と発音するような例が残されていることなどが挙げられています。ハ行子音が［p］であったとすれば、奈良時代からさらに遡った時期には「はは（母）」は「パパ」［papa］、「ひめ（姫）」は「ピメ」［pime］、「ほほ（頬）」は「ポポ」［popo］などと発音されていたことになります。

音韻と音節

撥音・促音・拗音は日本語の音韻としてまだ用いられていません。これらはすべて平安時代以降に現れます。このことから見ると、古い日本語の音節は一つの子音（consonant）と、一つの母音（vowel）からだけでなるＣＶ構造であったということになります。端正と言えば端正、単純と言えば単純な音節構造が次第に時代の変遷とともに多様化していくことになります。この日本語のＣＶという単純な音節構造から見ると、前に挙げた中国語の音節構造（たとえば「官」kwan）は呆然と戸惑うばかりであり、そう簡単には対応できなかったに違いありません。したがって、日本人によって発音される漢字音は当初中国原音にかなり近いもので、一部日常語化した語を除いて学習によって伝えられたものであったと考えられます。

このように、奈良時代以前では後世より音節数が多かったのですが、その一方で音節結合には制限がありました。それが「母音調和」と「頭音法則」です。

母音調和

母音調和はウラル語族・アルタイ諸語などに見られる現象で、大きく二つにグループ化された母音でそれぞれの単語が構成されるというものです。

《ウラル語族・アルタイ諸語などの母音調和》

フィン語（フィンランド語）		トルコ語		中期朝鮮語	
前母音	ä　ö　y	1　前舌母音	i　e　ö　ü	陽性母音	a　o
後母音	a　o　u	後舌母音	I　a　o　u	陰性母音	ə　u
中立母音	i　e	2　高母音	i　I　u　ü	中性母音	i
		低母音	e　a　o　ö		

この現象の複雑なトルコ語では、前舌母音のグループか後舌母音のグループかで一つの単語を構成し、また高母音のグループか低母音のグループかで一つの単語を構成しているのです。これは舌の前部だけ、もしくは後部だけで単語を発音するわけですから、発音上経済的であるわけです、高母音は口の開け方が狭いもの、低母音は口の開け方が広いもので、それぞれ口の開け方を経済的にして、語を発音する労力を軽減しているのです。

奈良時代以前の日本語では、オ段乙類音は同じ語の中でオ段甲類音・ウ段音・ア段音と共存することがないという現象が見られました。

陽性（男性）母音　a　u　$o_{\text{甲}}$

陰性（女性）母音　$o_{\text{乙}}$

中性母音　$i_{\text{甲}}$

たとえば、「はる」「ふゆ」は$a=u$、$u=u$であり、「そこ（底）」「こころ（心）」は$o_{乙}$だけで構成されていました。「あき（秋）」「ひと（人・一）」はそれぞれ$a=i_{甲}$、$i_{甲}=o_{乙}$であって、中性母音は陽性母音・陰性母音いずれとも単語を構成したのでした。ウ段音・ア段音では若干の例外があるものの、母音調和という現象を原則として認めることができます。ただ、右に挙げた以外の$i_{乙}$、$e_{甲}$、$e_{乙}$はこれに関与していませんが、この点については後で述べることにします。

頭音法則

「頭音法則」には、母音だけの音節は語頭以外には立たない、ラ行および濁音は語の初めに立たないということがありました。

ワガイモ＞ワギ$_{甲}$モ〈我妹〉gai→$gi_{甲}$　「和芸毛」（古事記　下）

ナガイキ＞ナゲ$_{乙}$キ〈嘆き〉gai→$ge_{乙}$　「名毛伎」（万葉集　一三八三）

母音だけの音節は語頭以外、つまり語中・語尾には位置できないものですから、複合語を構成して母音が連続する場合、たとえば「ワガイモ」のように母音が連続した場合、一方の母音が脱落したり、たとえば「ナガイキ」〈長息〉のように連続する二つの母音が別の一つの母音に変化したりしました。これがすぐ後で述べる母音交替を始め、多方面で日本語の語形に影響を与えていることは、以下随所で述べることにします。

ラ行音および濁音が語の初めに立たないのはアルタイ諸語の一つの特質で、朝鮮語などにも同じ現象が見えます。奈良時代以前の日本語でラ行音で始まるものは、「る」「らし」などの助動詞、「ろ」などの助詞に限られ、これらは付属語ですので文節の初めに立たないことから、例外的に許容されたものでした。

濁音が語頭に位置する語は現代語に「だれ」「どれ」「出《だ》す」「抱《だ》く」などの例が見えますが、古語ではそれぞれ「たれ」「いづれ（→いどれ）」「出《いだ》す」「抱《いだ》く」です。古くは語頭が濁音で始まる語はありませんでした。ただし、『万葉集』には〈鼻汁をすすり上げるようす〉を意味する「びしびし」（八九二）という語が見えますが、擬態語（オノマトペ）には例外的な臨時的使用が許容されたようです。

母音交替

「かざかみ（風上）」と「かぜ（風）」、「ふなのり（船乗り）」と「ふね（船）」のように、後ろに名詞が続く場合と、独立して用いられる場合とで、aとeというように母音が交替して別の語形となることがあります。このような現象を「母音交替」と呼んでいます。

上代特殊仮名遣いの観点を加味しますと、「あめ」（雨）では「アマゴモリ」（雨隠り）などの「アマ」を、ほかの語に接して常に用いられる形（非独立形）として被覆形と名付け、「アメ$_{乙}$」はそれ自体で独立して用いられるもので露出形と名付けています。このような母音交替はほかに「コカゲ$_{乙}$」（木陰）と「キ$_{乙}$」（木）、「ツクヨ」（月夜）と「ツキ$_{乙}$」（月）などに認められ、この両者の関係は、被覆形に*i$_{甲}$（単語として独立化させる接辞）が付いて露出形となったものというように分析できます（*は、資料では確認できない仮想のものであることを示します）。

ama ＋ *i$_{甲}$ → ame$_{乙}$　〔a＋*i$_{甲}$→e$_{乙}$〕

ko$_{乙}$ ＋ *i$_{甲}$ → ki$_{乙}$　〔o$_{乙}$＋*i$_{甲}$→i$_{乙}$〕

tuku ＋ *i$_{甲}$ → tuki$_{乙}$　〔u＋*i$_{甲}$→i$_{乙}$〕

これは、非独立形と独立形というような、いわば名詞の活用とも言うべきものです。

この関係をさらに広く見ていきますと、たとえば、「あか」と「あけ$_{乙}$」では、「あか」は「あかし」（赤・明）の語幹で、被覆形であるのに対して、その露出形が名詞の「あけ」〈明け〉であると想定されます。

aka ＋ *i$_{甲}$ → ake$_{乙}$　〔a＋*i$_{甲}$→e$_{乙}$〕

この「あけ」は動詞下二段活用「明く」の連用形にも相当するもので、次のように露出形が動詞上二段活用の連用形になる場合にも同様に考えることができます。

oko$_{乙}$(su) ＋ *i$_{甲}$ → oki$_{乙}$（起こす・起く）　〔o$_{乙}$＋*i$_{甲}$→i$_{乙}$〕

tuku(su) ＋ *i$_{甲}$ → tuki$_{乙}$（尽くす・尽く）　〔u＋*i$_{甲}$→i$_{乙}$〕

ちなみに、四段活用の未然形と連用形の関係も、この*iの接尾によるものと見られます。

muka（未然形） ＋ *i$_{甲}$ → muki$_{甲}$　（四段「向く」の連用形）〔muka の a の脱落〕

（「むか」は「むか（向）＝つ（連体助詞ツ）＝を（峰）」に見えます）

すなわち、母音交替は日本語における活用の起源と深く結びついているのです。

イ段乙類音とエ段音

ところで、七世紀の資料に「豊御食炊屋姫」（推古天皇の名）を「等已弥居加斯支移比弥乃弥己等《とよみけかしきやひめのみこと》」（『上宮聖徳法王帝説』）と書いた例があり、ここでは「弥」が「ミ甲」にも「メ甲」にも使われています。同じように、万葉仮名「支」が『古事記』では「キ甲」を表していますが、『稲荷山古墳鉄剣銘』には「ワカタケル」の「ケ甲」に用いられています。しかし、このことは、イ段甲類音とエ段甲類音とが同音であったことを示すものではありません。日本語において音韻としてははっきりと区別されていたのですが、表記した者に両者の区別が十分にできなかったことに起因します。

前述しましたように、そもそも日本における漢字使用は朝鮮半島からの渡来人によって始められたものでした。そのような渡来人がもともと母国語としていたのは朝鮮半島の言語であったと考えられます。その末裔である現代朝鮮語に母音「エ」に相当する音は二種類ありますが、それらはいずれも近世において出現したもので、古い朝鮮語には「エ」のような音はありませんでした。そのため、渡来人は、発音が比較的近いイ甲類とエ甲類は区別できず、これらを同じ万葉仮名で表記したのに対して、エ乙類は明らかにこれらとは違った音色であったため、表記上区別することができたと考えられます。

古代朝鮮半島と同様に、日本語の古層でも母音に「エ」はなかったと見て間違いありません。母音交替で、aiの母音連続から「エ乙」が、öi、uiの母音連続から「イ乙」が生じたことを述べましたが、「エ甲」もiaの母音連続から生じたものでした。

これを、完了の助動詞「り」の接続において出現したことを例にして説明します。「り」は動詞連用形にラ変動詞「あり」が付いて生じたもので、たとえば「行けり」は「ゆきあり」→「ゆけ$_{甲}$り」（ia→e$_{甲}$）となったものです。つまり、「エ$_{甲}$」はiaから生じたものということになります。

イ乙類・エ甲類・エ乙類の生成は右に述べた変化だけに由来するというのではありませんが、基本的には母音連続から転じたもので、もとから存在したものではないと言えます。そのため、これらが母音調和には関与しないのです。このことを逆に言えば、日本語の古層における母音は、前の三母音を除いたa、u、o$_{甲}$、o$_{乙}$、i$_{甲}$であったことになります。このうち、o$_{甲}$は「しつおり→しとり（倭文）」（*tuo$_{乙}$→to$_{甲}$）のような母音連続によって生じた可能性が高く、さらに古くはo$_{甲}$を除くa、u、o$_{乙}$、i$_{甲}$の四母音体系であったと考えられます。

連濁

複合語を構成する場合、後続する語の語頭が清音から濁音になる現象を連濁と言います。濁音は日本語本来の性質として語頭には立ちませんから、濁音になるということはそれが語中・語尾であるという位置を示すことになります。たとえば「あか（赤）」と「かね（金）」が結合して「あかがね（銅）」というように「か」が「が」と濁音化したということは、「あか」と「かね」という二語の組み合わせではなく、「あかがね」という一語になったということの証《あか》しなのです。連続ではなく複合したことを保証するのが連濁という現象です。

前に記しましたように、万葉仮名が清濁によって区別されていることに注目しますと、「宇良我奈之伎」（万葉集　三七五二）の例から知られる「うらがなし（心悲し）」のように、奈良時代からすでに連濁が見られることがわかります。

音節構造とアクセント

現代語の共通語では、例えば、セッテン（接点）という語は「セ・ッ・テ・ン」という四つの等時間的最小単位すなわち拍（モーラ）からなるととらえられます。俳句や短歌は五音と七音の組み合わせを定型としていますが、その音数の数え方はこのモーラに基づくものです。松尾芭蕉の俳句に「天秤《てんびん》や京《きやう》江戸かけて千《ち》代《よ》の春」「梅が香《か》にのっと日の出る山路《やまぢ》かな」というのがありますが、「テンビンヤ、キョーエドカケテ、ノットヒノデル」で五音・七音相当となっていて、撥音・促音・引き音も一つの拍（モーラ）となります。

ただし、東北の諸方言では「新聞社」[sĩm-bũ-ʃa] は三つの単位、「マッチ」[mat-tsi] は二つの単位からなると意識されています。すなわち、「シン」「ブン」「マッ」「チュー」など、撥音・促音・引き音や二重母音の後続母音は寸づまりに聞こえ、直前の拍と合わせて一つの単位と数えるというとらえ方がなされるのです。このような等時間的な単位を「シラビーム（syllabeme）」と名付けています。

和歌における字余りは言語における音節のあり方、またそのとらえ方と深く関係しています。「雀《すずめ》の子そこのけそこのけお馬が通る」（小林一茶）の二句、三句は字余りです。モーラを単位として数えると、それらは五音七音を越えるからです。しかし、古代語では「等利安宜麻敝爾於吉」〈取《と》り上《あ》げ前《まへ》に置《お》き〉（万葉集四一二九）を例にとりますと、これは to-ria-ge-ma-Φe-nio-ki という七音相当であって、音数として余っていたわけではありません。和歌を唱詠する上においては、決して破格ではなかったのです。ただ、この句では九字に対して七音であるというように、字数が音数に対して余っていたというところから、まさに「字余り」となるわけですが、「字余り」が破格であるという観念は近代的なものなのです。このように ria や nio が一単位であったことを見れば、それらは前述のシラビームに当たるということにもなりますから、古く日本語の音節はシラビーム構造であったとも言われるのです。そして、それは一六世紀頃まで続き、その後モーラ構造に変化したという考え方も示されています。

ただ、日本語がもともと一つの子音と一つの母音からなる単純な音節構造を持っていることから見ると、拍（モーラ）が基盤にあったと見るべき余地もあります。奈良時代末の『新訳華厳経音義私記』（七九四年写）に、一音節語の「蚊《か》」の読みに「加安」と記した例が見られ、一音節語は長く伸ばして、「カア」と二モーラに準じる長さに安定させて発音していたようです（現代語でも関西方言などに見られます）。また、古典語で擬態語「ほうと」（「ながえほうとなげおろすを」『枕草子』すさまじきもの）は現代語の〈ぽんと（投げる）〉に当たると見られること、「モンハラ」（『仮名書法華経』一一八一年頃写）は現代語の〈もっぱら〉を表記したものであることなどに照らすと、モーラという単位が古くにすでに意識されていたとも考えられます。和歌の音律におけるシラビーム構造は唱詠するという特殊な場で適用されたもののように思われます。

アクセントについては、『古事記』の万葉仮名に対する「上」「去」という四声注記や、『日本書紀』における万葉仮名の使い方から、この時期にすでに高低アクセントがあったことは疑いありません。おそらくは平安時代と大差のないものであったと想定されますが、ただ、体系的に分析することが可能な資料がないことから、その全貌が知られるのは平安時代を待たなければなりません。

6. 動詞の活用が成立する

動詞の活用

さて、文法について述べましょう。動詞の活用の種類では下一段活用がなく、「蹴る」は「蹴散」に対する訓注に「倶《く》穢《ゑ》簸《は》邏《ら》邏《ら》箇《か》須《す》」（日本書紀　神代　上）とあるように、「くう」というワ行下二段活用でした。カ・ガ・ハ・バ・マ行の四段活用では、已然形語尾はエ段乙類音、命令形語尾はエ段甲類音であり、音韻上区別がありました。この点から見ると、四段活用は実は「五段活用」であったとも言えます。

《活用表》

	四段	上二段	下二段	上一段	カ変	サ変	ナ変	ラ変
未然形	-a	$-i_{乙}$	$-e_{乙}$	$-i_{甲}$	$ko_{乙}$	se	na	ra
連用形	$-i_{甲}$	$-i_{乙}$	$-e_{乙}$	$-i_{甲}$	$ki_{甲}$	si	ni	ri
終止形	-u	-u	-u	$-i_{甲}ru$	ku	su	nu	ri
連体形	-u	-uru	-uru	$-i_{甲}ru$	kuru	suru	nuru	ru
已然形	$-e_{乙}$	-ure	-ure	$-i_{甲}re$	kure	sure	nure	re
命令形	$-e_{甲}$	$-i_{乙}(yo_{乙})$	$-e_{乙}(yo_{乙})$	$-i_{甲}(yo_{乙})$	$ko_{乙}$	$se(yo_{乙})$	ne	re
形式	V4	V2R	V2R	V1R	V3R	V3R	V4R	V4

（下一段活用は上代にはありません）

「形式」の欄のVは「母音交替型」、数字は母音が五十音図において交替する段数、Rは「ルレ添加型」（連体形・已然形などの語末にル・レが添えられるもの）を表します。このように整理しますと、古典語における動詞活用の形式は、V4（四段・ラ変）、V4R（ナ変）、V3R（カ変・サ変）、V2R（上下二段）、V1R（上一段）の五種類ということになります。

動詞活用の起源

動詞が活用するのはなぜでしょうか。そして、なぜ、八種類の活用の種類があり、それぞれが右のような活用語尾をとるのでしょうか。この問題についてはいくつかの説が提出されていますが、まだ明快に解答を与えることができないのが現状です。ただ、細部においては謎が残りますが、ある程度は推測することができます。そこで、おおよそこうだろうという私自身の推測をも交えて、その疑問に対する解答を示しておきましょう。

まず、前に挙げた五種類のタイプの所属語を見ますと、四段、下二段、上二段の順に多くの動詞がこれらに分類されます。特に、四段と下二段は自動詞・他動詞の区別ともかかわるように、対応する場合が少なくありません。

切る（下二段・自動詞。現代語「切れる」）⇔ 切る（四段・他動詞）
焼く（下二段・自動詞。現代語「焼ける」）⇔ 焼く（四段・他動詞）
立つ（四段・自動詞）⇔ 立つ（下二段・他動詞。現代語「立てる」）
付く（四段・自動詞）⇔ 付く（下二段・他動詞。現代語「付ける」）

四段と下二段が多いのは、このような動詞の自他を差異化することと無関係ではないでしょう（四段と下二段の関係は室町時代の「可能動詞」の項で詳しく記してあります）。

これに対して、カ変は「来《く》」、サ変は「す」だけです。ラ変は「あり・をり・はべり・いまそがり」というように覚えている人がいることでしょうが、「をり」は「ゐ（居）あり」、「はべり」は「はひ（這ひ）あり」、「いまそがり」は「います（坐）があり」からそれぞれ転じたものと見られますので、もともとは「あり」だけであったと見てよいものです。ナ変は「死ぬ」「いぬ」の二語ですが、「死ぬ」は「死《し》＋いぬ」に由来するようですから、「いぬ」の一語ということになります。

他方、上一段の所属語は「着る」「似る」「干る」「見る」「廻《み》る」「射る」「率《ゐ》る」「居《ゐ》る」などの十数語とされています。このうち、「干る」「廻《み》る」「居《ゐ》る」はもともと上二段活用「ふ」「む」「う（ワ行）」であったと見られますから、本質的な上一段はカ・ナ・マ・ヤ・ワ行に限られると言えます。

命令形の由来

さて、活用表をじっくり見ますと、連用形と命令形が同じものにV2R型、V1R型があります。「吉野よく見よよき人よく見《み》」（万葉集　二七）〈吉野をよく見なさい、よい人をよく見なさい〉のように、「よ」を伴わない「見《み》」だけでも命令形として用いられた場合があり、ほかにも「乱《みだ》れ」「来《こ》」「せ」などが命令形に用いられています。このことは、命令表現が連用形によって担われていて、接尾語「よ」を付けた形がのちに命令形として定着していったことを示すものです。

また、未然形と命令形が同じものにV3R型があります。このV3R型は過去の助動詞「き」に付く場合、カ変「来《く》」は「来《こ》しかた」（「来《き》しかた」は平安時代以降の語形です）、サ変「す」は「せし時」などとなります。つまり、連用形接続の助動詞にカ変では「こ」、サ変では「せ」が付くことから、古い連用形にはそれぞれ「こ」「せ」もあったことになります。

ちなみに、禁止表現の「な…そ」は「な」が形容詞「無し」の語幹と同源で、これが否定の意を担い、「そ」はそのようにし向ける意を強く言い表す語と見られますから、「そ」はサ変の古い命令形であった可能性があります。この「そ」は乙類で、カ変「来」の未然形・命令形の語尾乙類と同じ類となります。そうなると、「そ」はサ変の未然形であり、また連用形でもあった可能性があります。

いずれにしても、連用形と命令形とはもともと同源であって、連用形を用いて、他者目当てに一種強調したようなものが命令形となったと見てよいようです。

一方、V4型では命令形がエ甲類になっていますが、あるいはV1R・V2R型などの連用形に付いた接尾語「よ」（命令形語尾）がV4・V4R型の連用形にも付いて、「$i_{甲}$ + $yo_{乙}$ → $i_{甲}o_{乙}$ → $e_{甲}$」となったかと推測されます。$i_{甲}o$ の母音連続が $e_{甲}$ となったものには「ゆき甲おひ→ゆけ甲ひ」（靫負）の例があります。

未然形と連用形の由来

連用形は「向き」「明け」「暮れ」など、そのまま名詞として用いられたり、また文の中途で止める働きをしたりする独立形です。一方、未然形はほかの活用形と異なって、必ず助動詞・助詞を伴って用いられる非独立形です。この関係は名詞の活用で述べたところの被覆形と露出形の関係に相当するものです。母音交替では、被覆形に*i$_{甲}$（単語として独立化させる接辞として仮想されるもの）が付いて露出形となったと説明しましたように、連用形の生成は次のように考えられます（上一段については後で一括して述べることにします）。

（1）母音連続が別の母音に転じる場合

aka + *i$_{甲}$ → ake$_{乙}$（明く　下二段連用形　← 赤《あか》）〔a + *i$_{甲}$ → e$_{乙}$〕
ko$_{乙}$mo$_{乙}$(ru) + *i$_{甲}$ → kome$_{乙}$（籠む　下二段連用形　← コモル）〔o$_{乙}$ + *i$_{甲}$ → e$_{乙}$〕
oko$_{乙}$(su) + *i$_{甲}$ → oki$_{乙}$（起く　上二段連用形　← オコス）〔o$_{乙}$ + *i$_{甲}$ → i$_{乙}$〕
tuku(su) + *i$_{甲}$ → tuki$_{乙}$（尽く　上二段連用形　← ツクス）〔u + *i$_{甲}$ → ki$_{乙}$〕

（2）母音連続で一方の母音が脱落する場合

muka + *i$_{甲}$ → muki$_{甲}$（向く　四段連用形）
ara + *i$_{甲}$ → ari（有り　ラ変連用形）
ina + *i$_{甲}$ → ini（いぬ　ナ変連用形）
ko$_{乙}$ + *i$_{甲}$ → ki$_{甲}$（来　カ変連用形）
se（または so$_{乙}$）+ *i$_{甲}$ → si（す　サ変連用形）

すなわち、連用形は、母音交替によって露出形となった場合と同じく、独立し得る形として形成されたものと言えます。一方、被覆形相当は（1）では形容詞語幹、動詞の自他表示の「ル・ス」を除いた部分であり、（2）では動詞の未然形であるということになります。

未然形については、右に記したように、（2）では非独立形そのままが未然形になったと説明できそうです。これに対して、（1）では、非独立形が複数あります。右に示したものは、下二段ではaや$o_{乙}$、上二段では$o_{乙}$やuを語尾に持つ形がそれに相当しますが、これら以外にもあったかもしれません。いずれにせよ、活用の体系として一つに限定できず、整わないというような事情があったのでしょう。そのために、複数あった未然形相当に代えて、次第に連用形に未然形の働きを代用させて統一させ、活用を整備していったのではないかと想定されます。それは後で述べる上一段活用における連用形と未然形のあり方から類推されたものであったと考えられます。

終止形の由来

次に、終止形ですが、そもそも連用形は文の途中で止める用法、終止形は文の最後で止める用法ですから、その働きはよく似ています。その証拠にラ変では終止形が連用形と同じです。これは、古く連用形が文の中途にも最後にも用いられていたことを示すものでしょう。

ラ変を除く終止形の末尾がウ段音となるのは、ある時期に文の最後に用いる語形を、連用形にuを付けて表すようになり、$i_{甲}u$、-$i_{乙}u$、$e_{乙}u$などの母音連続でそれぞれi・eが脱落したと考えられます（上一段については後で述べます）。uは〈しゃがみ込む〉の意を表す「つきう（急居）」（日本書紀　崇神紀）という語の「う」が〈存在する〉意を表すことから、それに由来するのではないかと推測されています。

一方、「あり」のような最も基礎的な語は慣用が久しいことから、このような新しい規則的変化に従わなかったということでしょう。英語にも過去・過去分詞に規則変化と不規則変化があり、基礎的な語彙は多く不規則変化であることを思い浮かべると、わかりやすいでしょう。

連体形と已然形の由来

連体形と已然形については、よく似た点があります。それは、すべて連体形はウ段音で、已然形はエ段音で終わっていることです。特に、四段・ラ変を除くと、すべて連体形は終止形に「る」が、已然形は終止形に「れ」が付いたものとも見られます。この点では相当に規則的です。実態もおそらくそのようであって、終止形から派生したと考えるのが穏当でしょう。

ナ変は母音交替型という点で、四段と深い関係にあります。四段は所属語数が最も多いものですが、ナ行で活用する語はまったくありません。このことがルレ添加型との混用をもたらしたものと考えられます。

文を終える働きをする終止形に「る」「れ」が付くのはおかしいと思われる方もいるかもしれません。しかし、ある種の助動詞が終止形接続であることを思い出してください。「らし」「らむ」「べし」、および伝聞推量の「なり」（さらに平安時代に出現する「めり」）はラ変以外では終止形に接続しているのです。したがって、ラ変「あり」と関係のある連体形語尾「る」、已然形語尾「れ」が付くことも十分に考えられます。

かりにそうだとすれば、ラ変の活用がいち早く成立し、同じく母音交替型の四段もそれに類推されて成立して、その後にルレ添加型が成立したということになります。

他方、四段活用では終止形と連体形は同形です。連体形は終止形をそのまま用い、活用語尾のアクセントを高くすることで成立したと考えられます（終止形と連体形のアクセントについては平安時代のところで触れることにします）。ラ変の連体形「る」は四段におけるｕの接辞に類推されて、「ari＋u」という形から終止形とは異なる「aru」となったのでしょう。

ところで、已然形には、奈良時代以前特有の用法として、文を強く言い切るという働きがありました。

入り日さしぬれ　ますらをと思へる我もしきたへの衣の袖は通りて濡れぬ（万葉集　一三五）

〈夕日が落ちてしまった。益荒男だと思っている私も（しきたへの）衣の袖を涙ですっかり濡らしてしまった〉

この已然形は「ば」のない確定条件用法ともされ、〈夕日が落ちてしまったので〉と解釈されることがあります。しかし、係助詞「こそ」の結びともなるように、已然形には強い語気があり、こうだと強く言い切る働きを本来は持っていたようです。その意味で、連用形の一種と言うこともできます。このように見れば、前に述べました連用形の起源と同じ経路をたどりつつも、母音連続で別の母音に転じて生じたものと想定されます。

muka（未然形）＋ $*i_{甲}$ → $muke_{乙}$　（向く　四段已然形）

つまり、命令形が他者目当てに強く言い切る語法であるのに対して、已然形は話し手自身目当ての強い言い切りであると考えられます。

上一段活用の由来

最後に、上一段について述べましょう。この活用には活用形にイ段甲類音が現れるのが大きな特徴です。

では、「見る」を例にして説明します。「見る」は目で行われる行為ですから、その「見《み》」は「目《め》」と同源であると考えてよいでしょう。「め」は露出形で、被覆形は「まつげ（睫）」「まなこ（眼）」に見られる「ま」です。「まへ（前）」も「目辺《まへ》」に由来するものです。この語はまた助動詞「む」とも関係します。「…と見る」は〈…と推量する〉という意でもありますから、「見る」の「み」は「む」と同源と見て間違いありません。

そこで、助動詞「む」の活用を見ますと、終止形・連体形「む」、已然形「め」であって、四段型の活用をします。このことからすると、〈見る〉意の動詞は古く無語幹の四段活用をしたものであり、未然形「ま」、連用形「み甲」が想定されます。その中で連用形に由来する「み甲」を中核とした活用が生じたのです。

たとえば、助動詞「べし」に接続する場合、「みべし」となった例があって、連用形「み」は古く終止形でも用いられていました。終止形に「る」を添えるのは四段において終止形と連体形が同形であることに類推されたもので、連体形を終止形に代用させたのでしょう。また、連体形・已然形においてそれぞれ「る」「れ」を添えたのも、二段型活用からの類推によるものでしょう。ただし、「み」を未然形に用いるのは二段型活用に先んじた可能性が高いようです。それは、無語幹動詞は接続に揺れが生じる現象が歴史時代にもよく見られるからです。たとえば、助動詞「まい」への接続には中世から近世にかけてサ変「す」には「すまい」のほかにも「せまい」「しまい」もありました。このように、無語幹動詞の活用形はその接続関係において不安定でした。このため、連用形に収斂《しゅうれん》されたものが上一段活用の由来ではないかと考えられます。

このために、上一段は連用形に一音節のイ段甲類音を持つものによる変則な活用です。これに所属する語は前に述べたように、実際は「着る」「似る」「射る」「率《ゐ》る」ぐらいにほぼ限られています。

音の添加・脱落・転化

活用形の由来については以上ですが、母音連続が一方で別の母音に転じ、他方で片方の母音が脱落するという原因については、まだはっきりしたことがわかりません。母音の脱落については口の開け方の広い「ア」が脱落しにくく、狭い「イ」や「ウ」が脱落しやすいという傾向はあるようですが、それには前後の音環境も影響するようで、一律に解き明かすことは現状ではなかなか困難です。ただ、音の添加・脱落・転化という現象が活用形の整備に深く関与していることだけは疑いありません。

7. 形容詞・代名詞が整備される

形容詞の語幹

形容詞は、語幹が動詞に比べて独立性が強く、それだけで単独で用いられました。「いで、あな心憂《こころう》。」（枕草子　宮にはじめてまゐりたるころ）、「あな、おそろしや。」（源氏物語　桐壺）のような文末の感動表現、「いで、あなめでたの、我が親や。」（源氏物語　常夏）、「あな、をかしの御髪《みぐし》や。」（源氏物語　若紫）のような「の」に続く用法のほか、「うすゆき」〈薄雪〉、「ながながし夜」〈非常に長い夜〉のように直接に名詞を修飾する用法などがありました。このことは、独立的な語幹に対して、活用語尾が付属語的であったことを示しています。

形容詞の活用

右のように、「をかし」では「をかし」が語幹ですから、形容詞活用の表は次のようになります。

語幹	未然形	連用形	終止形	連体形	已然形	命令形
なが	け甲	く	し＊	き甲	け甲・け甲れ	
をかし	から	かり		かる		かれ

（＊語幹がシで終わる場合は、語幹が終止形を兼ねる）

学校文法では、「をかし」を語幹とすると終止形の活用語尾がなくなってしまうことから、「をか」を語幹としますが、その設定は便宜的な措置にすぎません。「をかし」などシク活用では「し」までを含めた部分が語幹であることは前に述べたとおりですから、正しくは「をかし」が語幹で、シク活用の終止形は語幹が兼ねると考えるのが正しい理解です。

未然形には、「無《な》けむ」「恋しけむ」のように助動詞「む」（未然形接続）が付くように、活用語尾に「け」「しけ」がありました。また、「遠けども」のように助詞「ども」（已然形接続）に付く場合にも「け」「しけ」があり、これは已然形活用語尾です。また、この活用語尾「け」に接続助詞「ば」が接続した例もあります。

恋しけば来《き》ませ我が背子垣内柳《かきつやぎ》末《うれ》摘《つ》み枯《か》らし我《われ》立ち待たむ（万葉集　三四五五）

〈恋しかったら、おいでなさい、あなた。垣内の柳の前を摘み枯らして私は待っていましょう〉

たまほこの道の遠けば間使《まつかひ》もやるよしもなみ（万葉集　三九六九　長歌）

〈（たまほこの）道が遠いので、使いの者を遣る方法もないので〉

この例は〈恋しかったら〉〈恋しいから〉、〈道が遠いなら〉〈道が遠いので〉のように、仮定条件とも確定条件ともいずれにも解釈できます。このため、未然形にも已然形にもともに活用語尾「け」が設定されているのです。

補助活用のカリ活用は、連用形にアリが下接したものが「-ku＋ari→-kari」というように母音脱落して「悲しかりけり」（万葉集　七九三）などとなって成立したもので、このカリ活用によって、いろいろな助動詞や助詞に付くことができるようになりました。

ク活用とシク活用

このような観点から見ると、ク活用とシク活用は終止形に違いがあるだけで、ほかの活用形はまったく同じです。では、なぜそのような違いがあるのでしょうか。現代語で、ク活用は「―い」、シク活用は「―しい」となりますので、話をわかりやすくするために現代語形で例を示しましょう。ク活用には「高い」「熱い」「深い」「強い」「白い」など、主として事物の属性を表す語が所属します。一方、シク活用は「楽しい」「嬉しい」「美しい」「珍しい」など、主として人間の感情・感覚を表す語が所属します。すなわち、属性形容詞はク活用、情意性形容詞はシク活用であるという傾向が認められます。

そこで、シク活用語幹末の「し」ですが、これはその情意性を表す要素であるととらえるのが自然でしょう。そして、終止形活用語尾「し」と同音であったために、重複を避けてシク活用では語幹がそのまま終止形を兼ねることになったと見られるのです。

形容詞活用の由来

形容詞はもともと副詞として用いられる連用形が原形でありました。つまり、「しばらく」（暫く、古形は「しまらく」）、「さきく」（幸く）、「ことごとく」（悉く）などの副詞性語尾「ク」を持った副詞であったものが、述語化していく過程で、活用を持つようになったと考えられます。

この連用形に独立化させる接辞*$i_{\text{甲}}$が付き、「$ku + i_{\text{甲}} \rightarrow ki_{\text{甲}}$」となったものが連体形であると推定されます。

形容詞の場合、「強きをくじく」「易きに流れる」などというように、体言的用法は連体形が担っているのです。

一方、未然形・已然形活用語尾「け甲」の由来は連体形に未然形化する*a（四段動詞などの未然形語尾aと同等のもの）が付いたものと見られます（ki甲a→ke甲）。その一方で、已然形活用語尾には「けれ」も存在しています。

旅に去《い》にし君しも継《つ》ぎて夢《いめ》に見ゆ我《あ》が片恋の繁《しげ》ければかも（万葉集　三九二九）

〈旅に出た君が続けて夢に見えます。私の片思いが絶えないからでしょうか〉

これは、已然形を未然形と区別するために、ラ変動詞の已然形「あれ」に類推されて、「け」に「れ」が添えられたもので、八世紀前半に成立したものと見られます。

このように見ますと、形容詞はカ行の活用が本来のものとも言えます。その点で、ク活用の終止形活用語尾「し」は別の起源を持つと見るべきです。おそらくはサ変動詞連用形「し」と同源で、断定・言い切りの働きをさせるために文の終止に用いられるようになったと想定されます。

奈良時代では、形容詞の活用は動詞に比べると、まだ十分に整備されていませんでした。そのため、係助詞「こそ」の結びが奈良時代以前では連体形（もしくは「終止形＋も」）でした。

難波人葦火《あしひ》焚《た》く屋《や》のすしてあれど己《おの》が妻こそ常《とこ》めづらしき（許増常目頬次吉）（万葉集　二六五一）

〈難波人が葦火を焚く家のように煤《すす》けているが、自分の妻はいつもかわいい〉

形容詞とほかの品詞との関係

形容詞には動詞と類縁関係を持つものが少なくありません。たとえば、「にくし」と「にくむ」（憎）、「くさし」（臭）と「くさる」（腐）というように、形容詞語幹が動詞語幹の一部に含まれるものがある一方、「なつく」と「なつかし」（懐）のように動詞の語幹が形容詞の語幹に含まれるものも数多く見受けられます。後者には次のようなタイプがあり、ａシ型が最も有力です。

［四　段］　なやむ（悩）→なやまし（ａシ型）　よる（寄）→よろし（$o_{乙}$シ型）

［上二段］　くゆ（悔）→くやし（ａシ型）　おゆ（老）→およし（$o_{乙}$シ型）

　　　　　　わぶ（侘）→わびし（$i_{乙}$型）

［下二段］　やす（痩）→やさし（ａシ型）

このほか、上二段には「うらむ→うらめし」「はづ→はづかし」となるものもあります。右のような関係にある形容詞は、動詞の形容詞形と呼ばれることがあります。動作性・作用性の概念を心理的・感情的な状態を表す意に転換するものです。

形容詞の語幹と対応するものに、ほかに副詞・形容動詞語幹があります。前者には「あらたに」と「あらたし（のちには「あたらし」）」（新）、「まさに」（将に）と「まさし」（正し）、「ただ」と「ただし」（正し）など、後者には「しづか」と「しづけし」（静）、「さやか」と「さやけし」（清）、「やすらか」と「やすらけし」（安）などがあります。後者のケシ型は「ケ」が乙類であり、形容動詞語幹を構成する接辞「カ・ヤカ・

ラカ」に形容詞接辞「*i甲 si」が付いて構成されたものです（-ka *i甲 si → -ke乙 si）。ちなみに、「やすらか」「きよらか」などの形容詞語幹において、接辞「ラカ」などを除いた語幹はク活用の「やすし」「きよし」ともなります。以上の動詞・副詞・形容動詞と関係する形容詞はシク活用となることが特徴的です。

このほか、形容詞には語尾がナシとなる語が少なくありません。このナシ型には「きたなし」（汚）、「つたなし」（拙）、「すくなし」（少）などのように、ナシが〈はなはだしい〉の意を含むものと、「すべなし」（術無）、「つつがなし」（恙無）、「をさなし」（幼）などのように、ナシが〈無い〉の意を表すものがあります。

奈良時代以前では、形容動詞は「しづかなり」などわずかな語に限られていました。まだナリ活用しかなく、その由来は副詞「しづかに」にラ変「あり」が接した「～niari → nari」のようにiaの母音連続でiが脱落したものです。ただ、その所属語が少ないのは、この時期では形容詞型活用が勢力を持っていたためでした。

ク語法とミ語法

奈良時代以前に発達していた語法に「ク語法」と「ミ語法」があります。「ク語法」は活用語を体言化するもので、〈こと〉の意を表します。

大汝少御神《おほなむちすくなみかみ》の作らしし妹背《いもせ》の山を見らくしよしも（万葉集　一二四七）

〈大汝少名彦名の神々が作られた妹背の山を見ることはいいものだ〉

我妹子《わぎもこ》に恋ふるに我《あれ》はたまきはる短き命《いのち》も惜《を》しけくもなし（万葉集　三七四四）
〈あなたを恋い慕って私は（たまきはる）短い命も惜しいことなどありません〉

「見らく」「惜《を》しけく」は〈見ること〉〈惜しいこと〉の意で、原則的には、連体形に体言化の接辞アクが付いて成立したものです。

mi$_{甲}$ru　＋　aku　→　mi$_{甲}$raku　（uaの母音連続におけるuの脱落）
wosiki$_{甲}$　＋　aku　→　wosike$_{甲}$ku　（母音連続 i$_{甲}$a の転）

過去の助動詞「き」の場合は「言ひしく」となり、連体形「し」に「く」が付いていますが、これだけが例外です。奈良時代までは、連体形による準体句の用法はあまり見られず、ク語法がかなり自由に用いられていました。しかし、平安時代になると、和歌のほか漢文訓読にわずかに、「いはく（曰く）」「ねがはく（願はく）」「おそるらく（恐るらく）」などと慣用的に用いられるだけとなります。今日でも「ねがはく」は「願わくは」、「おそるらく」は「おそらく」という形で用いられるほか、「老いらく」（「老ゆらく」の転）、「思わく」（「思惑」と書かれます）のように名詞として用いられているものもあります。

形容詞の語幹に「み」が接して理由や根拠などを表す「ミ語法」も上代特有のものです。これは、語幹に接尾語「み」を伴って理由や根拠などを表すものです。

若《わか》の浦に潮満《しほみ》ちくれば潟《かた》を無《な》み――葦辺《あしへ》を指《さ》して鶴《たづ》鳴き渡る（万葉集　九一九）
〈若の浦に潮が満ちてくると干潟《ひがた》がないので、葦辺をさして鶴が鳴き渡っている〉

体言との間に間投助詞「を」をはさんで、「…を〜み」（「瀬《せ》を早《はや》み」の類）という形で用いられることも多く、平安時代以降は和歌だけに使用が限られるようになりました。

代名詞

代名詞には指示代名詞と人称代名詞とがあります。まず、指示代名詞はこの時代、すでに「こ・そ・か・いづ」という体系が成立していました。

	近称	中称	遠称	不定称
一般的	こ	そ　し	か	
事物	これ	それ	かれ	いづれ　なに
場所	ここ	そこ		いづく　いづら　いづへ
方角	こち　こなた	そち	をち　かなた	いづち

ただし、遠称の「か」はあまり用いられず、「そ」がその領域をも担っていました。

人称代名詞では、三人称は指示代名詞で代用するのが一般的です。基本的には、すでに次のような「わ（あ）・な・か・た」という体系が整っていました。

一人称（自称）	二人称（対称）	三人称（他称）	不定称
あ　あれ　わ　われ	な　なれ	か　かれ	た　たれ

一人称の「あ」は単数的・孤立的、「わ」は複数的・集団的というような意味上の違いがありました。このほか、一人称には「わけ」、謙称の「やつかれ」も使われました。二人称では「な」が対等以下の人に用いられました。ほかに、敬意を込めた「いまし」「みまし」、卑称の「おれ」などの使用もありました。

8．古代語法が確立していく―付属語と待遇表現

態（ヴォイス）の助動詞

「る・らる」は平安時代以降一般化した語で、奈良時代以前では「ゆ・らゆ」が多く用いられました。この「ゆ」は「きこゆ」「おもほゆ」という動詞語尾と同源で、本来は自発を意味するものです。その〈自然にそうなる〉の意から、〈そのことが生じる〉→〈そのことができる〉という可能の意ともなりました。また、他者の行為が、動作の受け手において自然に実現するという意から、受身の意にも用いられました。ちなみに、「る」は下二段動詞「ある」〈「生まれる」の意〉に由来するものと見られます。

使役では、「しむ」が用いられるだけで、下二段活用の「す・さす」の使用は平安時代以降のことです（こ

の「す」の由来はサ変「す」を下二段に活用したものでしょう）。ちなみに、この時代特有のものとして、四段活用の「す」（未然形接続）が尊敬の意を表しました。これが「思ふ」「聞く」「知る」に付いて「おもほす」（のちに「おぼす」）、「きこす」（聞）、「しろす（知）」を構成したり、「見る」「着る」に付いて「見《め》す（召す）」「着《け》す」と音変化したりして敬語動詞を派生させました。

過去・完了の助動詞

過去の助動詞としては「き」と「けり」がありました。「き」はカ変動詞「来《く》」の連用形と同源で、時制としての過去を表すのに対して、「けり」は過去の事実を今の時点で発見したり把握したりする意が基本義で、「き」にラ変「あり」が付いて「ki⊞ari → ke⊞ri」となったものです。

完了には「ぬ・つ・たり・り」がありました。「ぬ」は主として自動詞に付き、変化した結果、新しい状態が発生した意を表し、「つ」は主として他動詞に付き、動作・作用が完了した意を表しました。この両者の特徴を「なりゆきの〈ぬ〉」「打ち捨ての〈つ〉」と呼ぶことがあります。「つ」は下二段動詞「うつ」（棄）、「ぬ」はナ変動詞「いぬ」に由来するものです（いずれも語頭のu、iが脱落したものです）。

この「つ」の連用形がさらに形式化して接続助詞「て」となりましたが、この「て」にラ変「あり」が付いたのが「たり」です（teari → tari）。「たり」は動詞全般に付いて動作・状態の存続、動作・作用の完了の意を表しました。他方、「り」は四段およびサ変の動詞連用形にだけ接するもので、これは連用形末尾母音・i甲に「あり」が付いて変化したものです。

yuki甲 ＋ ari → yuke甲ri　（「yuke甲」は命令形と同形。已然形は「yuke乙」です）

したがって、そのエ段音は甲類相当であって命令形活用語尾に等しく、「り」の接続を厳密に言うと、命令形ということになります。ただ、それは命令形に付いたものではなく、音が転化した結果、そのように記述されるということです。

ほかに、この時代特有の助動詞として動作の継続の意を表す四段「ふ」（未然形接続）がありました。「むかふ」（向）、「かたらふ」（語）、「よばふ」（呼）などにその名残が見られます。

推量の助動詞

根拠のある推量を表す「らし」、現在推量を表す「らむ」はそれぞれラ変動詞「あり」の形容詞形「あらし」（形容詞の項で示したａシ型によるもの）、「あり」に推量の「む」が付いた「あらむ」に由来するもので、それぞれの語頭の「あ」が脱落したものです。「らし」は奈良時代にすでに勢力を失いつつありました。

推量・意志の「む」は前述したように「見る」の古形である四段動詞「む」に由来するもので、反実仮想の「まし」はその「む」の形容詞形（ａシ型）です。過去推量の「けむ」は過去の意を表す「き」の古い未然形「け」に推量の「む」が付いたものと見られます（ke甲＝mu）。

終止形接続の「なり」は伝聞推量の意と言われていますが、本来は〈…の音が聞こえる〉〈…の音から～

と判断される〉というような聴覚による判断を表すものでした。

大和には鳴きてか来らむ呼子鳥《よぶこどり》象《きさ》の中山呼びぞ越ゆなる（奈流）（万葉集　七〇）

〈大和では鳴いてきたのだろうか、呼子鳥が象の中山を鳴いて越えていく音が聞こえる〉

「音《ね》」、もしくは「鳴る」の語幹「な」にラ変「あり」が付いて成立したものです（ne(na)＋ari→nari）。「めり」は奈良時代の東国方言にその存在がうかがわれますが、平安時代になって盛んに用いられたものです。これも様態推量と言われていますが、〈…というのが見える〉〈…と見えるから～と判断される〉というような視覚による判断を表すものです。「見る」の連用形「み」にラ変「あり」が付いて成立したものです（mi甲ari→me甲ri）。

適当、確信を持った推量、可能などの意を表す「べし」は、副詞「うべ」（宜）を形容詞化した「うべ＝し」に由来し、語頭のuが脱落したものです。

否定推量の「じ」は、後で述べる否定「ず」の古い連用形「に」に形容詞接辞「し」が付いて「nisi→nzi→zi」となったものです。「ましじ」は不適当や否定的な意志・推量などを表し、平安時代には類似の音節が連続するために「し」が脱落して「まじ」に変化しました。「ましじ」の「じ」は否定推量の「じ」と同源であると見られますが、「まし」の部分については今のところ不明です。

そのほかの助動詞

断定の助動詞「なり」は格助詞「に」に「あり」が付いたもので（ni + ari → nari）、奈良時代までは名詞に付くだけでした（用言の連体形に接続するようになるのは平安時代です）。

否定の助動詞「ず」は連体形「ぬ」、已然形「ね」ですから、もとナ行四段に活用するものでした。『万葉集』に見える「知らに」〈知らないので〉という表現はその連用形「に」によるものです。この「に」にサ変「す」が付いて「nisu → nzu → zu」となったものが終止形（および連用形）の「ず」で、これだけがザ行となりました。つまり、ザ行の活用は「ず」しかありません（補助活用のザリ活用は連用形「ず」に「あり」が付いたものに由来し、「zuari → zari」となったラ変型です）。そのナ行四段活用「ぬ」の未然形「な」に継続の「ふ」が付いたのが、奈良時代の東国方言に見える助動詞「なふ」です。これはのちに「ない」という形で用いられる否定の助動詞となりました。ちなみに、この「ぬ」の形容詞形が「無し」であると想定されます。

格助詞

格助詞の中で「に」は奈良時代以前にすでに確立されていました。「を」は間投助詞から格助詞化したもので、奈良時代には対象（目的語）を表したり経由地点を表したりする意で広く用いられています。

「へ」は名詞「辺」に由来する語で、遠くへ移動する場合の到着点を表しました。

我が背子を大和へ遣るとさ夜ふけて暁《あかとき》露に我《わ》が立ち濡れし（万葉集　一〇五）

〈あの人を大和へ帰そうとして、夜も更けて暁の露に私は立ち濡れたことだ〉

しかし、この時代ではいまだ〈…のあたり〉という名詞的な意味が強く残っていて、完全に助詞化するのは平安時代です。

「から」も名詞「から（柄）」に由来する語で、〈…のままに〉〈…に沿って〉の意で用いられましたが、まだ名詞の域を出ていません。

起点・通過点・比較の基準などの意を表す助詞には「より」のほか、「ゆ」「ゆり」「よ」などもありました（「ゆり」は最も用例が少なく、起点の意しか見られません）。

田子《たご》の浦《うら》ゆうち出《い》でて見ればま白《しろ》にぞ富士の高嶺《たかね》に雪は降りける（万葉集　三一八）

〈田子の浦を通って、見渡しのよい所に出て見ると、真っ白に富士の高い峰に雪が降っていた〉

雲に飛ぶ薬《くすり》食《は》むよは都《みやこ》見ば賤《いや》しき我《あ》が身《み》またをちぬべし（万葉集　八四八）

〈雲に乗って飛ぶという仙薬を飲むよりは、都を見たら、つまらない我が身でもまた若返るに違いない〉

「と」は「とにもかくにも」などの副詞「と」に由来する語で、対象や引用を表す意で生じました。

「して」はサ変動詞「す」の連用形に接続助詞「て」が付いたものです。連語として〈…において〉の意を表すと同時に、格助詞として、手段・方法、動作の共同者を表す意〈…で〉にも用いられました。

二人して結びし紐を一人して吾は解きみじ直《ただ》に逢ふまでは（万葉集　二九一九）

〈二人で結んだ紐を一人だけで私は解いてみたりはしまい、直接に逢うまでは〉

連体助詞には「の」のほか、「な」「が」「つ」がありました。「な」は、母音調和で陰性（女性）母音の「の乙」に対する陽性（男性）母音によるもので、今日でも「水《み》な門《と》」（港）、「手《た》な心《ごころ》」（掌）、「目《ま》な子《こ》」（眼）などの語の一部に残っています。「が」はこの「な」から転じたものかとも考えられ、のちには主格助詞・接続助詞となりました。「つ」は「時つ波」〈その時節に適う波〉、「目《ま》つ毛」（睫）など語の一部に残っていますが、奈良時代にはほとんどが場所を表す語に付くというように古語化していました。

接続助詞

単純接続の「て」は助動詞「つ」の連用形に由来するものです。これにサ変「す」の連用形が付いた「して」は「くして（形容詞連用形接続）」「にして」「として」「ずして」などの形で、連用関係の接続機能を確認する意を表しました。

我が心しぞいや愚《おこ》にして（斯弖）今ぞ悔《くや》しき（古事記　中　長歌）

〈私の心はまことに愚かで、今では悔しく思われる〉

白妙の袖の別れを難みして（為而）荒津の浜に宿りするかも（万葉集　三二一五）

〈（白妙の）袖の別れがせつなくて荒津の浜で旅寝をすることだ〉

「ば」は推量の助動詞「む」に係助詞「は」が付いて成立したものと見られます（mupa → mba → ba）。未然形に接続して順接の仮定条件を表しましたが、已然形によって表されていた順接の確定条件を明示するために、已然形への接続も生じました。

逆接の仮定条件を表す「とも」は格助詞「と」に係助詞「も」が付いたものと見られます（「と」は平安時代になって生じました）。他方、逆接の確定条件は「ど」「ども」で表されました。もともと接続助詞を伴わずに已然形だけで確定条件を表しましたから、「ど」「ども」はその已然形の用法をいわば明示するために生じたものでしょう。「ど」は「と」と同源で、この「ど」に係助詞「も」が付いたのが「ども」であると考えられます。

同時動作の意では、古くは「つつ」が圧倒的でした。助動詞「つ」を重ねた形が語源です。

副助詞

「だに」は期待される最低限の物事を示す意〈せめて…だけでも〉、「すら」は程度のはなはだしい（または、軽い）物事を取り上げてほかを類推させる意〈…さえ〉、「さへ」は同類の事実を添加する意〈その上…までも〉を表しました。「だに」は名詞「谷《たに》」、「さへ」は「添《そ》へ」の転かと見られます。

範囲を表す「まで」は「ま」（目《ま》）に「て」（「土手」「井手」〈井戸のある所〉などの〈所〉の意）が付いたものと考えられます。

「ばかり」はもっぱら程度・範囲〈…ぐらい、…ほど〉の意で、限定〈…だけ〉の意は「のみ」が担っていました。前者は動詞「はかる」（計）の連用形「はかり」から転じたもの、後者は連体助詞「の」に名詞「み」

（身）が付いたものに由来します。
　このほか、強調を表す「し」などがありました。

係助詞

「は」「も」ともに主題として提示する意を表しますが、「は」は排他的である一方、「も」は類例を暗示する働きをし、その基本義は今日まで変わりありません。「は」が形容詞連用形、打消しの「ず」に付いて、「くは」「ずは」の形で仮定条件を表す用法は、江戸時代初期まで用いられました。

　述語が特定の活用形で結ばれるものには、連体形で結ぶ「か」「や」「ぞ」「なも」（平安時代「なむ」）、已然形で結ぶ「こそ」があります。ただし、奈良時代では「こそ」が形容詞で結ばれる場合、連体形または「終止形＋も」をとりました。これは形容詞の已然形が未成立であったからでした（前掲「己が妻こそ常めづらしき」万葉集　二六五一）。

　係助詞が特定の活用形と呼応する「係り結び」は、平安時代になって整うようになります。その由来についてですが、連体形での結びとなるものは倒置法に起因します。

　降りたる［連体形］雪ぞ／か。　↓　雪ぞ／か　降りたる。［連体形］

すなわち、「降った雪だ／か」↓「雪だ／か、降ったのは」↓「雪が降ったのだ／か」というように表現されていったものと見られます。

「こそ」については、奈良時代以前において、已然形が前述のように強く言い切るという働きをも有していたため、「此其《こそ》」と強く指示する語と呼応する形で成立したものです。ちなみに、「ぞ」も「其《そ》」に由来するもので、もとは清音でした。

終助詞

自己の願望の意を表す「な」「(も)がも(平安時代「もがな」)」「(て)しか」、相手への希望を表す「なも」「ぬか(も)」「ね」などがありました。

禁止は「な…そ」「な…そね」「な…」「…な」という形で表現されていました。「な」が形容詞「無し」の語幹と同源であることは前に述べました。

今日《けふ》のみはめぐしもな見そ言《こと》も咎《とが》むな(万葉集　一七五九　長歌)

〈今日だけはかわいそうに思わないでください。交わることも咎めてくれるな〉

感動・詠嘆の意では「かも(平安時代「かな」)」が用いられました。

間投助詞

詠嘆や強調指示などの意を表すものに「を」「や」「よ」がありました。「を」は感動詞「諾《を》」に由来し、また、「よ」は聞き手に働きかける気持ちを込めた語でした。

生ける者遂《ひとつひ》にも死ぬるものにあればこの世なる間《ま》は楽しくをあらな（万葉集　三四九）
〈生きている者はいずれ死ぬと決まっているから、この世にある間は楽しく暮らそう〉

奈良時代特有の語には「わ」のほか、東国方言の「ゑ」、東国や九州で用いられた「ろ」がありました。「ろ」は後世「見ろ・上げろ」のような動詞命令形語尾となるものです。

奈良時代以前の待遇表現

待遇表現は現存の資料では七世紀初めから確認できます。『法隆寺金堂薬師仏光背銘』（七世紀末頃の製作）には、「大御身《おほみみ》」「大御病《おほみやまひ》」とあって、すでに「おほみ」という尊敬語の接頭語が成立していました。これは接頭語「おほ（大君《おほきみ》の類）」「み（御代《みよ》の類）」が複合したもので、のちに「おほん」「おん」という語形で用いられました。

また、「労賜時《いたづきたまひしとき》」や「仕奉《つかへまつる》」の例も見え、「たまふ」「まつる」という敬語動詞があり、すでに補助動詞としても用いられていたことがわかります。動詞では尊敬語には「ます」「います」「たまふ」「たぶ」「をす」などがあり、謙譲語には「まをす（のちに「まうす」）」「まつる」「まゐる」「まかる」「たまふ（下二段）」などがありました。ただし、丁寧語はまだ見られません。

他者を卑しめるという軽卑語もすでに確認できます。それには二人称代名詞の「わけ」「おのれ」「おれ」などがありました。

おのれ故罵《の》らえてをれば青馬《あをうま》の面高夫駄《おもたかぶだ》に乗りて来べしや（万葉集　三〇九八）
〈おまえのせいで叱られているところに、青馬の鈍な駄馬に乗ってきてよいものか〉
我が君はわけをば死ねと思へかも逢ふ夜逢はぬ夜二走《ふたはし》るらむ（万葉集　五五二）
〈あなた様は若造め死ねと思っているのでしょうか。逢う晩と逢わない晩と二道をおかけになる〉
＊わけ…一人称に用いられた例です。

9．和語とは何か―固有性を検証する

和語とは固有語か（1）

さて、語彙に話題を移しましょう。「和語」という言葉を聞いたことがあると思いますが、これは「やまとことば」とも言い、日本固有の語の意です。そこで、質問です。「かみ（紙）」という語は日本固有の語でしょうか。この解答をちょっと考えてみてください。

まず、紙は古代ではきわめて貴重なものでした。奈良時代には経典の書写を仕事とする写経生がいたことが知られていますが、正倉院文書によると、書き間違えると罰金を取られました。このように、古代にあっては紙は高価なものであって、簡単に使用できるものではありませんでした。周知のことでしょうが、紙の製法は後漢の蔡倫によって大成されたもので、日本には六一〇年に伝わったとされています。そうなると、

答えは、「かみ（紙）」は日本固有語、すなわち和語ではないということになります。紙という事物自体はもちろんのこと、その名称も固有のものとは言えないと見られるからです。この語はおそらく、「簡」の字音からカミ（kʌn→*kani→kami）（漢字音は藤堂明保の推定による中古音です。以下同様です）に転じたと考えられます。このような文明的・文化的な事物または概念は日本に借用されたものである可能性がきわめて高いものです。「きぬ（絹）」もその好例です。絹はきわめて高級品であって、中国から製法が伝わったものです。kiuɛn（絹）→kinuというように日本語化したものであることはまず疑いありません。中国語からの借用と考えられるものには、ほかに「性」の字音siɛngからの「さが（性）」、「隠」の字音Iənからの「おに（鬼）」などがあります。

和語とは固有語か（2）

次に「てら（寺）」は固有語でしょうか、字音は「ジ」ですから、漢語起源ではなさそうです。仏教でいう「テラ」ですから、文明の香りがします。ちなみに、「かはら（瓦）」は梵語kapālaに由来するもので、仏教建築の伝来とともに借用されるようになったものです。ただ、「てら」は梵語でもないようです。そこで、答えです。この語も固有語ではありません。「てら」は朝鮮語「チョル」からtiɔr→tiora→teraというような変化を経て借用されたと見られます。古くから大陸の文化を摂取することに努めてきたため、古くに日本語化されてしまった語が存在する可能性は高いと言わざるを得ません。漢語とは別に、古代朝鮮語からの借用も十分に想定されますから、そこで、古代朝鮮語から日本語に借用されたかと考えられる例を対照させて少し次に示しておきましょう（日本語のハ行子音は仮にpで示しました）。

日本語	朝鮮語	日本語	朝鮮語	日本語	朝鮮語
kama（窯）	kama（窯）	siru（汁）	sïl（汁）	kopori（郡）	kopor（郡）
ama（母）	am（母）	kura（洞）	kol（洞）	namari（鉛）	nap（鉛）
nata（鉈）	nat（鎌）	pata（畑）	pat（畑）	kubo（窪）	kum（窪）
kasa（笠）	kas（笠）	mura（村）	mail（村）	udi（氏）	ul（氏）
kusi（串）	kos（串）	kusiro（釧）	kosil（珠）	kasasagi（鵲）	katʃi（鵲）

「こほり・むら」などの行政単位、「かさ・かま・なた・くし・なまり」などの道具・鉱物名などは借用された可能性が高いと言えるでしょう。

「かみ・きぬ・てら・むら」などは固有語であるというように漠然と考えられてきたようですが、古くから大陸の異民族と接触し、その文化を摂取してきた背景を改めて考え直しますと、何が固有語であるか峻別するのはきわめて困難になります。しかし一方で、「かみ・きぬ・てら・むら」などが和語であるという見方も伝統的に行われています。では、何を「和語」としてきたのでしょうか。それを支える意識は何なのでしょうか。

漢字と和語

その答えは、和語と対立する漢語にヒントがありそうです。つまりは、漢語でなければ和語だという考え方が根底にあると考えてよいでしょう。そこで、漢語に話を戻しますと、「ウマ（馬）・ウメ（梅）・キク（菊）・ヱ（絵）」はそれぞれ漢字音に由来することが明らかな語です。このうち、「馬・梅」は字音の「マ・メ」を発音する際、語頭子音の鼻音的要素を強めて［mma］［mme］のように発音したところから「ウマ・ウメ」という語形になりました。この「うま・うめ」はおそらく和語として扱われるのが一般的でしょう。それはなぜでしょうか。音として、「馬」には「マ・バ」それに「メ」（「牛頭《ごず》馬頭《めず》」の類）、「梅」には「バイ」があるからで、それとは語形が異なっているため、漢語ではないと判断するからです。これに対して、「きく（菊）」「ゑ（絵）」は、その語形が音に登録されているため、漢語とされるのです。

つまり、「和語」とは、漢字を介在させて、それを音（呉音・漢音）で読まない語、すなわち「訓」とほぼ同義であるというのが一般的な共通認識であることになります。そして、とりあえずはその方向で語彙をとらえるのが穏当でしょう。所詮、「和語」とは日本固有の語に等しいかどうか、その固有性を検証した結果の概念ではないのです。それは、固有かどうかではなく、単に漢語と区別する概念にすぎず、字音語とは判断できない語を古い時代から漠然と指してきたということになります。このように考えますと、「かみ・てら・うま」などの類は訓ですから、立派な「和語」です。

和語は日本「固有」語と一般的に説明されていますが、実に曖昧なものでしかないのです。しかし、日本語が漢字とともに歩んできた歴史を見ますと、和と漢が第一義的に重視されるのも十分に意味のあることです。日本語が文字化されたのは漢字を通してですし、古代において中国文化の影響を抜きに日本文化が語れないという点からしても、和漢という視点はきわめて基本的なものです。

和語と音節数

奈良時代以前の和語は複合語を除きますと、名詞では一もしくは二音節語がほとんどで、「こころ（心）・ここの（九）」などはむしろ例外的です。

次に一音節からなる語を音節ごとに示しておきましょう。

あ	吾	い	胆寝	う	卯鵜	え	榎	お	
か	蚊香	き	杵寸・木	く	処	け	異・毛食	こ	子粉籠・木
さ	狭	し	磯「羊蹄」	す	巣酢簀	せ	瀬背	そ	十麻・衣其
た	田	ち	血乳道茅	つ	津	て	手	と	戸門・鳥十跡
な	名菜肴	に	丹荷	ぬ	沼	ね	根音	の	野・箆
は	葉歯羽	ひ	日氷桧・火樋	ふ	斑	へ	辺部・戸舳瓮	ほ	穂帆
ま	間	み	三水・身実箕	む	六	め	女・目	も	裳藻
や	屋八矢			ゆ	湯	え	兄枝江	よ	夜・世四

わ　輪　ゐ　井猪　ゑ　餌　を　尾男麻緒

上代特殊仮名遣いで二類の別がある音節においては、「・」の上が甲類、下が乙類の語を示してあります。

この中で、「お」だけが自立的な語がありません。ただし、接頭語「お」（「小《お》川」の類です）はあります。「なへ」〈鍋《なべ》〉は「肴《な》＝瓮《へ》」が語源で、おかず（肴《な》）を煮る器（瓮《へ》）の意ですが、そのような複合語もすでに数多く使われていました。

動詞の連用形も形容詞の語幹も、基本的な語はほとんどが一・二音節です。

動詞…す　来《く》　得《う》　経《ふ》　有《あ》り　死ぬ　見る　着る　喰《く》う　聞く　立つ　行く　落《お》つ　上《あ》ぐ　出《い》づ　言ふ
知《し》る

形容詞…な（無）し　こ（濃）し　たか（高）し　ひろ（広）し　ふか（深）し　あつ（熱）し

10. 漢語が限定的に用いられる

万葉集の漢語

奈良時代以前では和語が圧倒的に多いのですが、漢字音によって構成される漢語もすでに用いられていました。ただし、漢語が九世紀以前にどの程度用いられていたかは、なかなか明確にすることはできません。それは、仮名が成立する以前にはすべて漢字で表記されていて、それが字音で読む漢語であるか、訓で読む和語の表記であるか判断することがきわめてむずかしいからです。

その中で、『万葉集』には確実に漢語が用いられた例を見いだすことができます。和歌は五音・七音を基本とする音数律によって歌われますから、漢字表記の読みをある程度限定することができます。次に示す歌は『万葉集』の中で最も多くの漢語を含む歌です。

詠双六頭歌

一二之目　耳不有　五六三　四佐倍有来　双六乃佐叡（万葉集　三八二七）

ふつう「いちにのめ　のみにはあらず　ごろくさむ　しさへありけり　すぐろくのさえ」と読まれ、〈サイコロには一、二、三、四、五、六の数字がある〉という歌意です。ここでは次のような漢語が用いられているのです。

〔数　詞〕一　二　三　四　五　六

〔遊戯用語〕双六《すぐろく》　采《さえ》（サイコロの意、字音「サイ」の当時の発音は［saje］）

ちなみに、サイコロとは、ころころ転《ころ》がる采《さえ》（賽）というのが語源です。

『万葉集』には、ほかにも次のような漢語の使用が確定できます。

〔仏教系漢語〕布施《ふせ》（九〇六）　香《かう》（三八二八）　塔《たふ》（三八二八）　力士舞《りきじまひ》（三八三一）　餓鬼《がき》（六〇八・三八四〇）　法師《ほふし》（三八四六）　檀越《だにをち》（三九四七）　波羅門《ばらもに》（三八五六）

〔律令系漢語〕過所《くわそ》（三七五四）　功《くう》・五位《ごゐ》（三八五八）

〔思想系漢語〕無何有《むがう》・藐孤射《まこや》（三八五一）
〔産物名〕皂莢《さうけふ》（三八五五）

漢語は巻十六に多く見え（ほかに巻四、五、十五にも見えます）、その巻の性質から、日常的に使用されたものであったことがうかがわれます。中には防人歌に見える場合もあります。

和我都麻母画尓可伎等良無伊豆麻母加多妣由久阿礼波美都々志努波牟（四三二七）〔我が妻も絵《ゑ》に描《か》き取らむ暇《いとま》もが旅行く我《あれ》は見つつ偲《しの》はむ〕
〈私の妻を絵に描き写せる暇でもあればよい。そうしたら旅行く私は見ては偲ぶのに〉

この「画」は呉音「ヱ」に基づく漢語です。ただし、防人歌にも違和感なく用いられているところから見ると、「ヱ」（絵・画）はすでに和語の意識が強かったと言えましょう。このほか、長さの単位「さか」（万葉集　三二七六）は「尺」の字音に、量の単位「さか」（万葉集　二四〇七）も「積」の字音に由来するものです。これらもすでに子音韻尾に母音を添え開音節化させて発音していることもあり、漢語であるという意識には乏しかったと見られます。

散文の漢語

次に、散文の資料である『続日本紀《しょくにほんぎ》』宣命《せんみょう》を見てみましょう。宣命とは天皇の命令を口頭で読み上げる文書を言います。読み誤りがないように宣命書き《せんみょうがき》によって書かれているのですが、それはもちろん漢字によっ

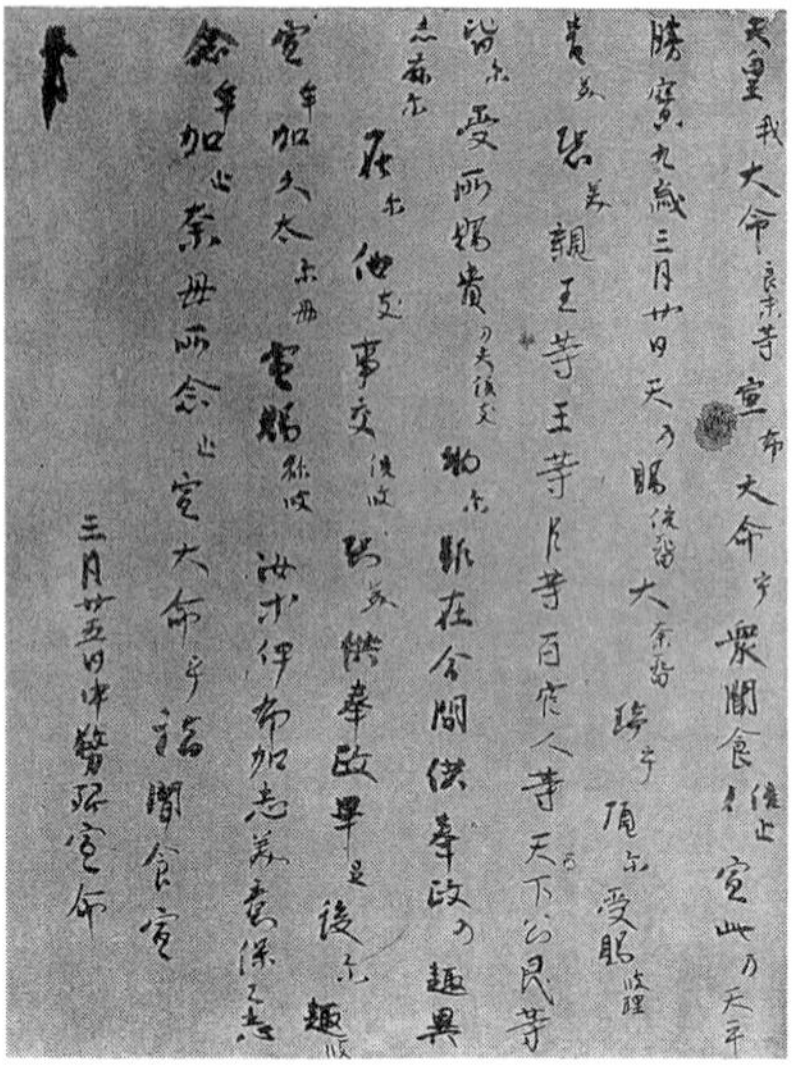

天平勝宝九年宣命（正倉院）

てほぼ日本語の語順に従い、訓で読む実質語（自立語）を大きな字で、付属語や活用語尾など形式語は音仮名による小さな字で記し、大字・小字の一まとまりを文節に対応させた表記様式を指します。ここでは、七五七（天平勝宝九）年に作成され、正倉院文書として伝存している瑞字宣命を示しておきます。

天皇我大命良末等宣布大命乎衆聞食倍止宣此乃天平
勝宝九歳三月二十日天乃賜倍留大奈留瑞乎頂尓受賜波理
貴美恐美親王等王等臣等百官人等天下公民等
皆尓受所賜貴刀夫倍支物尓雖在今間供奉政畢弖後尓趣波
宣牟加久太尓母宣賜禰波汝等伊布加志美意保之美
念牟加止奈母所念止宣大命乎諸聞食宣
三月廿五日中務卿宣命

【釈文】天皇《すめら》が大命《おほみこと》らまと宣《の》りたまふ大命を衆《もろもろ》聞き食《たま》へと宣《の》りたまふ。此《こ》の天平勝宝九歳三月廿日《やよひはつか》に、天《あめ》の賜《たま》へる大《おほ》きなる瑞《しるし》を頂《いなだき》に受《う》け賜はり、貴《たふと》み恐《かしこ》み、親王《み》等《こたち》王《おほきみたち》等臣《おみたち》等百官《もものつかさ》人《のひとども》等天下《あめのした》公民《のおほみたからども》等、皆《みな》に受け賜はり貴《たふ》とぶべき物《もの》に在《あ》りと雖《いへど》も、今《いま》の間《あひだ》は供《つか》へ奉《まつ》る政《まつりごと》の趣《おもむき》異《こと》しまに在《あ》るに、他《あた》しき事交《まじ》へば恐《かしこ》み供へ奉る政畢《を》へて後《のち》に、趣は宣りたまはむ。かくだにも宣り賜はねば、汝等《いましら》いぶかしみおほほしみ念《おも》はむかとなも念ほすと宣りたまふ大命を諸《もろもろ》聞き食《たま》へと宣りたまふ。三月廿五日《はつかあまりいつか》、中務卿《なかつかさのかみ》、命《おほみこと》を宣りたまふ。

二行目を見ますと、「天の／賜へる／大なる／瑞を／頂に／受賜はり」というように小字の万葉仮名が文節の区切りを示し、また助詞・助動詞や活用語尾を表していて、漢字の読み方を限定しているのです。最初はわかりにくいかもしれませんが、慣れればおそらく相当に読みやすく感じるでしょう。この表記様式は、語の品詞を意識した萌芽として、また、のちには万葉仮名の部分を片仮名で記した片仮名宣命体という形式にも発展したように、漢字仮名交じり文の前身として高度な段階に達していると評価されます。祝詞は現代でも結婚式などで馴染み深いものですが、これと同じ表記形式が古来より引き継がれています。

さて、このように宣命は漢文よりもずっと読み方が限定されますから、漢語か和語かが区別しやすいと言えます。そこで、一部含まれている漢文の詔勅部分を適宜除外して、『続日本紀』宣命に見える漢語を挙げると次のとおりです。

〔仏教系漢語〕経《きやう》　観世音菩薩《くわんせおむぼさつ》　智識寺《ちしきじ》　袈裟《けさ》　如来《によらい》　……
〔律令系漢語〕謀反《むほん》　孝子《けうし》　義夫《ぎふ》　節婦《せちぶ》　禄《ろく》　力田《りきでん》　……
〔思想系漢語〕礼《らい》　楽《がく》　仁孝《にんけう》

このほか、第五九詔には「百行」「百足」など漢籍やその註疏《ちょうそ》に見える漢語を引用しており、「思想系漢語」

と合わせて「漢籍系漢語」とすることも考えられます。

以上のように、使用漢語の分野はきわめて限定的です。口頭で読み上げるという宣命の文章は、もっぱら和語を用いて理解しやすく書かれていて、その意味で、仏教・律令関係の漢語は多くの人が聞いて理解できるというレベルにはなかったとも考えられます。漢語の使用は、識字能力の高い人（貴族・官人・僧侶など）にほぼ限られていたでしょう。

漢語の流入

それまで存在しなかった新たな概念や事物などは、日本固有の言葉に翻訳ができなければ、そのまま借用するしかありません。漢語の借用は、現代における、英語などの外国語からの流入とまったく変わりありません。文明・文化の高きから低きに知識や言葉が流れるように、漢語の日本語への浸透は不可避でした。それとともに、日本人のものの考え方・感じ方、社会のしくみ、経済的活動などさまざまな分野に大きな変動をもたらすことにもなりました。

第3章

平安時代の日本語

1．平安時代の言語と社会―古典語が完成する

平安時代の概観

七九四年に桓武天皇が都を平安京に遷しました。律令制を維持する政治体制はその後三〇〇年ほど続き、院政が始まる一〇八六年に至って終焉を迎えます。その後武士階級が台頭し、源頼朝が鎌倉幕府を開く一一九二年までの約四〇〇年をふつう平安時代と呼んでいます。この時代が長期間に及ぶことから、これを一〇〇年ごとに四期（初期・中期・後期・末期）に分けることがよく行われます。このうち、末期は院政時代（一〇八六～一一九二年）として、律令体制の崩壊、武士階級の台頭などという点で鎌倉時代と関係が深いことから、一くくりにして「院政・鎌倉時代」と称されることがあります。

さて、文化の面で見ると、この時代はさまざまなジャンルの文学作品が生み出された時代で、後世から理想の時代、あこがれの時代として認識されました。それは『古今和歌集』や『源氏物語』『枕草子』などを古典の典型とすることに端的に現れています。和歌では『古今和歌集』を一つの模範として、歌枕・枕詞・掛詞・縁語などの修辞法が後世に引き継がれていきました。『源氏物語』はその後の物語・小説に非常に大きな影響を与えました。そのため、この時代の文学作品に用いられた言葉は、書き言葉である「文語」として明治前半に至るまで尊重されました。

このような古典語は『源氏物語』を頂点とする古典文法によって組織化されています。したがって、古典文法から逸脱する語法が現れる院政時代は平安時代と一線を画するものとして扱う方が、日本語の歴史から見るとわかりやすい面があります。本書でも、特に文法や音韻の歴史を扱う場合、院政時代を鎌倉時代と一括して扱うことにしました。その点をあらかじめ断っておきます。

平安時代の言語資料

この時代の日本語を知るための前提として言語資料を概観しておきましょう。初期は唐風文化に大きく影響を受け、『凌雲集《りょううんしゅう》』『文華秀麗集』『経国集《けいこくしゅう》』などの漢詩文が盛んに作られました。日本語で書かれた作品はきわめて少なく、国風暗黒時代とも呼ばれています。その一方で、漢文を読み下した資料がいくつか残っています。僧侶たちが仏教経典に日本語の読み方を記入することが奈良時代末に始まり、平安時代に入ると次第に広く行われるようになりました。それは一種の翻訳文に相当するのですが、平安時代の日本語を考える上では、平仮名で書かれた和文資料と対峙《たいじ》する重要な資料です。この点については、後でまた詳しく述べることにします。

中期は、『伊勢物語』『古今和歌集』の成立に始まり、『源氏物語』『枕草子』が出現する国風文化の興隆した時代で、古典語の完成期に当たります。その背景には八九四年の遣唐使廃止、平仮名の成立などがありますが、唐風文化の消化が初期において徐々に進行していたとも言えます。後期は、古典語が伝統を保ちつつ成熟していった時代で、『更級日記』『栄花物語』などが代表的なものです。ただし、成熟を迎えた後は次第に衰退していくのが歴史の必然ですから、徐々に次の時代への変化を迎える時期でもありました。末期の院政時代は古典文法が綻びを見せていく時代であり、新しい語法が次第に勢力を増していきます。この期を代表するものには『今昔物語集』などがあります。

一方、公的な、また正式の文書はもちろん漢文が用いられました。藤原道長の『御堂《みどう》関白記』など男性の貴族は変体漢文で日記を書いたほか、変体漢文には宣命《せんみょう》書《が》きが交えられることもあり、片仮名による宣命書きの漢字片仮名交じり文も用いられました。

漢字・漢語を見出しとして和訓を付す辞書も初めて編集されました。その代表的なものとしては、部首分類の漢和字書『新撰字鏡《しんせんじきょう》』（昌住撰、八九八〜九〇一年成立）、『類聚名義抄《るいじゅみょうぎしょう》』（一一〇〇年頃成立）、意義分類の事典『和名類聚抄《わみょうるいじゅしょう》』（源順撰　九三一〜九三八年成立）などがあります。

2. 話し言葉の実態——『源氏物語』を例に

話し言葉

古典語が書き言葉、すなわち文語として用いられるということは、それが話し言葉、すなわち口語とは異なっていることを前提としています。つまり、文語の使用は話すままに書くのではなく、書くための言葉と話し言葉とは別であるという意識に基づいているのです。このことは逆に言えば、古典語の完成期を迎える以前は、話すままに書いていたということでもあります。もちろん、話すままに書くとは言っても、実際の会話そのものではなく、そこには多少の客観的な整理が加えられている可能性もあります。しかし、そのような要素は現代の言文一致体でも同じことが言えますから、韻文として形式に拘束される和歌は別として、『源氏物語』『枕草子』などの散文には当時の話し言葉が反映していると見て差し支えありません。

そこで、具体的に平安時代の文章を見てみましょう。次は『源氏物語』若紫の一部で、幼い紫の上が初めて登場する場面です。

【原文】

「雀の子を犬君《いぬき》が逃がしつる。伏籠《ふせご》のうちに籠めたりつるものを」とて、いと口惜しと思へり。このゐたる大人、「例の、心なしの、かかるわざをして、さいなまるるこそ、いと心づきなけれ。いづ方へかまかりぬる。いとをかしう、やうやうなりつるものを。烏などもこそ見つくれ」とて、立ちて行く。

【現代語訳】

「雀の子を犬君が逃がしてしまったの。伏籠の中に閉じこめておいたのに」と言って、とても残念がっている。ここに座っている女房は、「いつもの、うっかり者が、このようなことをして、責められるのは、まったく困ったことね。どこへ行ってしまったのかしら。とてもかわいく、だんだんなってきたのに。烏などが見つけたら大変だわ」と言って、立って行く。

「が」と「の」

一行目の「雀の子を犬君《いぬき》が逃がしつる」は連体止めで、強調を表したものです。ここでは若い紫の上が、犬君《いぬき》に腹立たしい思いを抱いている、もしくは雀の子が逃げたことを残念がっている心情をよく表しています。

この犬君に対する腹立たしさは助詞「が」によっても示されています。「が」は連体格を表す助詞で、文法的には体言相当である「逃がしつる」にかかるものですが、ここでは「雀の子を犬君《いぬき》が逃がしつる」という連体節において主格を表すものとなっています。そして同時に、「が」は軽卑の意を込めた語に付くという性質があり、この場合〈犬君《いぬき》のやつめが〉というような意を表しています。逆に、敬意の対象となるものに付くのが「の」で、「斉信《ただのぶ》の宰相の中将の…」（枕草子　八幡の行幸の）などのように用いられます。このような「の」「が」による敬卑の意を表す用法はその後江戸時代まで見られます。

ただし、三〜四行目の「心なしの、かかるわざをしてさいなまるる」という場合、形容詞終止形の体言的用法である「心なし」も非難される立場にあるはずですが、ここで「の」が用いられているのは、「が」が主に固有名詞・代名詞に付くのに対して、「の」は名詞一般に付くという接続関係によるものです。

このような意味で用いられるのは、「が」は上接する語に主点を置き強示するという性格によって、婉曲表現が敬意になるのとは逆に、あからさまにすることで軽卑の意となるからだと考えられます。

係り結び

係助詞「こそ」は五行目で形容詞「心づきなけれ」、七行目で「見つくれ」という已然形で結ばれています。「こそ」の形容詞における結びは、奈良時代までは連体形（または「終止形＋も」）でしたから、ここに「こそ…已然形」という係り結びが完成していることがわかります。ちなみに、七行目の「もこそ」という連語は、困った心情を表す、やや特殊な語法です。

係助詞では前代の「なも」から転じて「なむ」が用いられるようになり、連体形で結ぶ「ぞ・なむ・や・か」が勢揃いし、「は・も」とともに係助詞とその結びがすべて整ったのが平安時代です。

完了の助動詞

いわゆる完了の助動詞「ぬ・つ・たり・り」もすべて右の例文に見えます。「たり」は「伏籠《ふせご》のうちに籠めたりつるものを」「このゐたる大人」、「り」は「いと口惜しと思へり」に見え、現代語訳で〈伏籠の中に閉じこめておいたのに〉〈ここに座っていた女房〉〈とても残念がっている〉とあるように、「ておく」「ている」に相当する継続を表す意で用いられています。「たり」がすべての動詞に付くのに対して、「り」は四段とサ変だけに付くというように、その接続の範囲は狭いものでした。そのため、「り」は一一世紀以降次第に「たり」に吸収されていきます。

他方、「ぬ」は「いづ方へかまかりぬる」という例が見え、〈行ってしまった〉と訳されるように、〈どこかに行って、そこにはもういない〉という、変化した結果、新しい事態が発生した意を表しています。「つ」は「雀の子を犬君《いぬき》が逃がしつる」「伏籠《ふせご》のうちに籠めたりつるものを」「いとをかしう、やうやうなりつるものを」という例に見え、〈雀の子を犬君《いぬき》が逃がしてしまったの〉〈伏籠の中に閉じこめておいたのに〉〈とてもかわいく、だんだんなってきたのに〉という訳のように、〈雀の子を逃がした〉〈伏籠の中に閉じこめた〉〈かわいくなってきた〉という、動作・作用が完了したという意を表す用法です。このように、古典語では完了の助動詞が多彩であることが大きな特徴です。

3. 漢文の訓読を書き記す

和文と漢文訓読文

「物語」はもともとは「物語る」ものでした。つまり、あるストーリーを口頭で聞き手に語ったものであったと考えられます。それが書き言葉として定着していったものですから、物語の文章が話し言葉を基盤としていると見るべき根拠がここにもあるわけです。

これに対して、前に記した漢文の読み下し文（漢文訓読文）は中国語を日本語に翻訳したものですから、それは原文である漢文に多少とも拘束されざるを得ません。したがって、文法や語彙の面で見ると、話し言葉とは別に扱うべき点が多々あります。次に挙げるのは、石山寺本『大唐西域記』（寛元元年〈一一六三〉点）

の巻第五の一節です。

王宮より一つの金象を出す。虚中に隠起《ほのめか》す。高さ三尺に余る。戴《いただ》くに大なる象を以てし、張るに宝の幔《マク》を以てせり。

訓点資料

このような日本語による読み方は、片仮名やヲコト点と呼ばれる記号で書き記されました。ヲコト点とは、「・」「―」などの符号を、漢字の字形の四隅や真ん中など特定の位置に記入することで、ある音もしくは語を示したものです。それによって、漢字の読み方または助詞・助動詞・活用語尾などが書き表されました。漢字の右上に「ヲ」を、その下（右横より少し上）に「コト」を表すような方式がその代表的なものであったことから、「ヲコト点」と呼ばれているのです。このヲコト点の形式、すなわち、その符号の形・位置と、それによって示される音との対応関係には種々のものがあり、流派によって異なるヲコト点が用いられました。

片仮名については後で述べますが、漢字の読み方を明確にするために書き入れられた記号です。そのうち語の一部だけ、たとえば語の初めまたは中間またはは最後の音を記したものを「捨て仮名」と呼び、特に、初めの仮名を「迎え仮名」、最後の仮名を「送り仮名」と言います。このような片仮名やヲコト点による訓読文の記入を「訓点」と呼び、そのような文献を「訓点資料」と称しています。

和文資料のほとんどが写本で伝わるだけであるのに対して、訓点資料は書かれたそのままの原本が多く現在に伝わっています。その訓点を記した時期が奥書によって特定できる場合、その年を明記して「〇〇年点」と呼びます。右の『大唐西域記』は寛元元〈一一六三〉年に記入された資料ですので、「寛元元年点」というように記されます。ちなみに、「石山寺本」とはその人または寺社・図書館などの所蔵（または旧蔵）であることを明記したものです（この場合、石山寺の所蔵であることを意味しています）。訓点資料は、ある時代の読み方を直接に知ることができますから、特に音韻などの分野では和文資料よりも価値が高い資料ともなります。

漢文訓読文の特徴

さて、訓点資料の訓読文は『源氏物語』などの和文とは大きく異なっていました。主な違いを挙げますと、訓点資料がもともと中国語である漢文を翻訳したものであるのに対して、和文は純粋な日本語である点、訓点資料には片仮名やヲコト点が用いられるのに対して、和文は平仮名で書かれている点、訓点資料は漢語が用いられることが多いのに対して、和文は和語が多い点などです。

訓点資料は前代の読み方が踏襲される面があり、また助字（虚字）を中心として特定の読み方が確立されていることも留意すべき点です。今日でも漢文は訓読されますが、その読み方はこのような訓点資料の流れをくむもので、「将」を「マサニ…ムトス」、「使・令」を「…ヲシテ…シム」と読むような再読字は一一世紀頃に確立されたものです。

このような漢文訓読特有の文章を漢文訓読体と呼んでいます。もともとは漢文の世界における特殊な言語を言います。ただ、これが漢文の訓読という場を離れて、書き言葉の一種としても使われるようになり、『今昔物語集』のような片仮名で書かれた文献にも用いられるようになりました。

4．平仮名と片仮名が誕生する

和文の表記

もう一方の和文の世界は平仮名で書かれましたが、そこでは現行の仮名字体以外にもさまざまな字体が使われています。これを変体仮名と呼んでいます。変体仮名は平仮名だけに限らず片仮名にも見られるものでしたが、変体仮名が生まれた背景はどのようなものであったのでしょうか。以下に、平仮名、そして片仮名そのものの誕生を踏まえて述べることにしましょう。

草仮名

奈良時代にすでに万葉仮名で書かれた散文がありました。そして、九世紀に入りますと、『多賀城跡漆紙《うるしがみ》仮名文書』（九世紀前半）や『藤原有年申文《ありとしもうしぶみ》』（讃岐国戸籍帳端書《はしがき》　八六七年）などのように、草書体の万葉仮名、すなわち草仮名で書かれることが多くなりました。ここでは、『藤原有年申文』の草仮名文を、草仮名の部分を平仮名で記して対照させて示します。

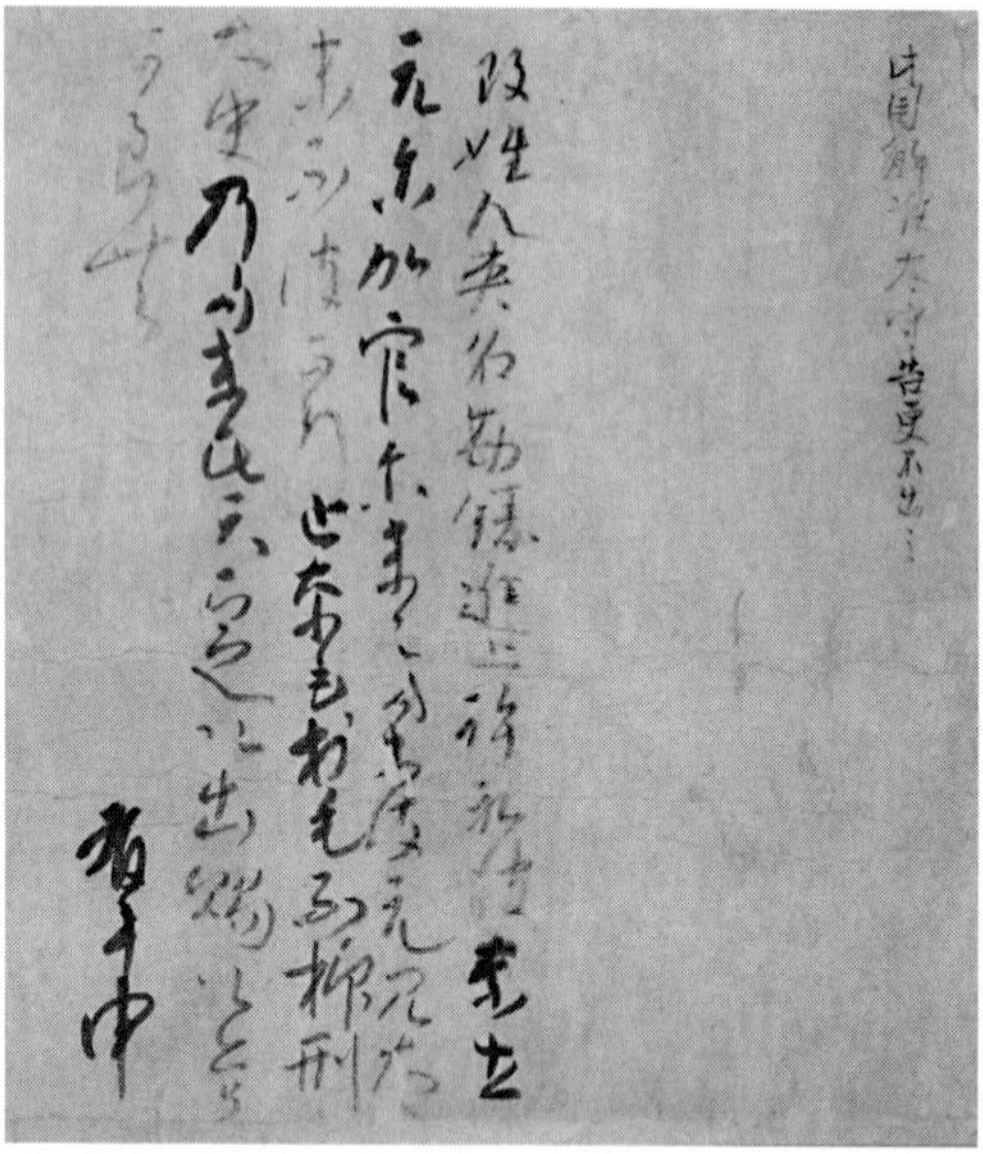

藤原有年申文（円珍関係文書　東京国立博物館所蔵）
Image: TNM Image Archives Source://TnmArchives.jp/

改姓人夾名勘録進上許礼波奈世 无爾加官尓末之多末波无見太 末不波可利止奈毛於毛不抑刑 太史乃多末比天定以出賜以止与 可良無　　　有年申	改姓人夾名勘録進上。これはなせ むにか官にましたまはむ。見た まふはかりとなもおもふ。抑刑 太史のたまひて定以出賜。いとよ からむ。　　　有年申

【釈文】姓を改むる人の夾名を勘録し進上す。これは何《な(ン)》せむにか官《(つかさ)》に申《ま》したまはむ。見たまふばかりと

なも思《おも》ふ。抑も刑太史のたまひて定めて出だし賜ふ。いとよからむ　有年、申す。

ここでは「い・お・と・ふ・ま」などの字体が平仮名に近くなっています。また、「礼波」「末之」「多末波」「奈毛」「末比」「以止」「良無」などには、複数の仮名を続けて書く連綿体も見られます。これらの書き方はすばやく書くために採用されたものでした。

それは、日本語特有の表現や感覚などを自由に表現するために、日本語の文章をその音どおりにすらすら書いていくという実用的な表記がいっそう求められるようになったからでした。上代特殊仮名遣いが消滅した九世紀においては（「コ・ゴ」の音節だけはその中葉まで区別されます）、濁音を清音に代表させれば、四八の音節（イロハ四七音に、一〇世紀中葉まで区別のあったヤ行の「エ」が含まれます）に音韻が整理されてきたことも、万葉仮名文の使用にとって有利な条件となりました。それは、漢字を十分には使いこなせない、識字能力の低い層の人々にも使えるという文章表記法をもたらしたわけですから、コミュニケーションの範囲もいっそう広がっていきました。

平仮名の誕生

このような草仮名を簡略化して平仮名が誕生するに至ります。その年代の確定する最古の平仮名資料には「教王護国寺千手観音像胎内檜扇《ひおうぎ》墨書」（八七七年）が挙げられます。

こうして、音節文字として日本語の表現をそのまま写し出せる平仮名が誕生したのですが、当時は「かんな・かな〈仮名〉」「をんなで〈女手〉」と呼ばれていました。「仮名」とは〈仮《かり》の字〉の意で、漢字を「真名《まな》〈本当の文字〉」と称するのに対して名付けられたものです。「かりな」の撥音便「かんな」をへて、「かな」となりました。「女手」と呼ばれるのは、男性が原則として漢字を用いて漢文で表現するのに対して、女性は主としてこの平仮名を用いて和文で文章を書き記したからでした。ちなみに、漢字は「真名」のほか、「男手《をとこで》」とも呼ばれました。

平仮名は成立当初、和歌を書き記す場合に用いられたほか、女性の手紙文などにも使用されました。

平仮名と王朝女流文学

九〇五（延喜五）年、醍醐天皇の命によって『古今和歌集』が編集されることとなりました。これ以前には漢文で書かれたものを編集する場合には勅撰がありましたが、勅撰和歌集が作られるのは初めてのことでした。それでは、これにはどのような意味があったのでしょうか。

和歌集の勅撰とは、漢字と対等のものとして平仮名を、漢詩・漢文と対等のものとして和歌・和文を公に認めることを示すものでした。これは、まさに国風文化の幕開けであり、その直前に平仮名が成立したことは決して偶然ではありません。漢文のための漢字ではなく、音節文字である平仮名によって初めて、純粋の日本語を書き記すことができます。しかも、それは女手というように女性が用いる文字体系でもありますから、生み出された物語・日記・説話などの王朝文学が多く女性に担われたことも必然的であったのです。こうして、日本語の表現がさらに純化され洗練されたところに、王朝文化が花開くことになります。

平仮名は成立した初めの段階では、一音節に対してそれほど多くの字体は用いられず、文字による伝達を主とする実用性がうかがわれます。しかし、その後、同じ音が隣り合ったり、行頭にきたりするような場合に同じ字の使用を避けようとするなどの美意識に基づいて、複雑な変化を求めるようになり、一音節に対する字体の数も多くなっていきました。

片仮名の成立

九世紀初めから訓点の記入が始まったことは前に述べましたが、漢文の訓読を狭い行間などに示すためには、字画の多い万葉仮名では、書き込むのに時間がかかって、不都合が生じました。そこで、聞いた講義の内容をすばやく書き記す必要から、簡略な記号が求められました。その結果用いられたのが、一つはヲコト点であり、もう一つは字体として簡略な片仮名でした。

片仮名は、字画の少ない万葉仮名や、字画の一部を省略した略体に当たります。字画の少ないものには「之（シ）・千（チ）・二（ニ）・八（ハ）・也（ヤ）」などが、省略の字体には「伊（イ）・江（エ）・加（カ）・久（ク）」などが挙げられます。当初は訓点に用いられる仮名には草書体に書き崩した草仮名もありましたが、九世紀末になると、ほとんどが略体で占められるようになりました。このような漢文訓読の世界で用いられた片仮名という名称の由来は、その多くが万葉仮名を省略した字体であったことから、全部でない、一部であるという意で「かた（片）」の名称が冠されたことにあります。

平仮名が和文の世界で、主として女性が用いるものとして草仮名から生じたのに対して、片仮名は漢文訓読の世界で、僧侶が用いるものとして主として字画を省略して生じました。この両者は共通して万葉仮名から生まれたものですが、その発生当初においてはそれぞれ用いられる世界が違い、没交渉でした。

訓点が始まった九世紀は、個々の僧侶によって用いるヲコト点が異なり、字画の省略のしかたによって仮名字体もまちまちでした。また、学統が同じ場合であっても相互に似かよってはいますが、ヲコト点も、また所用の仮名も種々の異なった字体が用いられるのが一般的でした。それは訓点という行為が当初はまだ個人レベルのものでしかなかったことを物語っています。ただ、片仮名の変体仮名は平仮名のそれに比べるともともと少なく、院政時代以降にはさらに整理されていきました。

仮名の字源

変体仮名が用いられた理由は平仮名と片仮名では事情が異なることを述べましたが、現行の仮名字体はどのような漢字からできているか、次に記しておきましょう。まず平仮名ですが、五十音図に従って示します。

あ 安　い 以　う 宇　え 衣　お 於
か 加　き 幾　く 久　け 計　こ 己
さ 左　し 之　す 寸　せ 世　そ 曽

た　太	ち　知	つ　川	て　天	と　止
な　奈	に　仁	ぬ　奴	ね　祢	の　乃
は　波	ひ　比	ふ　不	へ　部	ほ　保
ま　末	み　美	む　武	め　女	も　毛
や　也		ゆ　由		よ　与
ら　良	り　利	る　留	れ　礼	ろ　呂
わ　和	ゐ　為		ゑ　恵	を　遠
ん　无				

「へ」は「部」の旁である「阝」を崩したものです。そのほかはすべて草書体をさらに書き崩したものです。

次に片仮名ですが、同じく五十音図に従ってその省略のしかたも（　）内に記して示します。

ア阿（偏から）	イ伊（偏から）	ウ宇（冠から）	エ江（旁から）	オ於（偏から）
カ加（偏から）	キ幾（草体から）	ク久（初二画から）	ケ介（初三画から）	コ己（初二画から）
サ散（初三画から）	シ之（全画）	ス須（終三画から）	セ世（全画）	ソ曽（初二画から）
タ多（終三画から）	チ千（全画）	ツ州（中三点から）	テ天（初三画から）	ト止（初二画から）
ナ奈（初二画から）	ニ二（全画）	ヌ奴（旁から）	ネ祢（偏から）	ノ乃（初画から）
ハ八（全画）	ヒ比（旁から）	フ不（初二画から）	ヘ部（旁から）	ホ保（終四画から）
マ末（初二画から）	ミ三（全画）	ム牟（初二画から）	メ女（終二画から）	モ毛（終三画から）

ヤ也（全画）　　ユ由（終二画から）　　ヨ与（下半分から）
ラ良（初二画から）　リ利（旁から）　ル流（終二画から）　レ礼（旁から）　ロ呂（初三画から）
ワ和（旁から）　ヰ井（全画）　ヱ恵（下半分から）　ヲ乎（初三画から）

ンは、はねる音（撥音）の象徴符号「∨」に由来しています。字源に問題のあるものでは、ツの「州」は本来 tsiu のような字音であったためと言われています（「川」からとする説もあります）。いずれも、省画のしかたは、初画または終画から取るというもので、画の中途を用いたものはありません。

字源となる万葉仮名は呉音に基づく音仮名が大半を占め、訓仮名は少数です。ちなみに、片仮名の変体仮名は特に平安初期に多く見られたのですが、その例を少し示しておきましょう。字源は同じですが、どの字画を残すかで字形が異なりました。たとえば、「伊」は偏から「イ」、旁から「尹」が作られました。同じく「保」も偏から「イ」、旁から「呆」ともなりましたが、「呆」からさらに省略された「口」「ホ」「小」などさまざまな字体も作り出されました。一種の記号ですから、簡略な方が使いやすかったということでしょう。

濁　点

前に『源氏物語』を例に示しましたが、原文には句読点も濁点もありません。この時代に平仮名で書かれた文章には濁点は用いられませんでした。それは濁音がないというのではなく、発音上はたとえば「アタ（敵）」と「アダ（徒）」、「スキ（好き）」と「スギ（過ぎ）」のように区別はありました。しかし、濁音は一般に書き表す必要のないものとして理解されていたようです。濁音が原則として語頭には立たないこと、語頭以外には濁音が来ますが、たとえば「あまかさ」が「あまがさ」となるような連濁は臨時的なものと見なされることなどによって、一般的に濁音を表すための特殊な文字の必要度は低いと認識されたからでした。そのため、濁音はアクセントと同様、厳密に書き表す必要のないものとして取り扱われました。

これに対して、訓点資料や辞書の訓などの片仮名で書かれた資料には、アクセントの記号すなわち声点《しょうてん》とともに、濁音の表示が付けられることがありました。声点は後で詳しく触れますが、清音には一点の「。」、濁点には二点の「﹕」というように清濁を区別する場合があって、その二点から濁点「゛」が生じました。ただし、濁点が平仮名で書かれた資料に用いられるのは鎌倉時代以降です。

句読点

「、」を読点、「。」を句点といい、合わせて句読点と呼んでいますが、これも訓点資料に由来するものです。訓点には、前に記した片仮名・ヲコト点・声点のほかにも、当該字を音または訓で読むと指示する符号、複数の漢字をまとめて音または訓で読むと指示する符号（熟合符）、返り点などのほかに、訓読の切れ続きを示すための句読点も用いられました。それは、「・」を、漢字の真下に記すと読点を、その右下に記すと句点を表すというものでした。

その後、仮名文にも用いられるようになりますが、平仮名文については、鎌倉時代になりますと、文節に相当する位置に「・」の符号を付けるものが見えるようになります。そして、江戸時代になりますと、版本においてさまざまなものが見られ、形態では「・」または「。」で、位置では字の右下または真下に、機能では句点だけ、または句読点を区別せずに、というような示し方が行われました。たとえば、読本『南総里見八犬伝』（滝沢馬琴　一八一四～四二年刊）の初版本は、「。」で右下に句読点を区別せずに記されています。現代のような方式を採るようになるのは一八八七（明治二〇）年頃からのことですが、それが「、」で読点を、「。」で句点を表すという形態や機能が定着するのは一八九七年以降のことです。ちなみに、一九〇六年に句読点の付け方の基準として『句読法案』が文部省から示されました。

5. いろは歌と五十音図

上代特殊仮名遣いの崩壊

上代特殊仮名遣いは八世紀後半から乱れ始めて、八世紀末に入ると甲類・乙類という二類の区別がなくなってしまいました。

なぜ、このような大きな変化が起こったのでしょうか。その要因には、音節の対立的機能が効率として低かったこと、たとえば、ミの音節で言えば、〈三《み》〉〈御《み》〉、〈上《かみ》〉などの甲類の表す語の意味と〈身《み》〉〈実《み》〉〈箕《み》〉、〈神《かみ》〉などの乙類の表す語の意味とが、音韻として区別しなければならないほどの対立の重要性がなかったこと、その一方で単語が多音節化する傾向にあったことなどによって、音節の種類が少なくなっても支障をきたさなかったからと考えられます。

さらに補足しますと、発音の上で同じ音、すなわち同音語になったとしても、用いられる文脈によって意味がおのずから限定されるということがあります。そして、機能効率が低いとは、その甲乙の別が和語の構成上もともと存在していたものではなかったということにも大きく起因しています。前にも述べましたように、古く遡った日本語では母音はａ、ｉ甲、ｕ、ｏ乙の四つであったと見られます。これらは和語を構成する基幹的音韻ですから、その区別をなくすことは根幹を崩すことになります。しかし、甲類と乙類の別はもともとの語の意味を区別する上で本源的に機能していたものではありませんから、音韻体系の上で対立を解消することに大きな支障はなかったということです。

その意味で、エ段音も区別が必要ないとも言えるわけですが、琉球方言の中にはオ段音がウ段音に、エ段音がイ段音に統合した方言があります。後者については前述の機能効率から見て首肯できるものですが、前者のオ段音とウ段音の統合はやや大胆すぎるようにも思われます。ただ、それはｕ：ｏの対立も必ずしも機能効率が高いわけではなかったということにもなるでしょう。

その三母音体系という話はここではひとまず措くことにして、音韻の混同とは、同音語となることを避けて意味の別を支える上で別々の音韻であった方をよしとするよりも、同音語となったとしても意味上の区別にそれほどの支障はないから、むしろ苦労して発音し分けるのではなく発音を簡単にしようとする欲求に従ということなのです。

上代特殊仮名遣いのうち、「コ」と「ゴ」については九世紀中葉まで二類の区別が保たれていましたが、その二類の統合した九世紀後半には、母音は現在と同じく、「アイウエオ」という五つとなりました。そして、音節の数は、五十音図で言うとヤ行の「イ」とワ行の「ウ」を除く清音四八、およびその濁音二〇の合計六八となりました。

いろは歌

清音の音節を重複させないで、すべて網羅した歌に「いろは歌」があります。

いろはにほへとちりぬるをわかよたれそつねならむうゐのおくやまけふこえてあさきゆめみしゑひもせす
〈色は匂へど散りぬるを我が世誰ぞ常ならむ有為《うゐ》の奥山今日《けふ》越えて浅き夢見じ酔《ゑ》ひもせず〉

仏教的な諦観を実にみごとに一つの歌として言いまとめたもので、音節すべてを網羅するという不自由さをまったく感じさせません。言葉遊びの一つの傑作と言えるでしょう。

ところで、前に清音の数は四八となったと記しましたが、いろは歌は四七の文字から成り立っていて、一つ足りません。その音節とは一体何でしょうか。その答えを記す前に、いろは歌と同じく清音の音節を網羅した一まとまりの歌詞を見ておきましょう。

あめつちの詞

一つは平安時代の資料に散見する「あめつち」の詞《ことば》です。

あめ つち ほし そら やま かは みね たに くも きり むろ こけ ひと いぬ うへ すゑ ゆわ さる おふせよ えのえを なれゐて

この歌詞の意味は〈天 地 星 空 山 川 峰 谷 雲 霧 室 苔 人 犬 上 末 硫黄 猿 生ふ為よ 榎《え》の枝《え》を 馴れ居て（汝井手《なれゐて》とする説もあります）〉のようなものです。最初は名詞をうまく並べていますが、終わりの方は苦心の跡が見受けられます。この歌は中国の『千字文』の影響によって作られたものです。『千字文』は中国の南北朝時代、梁《りょう》の周興嗣《しゅうこうし》の作で、千字の漢字を重複させずに用いた、人倫道徳などの知識を内容とする四言古詩二五〇句からなり、習字の手本として広く用いられました。これは「天地玄黄」で始まります。その影響で、仮名を並べる際にも「あめつち」を最初に置いてありますし、日本語の音節を重複させないで網羅するという発想も生まれました。

さて、この詞には「え」が二回使用されています。しかし、この「え」の重複は音韻としては別のもの、すなわち、「えのえ」は「榎［e］の枝［je］」であって、ア行の「エ」とヤ行の「エ」が反映されたものと見て間違いありません。

たゐにの歌

もう一つは、源 為憲《みなもとのためのり》（?～一〇一一）が著した『口遊《くちずさみ》』（九七〇年成立）に見える次の歌です。

大為爾伊天奈徒武和礼遠曽支美女須土安佐利於比由久也末之呂乃宇知恵倍留古良毛波保世与衣不祢加計奴　謂之借名文字（現存写本には「於」が欠けています）

この歌は、「田居《たゐ》に出《い》で菜《な》摘《つ》む我《われ》をぞ君召《め》すと求食《あさ》り追ひ行く山代《やましろ》の打ち酔《ゑ》へる子ら藻葉《もは》干《ほ》せよえ舟《ふね》かけぬ」というように解釈されます。

この出来映えはどうでしょうか。前半はともかく、後半部分には「あめつち」と同じくやや難があるようにも感じられます。それはともかく、この四七字からなる歌に続けて「今案世俗誦曰阿女都千保之曽、里女之訛説也、此誦為勝」という注記が見えます。すなわち、世間では「あめつち」の詞《ことば》が口ずさまれているが通俗に過ぎる、その詞には「え」が重複しているので不適当であり、「たゐに」の歌の方がすぐれているというように主張しているのです。つまり、九七〇年当時には、ア行の「エ」[e] とヤ行の「エ」[je] の区別が消滅してしまっていたことが知られるのです。

いろは歌の成立

この「たゐに」の歌はほかの資料には見られないのですが、網羅すべきは四七字であるという考えは「いろは歌」と共通するものです。そこで、「いろは歌」で区別されていない音節とは何かという答えですが、それはすでにお気づきのとおり、ヤ行の「エ」のことで、ア行の「エ」とヤ行の「エ」の区別がなくなっていたということです。そして、「たゐに」の作者は「いろは歌」に対してまったく言及していません。かりに、「いろは歌」が存在していれば、それを無視することはなかったでしょう。

したがって、「いろは歌」は九七〇年以降に作られたことに疑いはなく、その作者が弘法大師空海（七七四〜八三五）であるという俗説は年代的に矛盾していて成り立ちません。「いろは歌」を記した現存最古の資料は『金光明最勝王経音義』（一〇七九年写）に見えるものであることから、その成立時期は一一世紀中葉もしくは前半ではないかと考えられます。

五十音図

ちなみに、五十音図についても少し見ておきましょう。五十音図は古くは「五音」などとも呼ばれ、行という一まとまりでのみ把握されていました。現存最古のものは醍醐寺蔵『孔雀経音義』（一〇〇四〜二八年頃成立）に見えるものです。

哂キコカケク　四シソサセス　知チトタテツ　已イヨヤエユ　味ミモマメム
比ヒホハヘフ ヰヲワヱウ　利リロラレル

行ごとにまとめられてはいますが、ア行・ナ行がなく、また段および行の順序が現行のものと異なっています。これより少し後のものを見ますと、たとえば、仁和寺の寛智（一〇四五〜一一一一年）が著した『悉《しっ》曇要集記《たんようじゅうき》』（一〇七五年成立）の追記の中には、次のように「アカサタナ」順が現行と同じであるものが見えます。

同韻者

アカサタナハマヤラワ一韻

イキシチニヒミリヰ一韻

ウクスツヌフムユル一韻

オコソトノホモヨロ一韻

エケセテネヘメレヱ一韻

また、前記『金光明最勝王経音義』（一〇七九年写）にも清音・濁音という観点からまとめられた、次のようなものが見えます。

五音

ハヘホフヒ　タテトツチ　カケコクキ　サセソスシ　已上清濁不定也

ラレロルリ　ナネノヌニ　マメモムミ　アエオウイ　ワヱヲウヰ　ヤエヨユイ　已上清濁不替也

このように、段や行の順序がさまざまで、その排列が不安定であったために、五十音図の普及はその後もあまり進みませんでした。現行のように固定するのは、段の「アイウエオ」順が一二世紀初め頃からで、行の「アカサタナハマヤラワ」順は一三世紀後半からやや多くなり、一七世紀に入ってほぼ安定するようになりました。

五十音図の成立

では、なぜ現在では「アイウエオ」順・「アカサタナ」順というように配列されているのでしょうか。

これはインドの古代語サンスクリット（梵語）の字母表に基づくものです。母音一二字を「摩多《また》」、子音三五字を「体文《たいもん》」と言い、これらの字母を「悉曇《しったん》」と呼んでいますが、アルファベットに「ＡＢＣ」という順があるように、悉曇の字母表にも一定の順序がありました。これを日本語の音節に照らすと、「アイウエオ」順・「アカサタナ」順に相当することから、この順序に固定するようになったわけです。

6. 音韻の混同が始まる──母音と子音

母音・子音の発音

さて、平安時代の母音の発音について見てみましょう。上代特殊仮名遣いが崩壊した後の五つの母音は現代と同じ [a] [i] [ɯ] [e] [o] という発音であったようです。ただし、「エ」とヤ行の「エ」、「オ」とワ行の「ヲ」が混同された後はそれぞれ [je] [wo] となりましたが、このことは後でもう一度触れることにします。

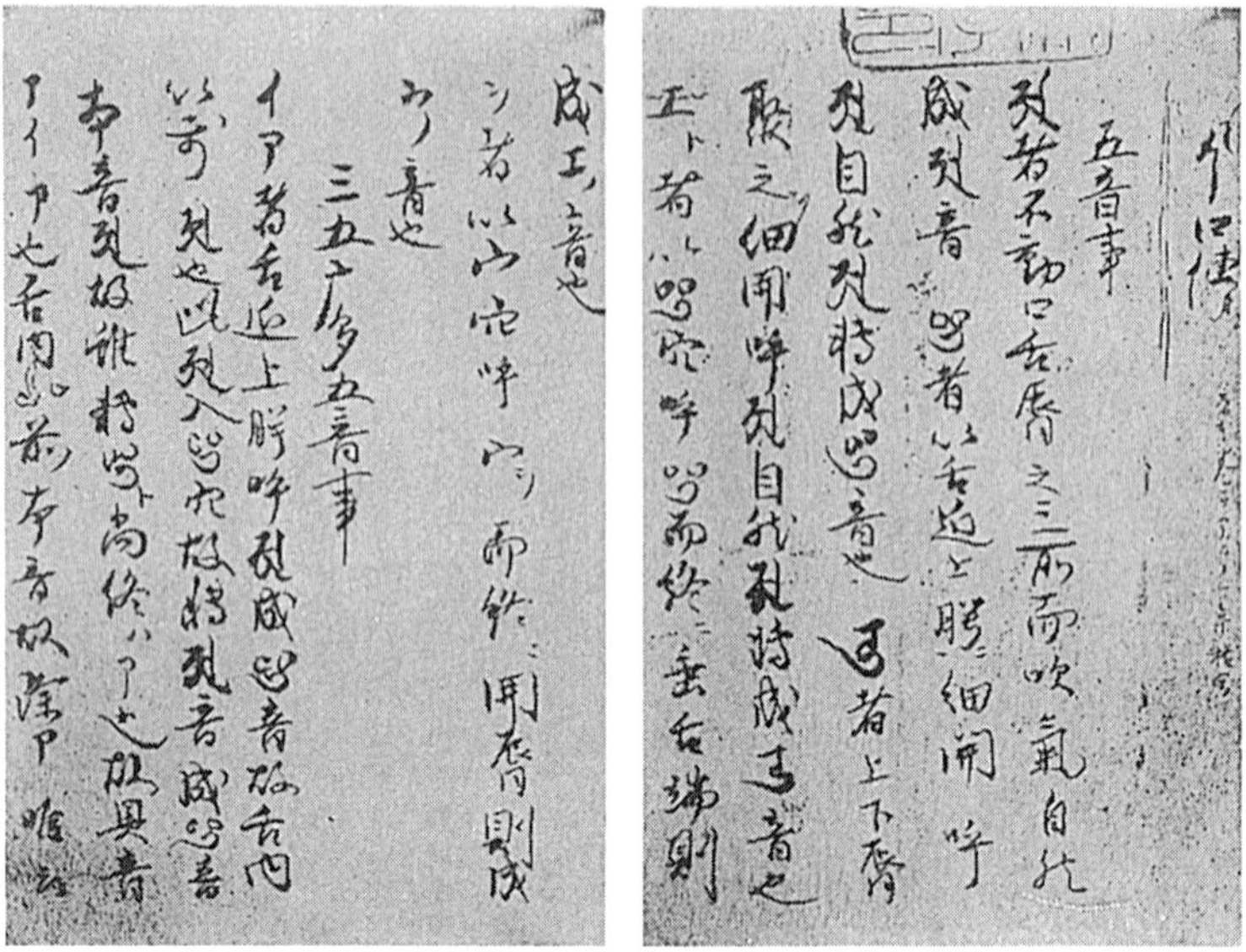

悉曇口伝（東京大学国語研究室）

子音については奈良時代と大差はありませんが、異なるものだけを挙げますと、サ行は［ʃ］（「サ・ス・ソ」はあるいは［s］）であったと見られています。東禅院心蓮（?～一一八一年）の『悉曇口伝《しったんくでん》』（東京大学国語研究室蔵本によります）には、「サ」の発音について「以舌左右ノ端付上顎開中呼a（梵字）而終開之則成サ音自余如上」と記されています。舌の左右の端を口の中の上（口蓋）に付けて発音するというところから見ますと、［s］だとすれば舌は平らな状態でなければなりませんから、舌が窪んだ状態となる［ʃ］のことを指していると認められます。少なくとも院政時代には［ʃ］であったと推測されます。

また、ハ行の子音は、天台宗の円仁（七九四～八六四）が遣唐使として八三八年から八四七年まで中国に滞在した際の記録『在唐記』に、［pa］を発音する場合、日本語の「ハ」に「皆加唇音」つまり両唇性をさらに強くするという記事があることから、ハ行の子音は両唇摩擦音の［Φ］であったと推定されています。また、『悉曇口伝』には「以唇内分ヲ上下合之呼ａ（梵字）而終開之則成ハノ音自余如上」とあり、「マ」の音についての「以唇外分ヲ上下合之…」と対照させますと、唇をしっかり閉じるように（唇の先端まで）合わせるのが「マ」、上下の唇を軽く（互いに触れるように）合わせるのが「ハ」の発音であると解釈できます。このことからも、院政時代には両唇摩擦音［Φ］であったと見て問題ありません。

ちなみに、ラ行の子音について見ますと、『悉曇口伝』には「以舌端上ニ内ヘ巻キ付上顎ニ呼ａ（梵字）而終開之則成ラノ音ヲ自余如上」と見えます。すなわち、舌の先端を内側に巻くようにして口の中の上（口蓋）に付けるとありますから、現代語と同じ弾き音［ɾ］であったと考えられます。舌先を歯茎に付ける［l］ではなく、ふるえ音（顫動音《せんどうおん》）の［r］でもなく、古い時代からそうであったと推測されます。

音韻の混同

この時代に生じた音韻の混同をまとめますと、次の三点になります。

(1) ア行の「エ」[e] とヤ行の「エ」[je]

一〇世紀初め頃から混同される例が見え、一〇世紀後半頃には区別がまったくなくなりました。その結果、[je]（イエ）という発音に統合されました。前掲の『悉曇口伝《しったんくでん》』に「エト者以ｉ（梵字、下同じ）穴呼ｉ而終ニ垂舌端則成エノ音也」と記されていて、初め「イ」を発音する口構えから、次第に舌先を垂らして「イェ」

と発音したものであることが知られます。

(2)「オ」と「ヲ」

九世紀後半にも混同された例が見えますが、これが一般化するのは一一世紀初めです。両者が統合された結果、[wo](ウォ)という発音になりました。『悉曇口伝』には「ヲ者以ウ穴呼ウォ而終ニ開脣則成ヲノ音也」とあって、「ヲ(オ)」は「ウ」を発音する口の構えから、次第に唇を開けていって「ウォ」と発音するものであると述べています。これに対して、「イ」[i]と「ヰ」[wi]、「エ」[e]と「ヱ」[we]も一〇世紀前半から混同される例も現れますが、その数はまだ多くありません。したがって、イ・ヰとエ・ヱの混同が一般化するのは鎌倉時代以降であると見るべきです。それは前に寛智『悉曇要集記』に書かれていた五十音図にヤ行の「イ・エ」、ワ行の「ウ・ヲ」だけが省かれていることから、ア行の「エ」とヤ行の「エ」、および「オ」と「ヲ」がその当時同音であったことが裏付けられるとともに、「イ」と「ヰ」、「エ」と「ヱ」がそれぞれ区別されていたことが知られるからです。こうして、区別される清音音節の数は一〇世紀後半には四七、一一世紀の初めにはさらに減少して四六となりました。

なぜ、[je][wo]に統合されたかという点について付言しておきます。奈良時代以前には、母音だけの音節は語中・語尾には位置できないという法則がありましたから、平安時代にもその傾向が依然として存在した可能性もあり、また音節構造の上で子音と母音からなるものが圧倒的に多いという事実からの類推も考えられます。いずれにしても、子音の付いた「イェ」「ウォ」の方が発音上安定するものであったと見てよいでしょう。

（3）ハ行転呼音

語頭以外のハ行子音がワ行子音に転じる現象を「ハ行転呼音」と呼んでいます。ハ行音は語頭では前代と変わりがなく［Φ］ですが、語頭以外では「かは（川）」がカワ［kawa］、「かひ（貝）」がカヰ［kawi］と発音されるようになったものです。おそらく、母音に挟まれたハ行子音［Φ］が有声化して摩擦性を失った結果、ワ行子音［w］に統合されたものと考えられます。ハ行とワ行の仮名が混用される例は一一世紀の初め頃から次第に多くなり、前掲の『孔雀経音義』の五十音図がハ行とワ行を併記しているのも、この現象の現れと見られています。

漢字音

呉音は「和音」「対馬音」などと呼ばれて仏典の訓読で、漢音は「正音」「大唐音」などとも呼ばれて原則として漢籍で用いられました。僧侶や博士家などの人々は漢字音の学習を通して、入声韻尾（-p、-t、-k）や三内撥韻尾（-m、-n、-ng）、開拗音（ヤ行拗音 kja、kju、kjo など）、合拗音（ワ行拗音 kwa、kwi、kwe など）もかなり原音に忠実に発音していたようです。ただし、日常使用する語彙においては、「双六　俗云須久呂久《すぐろく》」「蜜蜂　美知波知《みちはち》」（『和名類聚抄』）のように有韻尾字には母音を添えるなどして、日本語固有の音韻に近づけて発音されるようになっていました。

7．アクセントが体系的に知られる

声調の表示

現代中国語では声調として（標準語では）第一声から第四声までありますが、この高低アクセントは相当古くから存在しています。漢詩を作るときに声調まで韻としてかかわることを知っている人も多いことでしょうが、隋・唐時代には平声《ひょうしょう》・上声・去声・入声《にっしょう》と呼ばれる四声でした。そして、その四声は当該の漢字の四隅に、左下から時計回りに「。」などの記号、すなわち声点で示されました。

日本では、経典の陀羅尼（漢訳仏典で梵語が音写された呪文の一種）に声点を記入することも九世紀頃から始まりました。その後は声点は主として漢字音に示されましたが、一一世紀後半になると、和語にも「・」「。」というような声点が記されました。それは『金光明最勝王経音義』（一〇七九年写）や図書寮本『類聚《るいじゅ》名義抄《みょうぎしょう》』（一二世紀初め前後）などの音義や経典、辞書の類によく見られます。

和語に加えられた声点は平声・上声・去声・入声、またはそれに平声軽《かる》・入声軽を加えた四声または六声で示されました。その調値は、平声＝低平調、上声＝高平調、去声＝上昇調、入声＝低く始まる入声、平声軽（東声）＝下降調、入声軽（徳声）＝高く始まる入声であったと考えられています。また、前掲の『金光明最勝王経音義』には万葉仮名の使い分けによってアクセントの高低が示されていますし、前田本『色葉字類抄』を始めとする、いわゆる定家仮名遣いに基づく資料では、アクセントの高い［wo］は「を」、低い［wo］は「お」で記されています。これらによって一一世紀後半の京都地方のアクセントを体系的に知ることができるのです。

日本語のアクセント

そこでアクセントの話を、まず現代日本語を例にして始めましょう。アクセントには大きく分けて、強弱アクセントと高低アクセントがあります。英語などでは強弱アクセントが語の品詞を区別する働きなどをするのに対して、日本語や中国語では高低アクセントが語の意味を区別する働きをします。

現代日本語ではこの高低アクセントを知覚できない地域もありますが、共通語で高い部分を太字で示しますと、たとえば助詞「が」が付く場合〈端〉は「ハ**シガ**」、〈橋〉は「ハ**シ**ガ」、〈箸〉は「**ハ**シガ」というように発音されます。そして、二拍名詞ではこの三種類のアクセントの型が区別されます。一方、現代京都のアクセントでこれらを示しますと、「**ハシガ**（端）」、「**ハ**シガ（橋）」、「ハシ**ガ**（箸）」となり、アクセントの型にはさらに「サ**ル**ガ（猿）」が加わり、四種類となっています。

名詞のアクセント

では、一一世紀後半の京都地方のアクセントについて二拍名詞を例にして見てみましょう。それには、次のような五種類があったことがわかっています。高い部分を太字で、下降調（上記の平声軽）を斜体に傍点を付して示します。

第一類（庭鳥類）**トリ**（飴 梅 枝 顔 柿 風 霧 口 端 鼻 水…）
第二類（石川類）**イ**シ（歌 垣 型 紙 川 鞍 夏 橋 冬 村 雪…）
第三類（山犬類）ヤマ（足 神 倉 事 炭 月 波 蚤 花 腹 耳…）
第四類（松笠類）マ**ツ**（糸 海 空 肩 上 錐 隅 種 鑿 箸 舟…）
第五類（猿聟類）サ***ル***（秋 雨 桶 蔭 琴 露 鶴 春 鮒 蛇 窓…）

このように、「類」という名称を付けてアクセントを分類し、なおかつその歴史的変化を最初に明らかにしたのは金田一春彦でした。「類」には下の（　）内に示した語などが所属します。すなわち、同じアクセントの型を持つ語です。二拍名詞はこの五種類以外にも別の型がありましたが、それに所属する語は稀です。したがって、二拍名詞は歴史的な観点から見ると、この五種類による分類でまったく問題ありません。

これによると、前に挙げた「端《はし》」は第一類、「橋《はし》」は第二類、「箸《はし》」は第四類に分類されるものでした。このほか、一拍名詞は三種類（現代共通語では二種類）、三拍名詞は七種類（現代共通語では四種類）に分類されることなども明らかになっています。

動詞のアクセント

次に、用言のそれぞれの活用形のアクセントもわかっていますが、とりわけ注意すべきものは終止形と連体形のアクセントです。次に、二拍四段動詞の終止形と連体形のアクセントを示しましょう。

第一類（置く類）終止形**オ**ク　連体形**オク**　（買う　欠く　咲く　鳴る　振る　巻く…）

第二類（取る類）終止形ト**ル**　連体形ト**ル**　（飼う　書く　裂く　成る　降る　蒔く…）

たとえば、第二類に分類される四段動詞「降る」は終止形も連体形も同じくフルですが、アクセントが異なっていたことが知られます。したがって、終止形で文が終わる「雨降る。」は「ア**メ**フ**ル**。」、連体形で結ぶ「雨ぞ降る。」は「ア**メ**ゾフ**ル**。」というように同じ「フル」でもアクセントが違い、終止形では低く終わるのに対して、連体形では高く終わることになります。すなわち、連体止めが余情や強調を表すという真の理由は、文の最後が低く終わらず、高いままで言い表されているため、余韻を残して文が終わるということにあるわけです。書き言葉ではこの両者は同じですが、実際に口頭で話される場合には明らかな違いがあって、それによって連体止めが大いに機能していたということが知られるのです。このことは古典文法を理解する上で重要な点です。

形容詞のアクセント

そのほか、助詞・助動詞を含め、古典語のアクセントはほとんど解明されているのですが、最後に形容詞について、語幹二拍のク活用を例として示しておきましょう。

第一類（赤い類）終止形アカシ・　連体形アカキ・（厚し　甘し　荒し　薄し　重し　遠し…）
第二類（白い類）終止形シロシ・　連体形シロキ・（暑し　黒し　寒し　高し　強し　早し…）

形容詞では、活用語尾は動詞と違って終止形も連体形も下降調でした。このことは、語幹と活用語尾との結びつきが弱く、活用語尾はいわば付属語的であったことを意味します。形容詞の語幹は「あかはた（赤旗）」「しろはた（白旗）」というようにそのまま連体修飾でき、アクセントから見た活用語尾の遊離性によっても、その語幹の独立的性質が証明されるのです。

こうした資料に基づいて京都地方のアクセントを一一世紀後半頃から現代に至るまで記述することができるのですが、京都地方のアクセントでは、南北朝時代（一三三三〜九二年）に大きな変化があったことはのちほど述べたいと思います。

8. 古代語法が完成する

動　詞

次に、文法に移りましょう。動詞の活用の種類では、前代にはなかった下一段活用が成立しました。〈蹴る〉を意味するワ行下二段活用「くう」は、その連用形「くゑ」がkuweから合拗音kweと発音されるようになり、そのため未然形・連用形が一音節になりました。そうなると、「見る」などと同じ無語幹動詞になることから、正格活用である上一段活用に類推されて、その活用語尾は終止形・連体形では「kwe-ru」、已然形では「kwe-re」となりました。こうして、下一段活用が生じ、唯一の所属語「くゑる」はやがて合拗音kweが直音化してkeとなって、「蹴る」が用いられるようになったのです。こうして、活用の種類が九つとなり、古典語の動詞活用の種類がすべて揃うことになりました。

体言的な機能を持っていたク語法は衰え、代わりに連体形による準体句によって表すことが多くなりました。「かしらの雪となるぞわびしき」（古今集　八）のような用法です。

形容詞・形容動詞

形容詞の活用では、八世紀頃から未然形の活用語尾「け」が衰退し、已然形は「けれ」が優勢になって、平安時代には整ったものになりました。また、原因・理由を表すミ語法は歌語としての用法以外では消滅していきました。

形容動詞はナリ活用が前代から一部に見られましたが、九世紀に入ると、急速に勢力を増していきました。タリ活用は、漢文訓読の世界で発生したもので、漢語を語幹として次第に用いられるようになりました。

海《かい》、漫々《ばん》たり、風《ふう》、浩々《かう》たり。（神田本『白氏文集』天永四（一一一三）年点　巻三）

語幹	未然形	連用形	終止形	連体形	已然形	命令形	活用の種類
しづか	なら	なり に	なり	なる	なれ	なれ	ナリ活用
堂々	たら	たり と	たり	たる	たれ	たれ	タリ活用

ナリ活用は連用形語尾「に」に動詞「あり」が接して「niari→nari」となり、タリ活用は連用形語尾「と」に動詞「あり」が接して「toari→tari」となって、それぞれラ変に活用されるものです。そもそも連用形に「あり」が付いた形容詞カリ活用は補助活用とも呼ばれますから、この「なり」「たり」のラ変型活用も補助活用と呼ぶべきものです。そうしますと、本活用はナリ活用、タリ活用それぞれ連用形の「に」「と」しかないということになりますが、それはとりもなおさず副詞に由来することを物語っています。

形容詞型の活用が語幹の特殊性もあって、生産性が低いのに対して、形容動詞は語幹としての制約が弱いために、和語だけでなく、漢語そして後世の外来語をも新しく語幹にできるというように（たとえば「大切な・デリケートな」など）、その後増加の一途をたどっていきます。形容詞の語彙の少なさを補うように形容動詞が発達するというわけですが、それは単に活用型の興亡を反映したものに過ぎません。その意味で、形容詞と形容動詞は活用こそ違いますが、言葉の基本的な性質は同じものなのです。

音便

ある活用語尾が特定の環境において別の音に変化する現象を音便と呼んでいます。音便は、広い意味では「まをす（申す）」が「麻宇之《まうし》」（万葉集　四〇九四）となることもウ音便と言うこともありますが、ふつうは用言の活用語尾について言います。『万葉集』には「加伊」（三九九三）〔櫂。カキ（掻）のイ音便〕のような例も見えますが、個別的であって、体系的な発生は平安時代に入ってからです。

九世紀に入ると、まずイ音便（「鳴いて」「高い」）・ウ音便（「給うて・広う」）が生じ、次いで撥音便（「読むで」「あ（ん）なり」）・促音便（「持って」）が生じました。撥音便には唇内撥音便（[m]と発音されるもので、ここでは「m音便」とも呼ぶことにします）と舌内撥音便（[n]と発音されるもので、「n音便」とも呼ぶことにします）とがありました。

音便の発生は、前後の音の環境においてその発音をしやすくするために、母音もしくは子音が脱落または転化したことによると見られます。その過程として、たとえば次のようなことが想定されます。

○「き・ぎ・し」のイ音便はその子音が脱落したもの（[ki]→[i]）
○「ひ」のウ音便はその母音の脱落によって[Φ]となったが、それは単独では存在できないので、その類似の母音[ɯ]に転じたもの（[Φi]→[Φ]→[ɯ]）
○「み」の撥音便はその母音の脱落したもの（[mi]→[m]）
○「び」の撥音便もその子音の脱落によって[b]となったが、それでは単独で発音できないので、その

類似の［m］に転じたもの（[bi]→[b]→[m]）
○「ち」の促音便はその母音の脱落したもの（[motite]→[motte]）
○「り」の促音便はその母音の脱落によって子音［r］となったが、それは単独では発音できないので、その類似の［t］に転じたもの（[kirite]→[kirte]→[kitte]）

この背景には漢字音の日本語への浸透が影響していると見られます。漢字音は前に述べましたように、韻尾に「i、u、m、n、t」を取ることができます。このことが、語中においてイ音便・ウ音便・撥音便・促音便となることを許容したというように考えられます。

音便と表記

音便形は次第に勢力を増し、一八世紀にはふつうの言い方となりました。ただし、その表記について見ると、n音便や促音便は音便発生当初は表記されませんでした。m音便が「む（ん）」で書き表すことができたのに対して、n音便の［n］は表記できる文字がなかったからでした。しかし、［m］と［n］の混同が始まって、一一世紀後半頃からは次第にn音便が「む・ん」で書かれるようになりました。ただし、漢字音の韻尾［m］（三　サム、金　キムなど）と［n］（山　サン、近　キンなど）は平安時代には原則として区別されていました。また、促音便の「つ」表記も一三世紀初め頃から見えるようになります。

イ音便・ウ音便の発生によって語頭以外にも母音だけの音節が立つようになりましたので、奈良時代までの頭音法則は消滅してしまいました。また、漢語がよく使われるようになり、ラ行音や濁音が文節の初めに立つことも多くなってきたため、和語にも語頭に濁音がくる語が生じました。「奪《うば》う」が「バフ」となった例が『不空羂索神呪心経』寛徳二（一〇四五）年点に見えます。このように、音節結合の制約がゆるやかになったことは、音節の種類の減少をいわば穴埋めしたと言えるでしょう。

代名詞

指示代名詞では、前代と比べると、中称では「し」が消滅し、「そなた」が加わり、遠称には「あ・あれ・あち・あなた」が用いられるようになりました、不定称では「いづへ」が衰え、「いづく」から転じた「いづこ」が用いられるようになりました。ここに、「コ・ソ・ア」という体系が誕生することになります。

	近称	中称	遠称	不定称
一般的	こ	そ	あ	
事物	これ	それ	あれ	いづれ　なに
場所	ここ	そこ		いづこ　いづら
方角	こち　こなた	そち　そなた	あち　あなた　かなた	いづち

人称代名詞では、前代から変化が生じたのは、一人称では「あ」「あれ」が次第に消滅し、「まろ」が主と

して男性に（院政時代以降は女性にも）、「小生」が多く書簡文の謙称に用いられるようになったことです。二人称では「な」「なれ」に代わって「なむぢ」が、そして「おまへ・おこと・おもと」が、男性には「貴殿・御辺」なども使われるようになりました。

態（ヴォイス）の助動詞

「る・らる」は、上代で用いられた「ゆ・らゆ」に代わって平安時代以降一般化しました。自発・可能・受身の意に加えて、上位の人の行為について、直接には述べずに婉曲に〈自然に実現する〉と言うところから、尊敬の意も生じました。可能の意は古くは〈できない〉という否定の表現にもっぱら用いられました。「しむ」は、使役の意味では主に漢文訓読調に使用が限られるようになる一方、新たに尊敬の意も生じ広く用いられました。使役は〈話し手がその事態を実現させた〉という表現であるため、上位の人の行為を直接に述べず、婉曲に〈その人の行為が実現する〉と言うところから、尊敬の意が生じたと考えられます。しかし、鎌倉時代以降口語では勢力を失いました。和文ではこの「しむ」に代わって、「す・さす」（下二段活用）が使役・尊敬の意で用いられるようになりました。

完了と断定の助動詞

完了の「り」はその接続する動詞の範囲が狭く、また意味も「たり」と同じであったために、一一世紀以降次第に「たり」に吸収されてしまいました。

断定の助動詞では、格助詞「と」に動詞「あり」が付いた「とあり」から転じた「たり」が用いられるようになりました。

人を救ひ法を益する軌則たり（石山寺本『法華玄賛』平安中期点）

ただし、漢文訓読の場で生じたため、和文に用いられることは少なく、主として漢文訓読調の文章、和漢混淆文において用いられるにとどまりました。

推量の助動詞

「らし」は一一世紀には歌語として単なる推量の意で用いられるようになり、次第に衰退しました。新たに「めり」「やうなり」が出現しました。

尼君の見上げたるに、少しおぼえたるところあれば、子なめりと見たまふ。（源氏物語　若紫）

＊少しおぼえたるところあれば、子なめりと…少し似ているところがあるので、（尼君の）子であるようだと。

髪は扇を広げたるやうにゆらゆらとして（源氏物語　若紫）

前者は視覚による判断・推量を表す助動詞として、平安時代には一時期盛んに用いられましたが、その後次第に勢力を失いました。後者は比況・推量を表すもので、この出現によって、比況の「ごとし」は平安時代以降、漢文訓読調にのみ用いられることとなりました。

このほか、「む」の俗語的表現である「むず」、「べし」の別語形である「べらなり」も生じました。「むず（んず）」は「む」の古い連用形「み」にサ変動詞「す」が付いた「みす」から転じたものと見られます（misu→mzu）。「べらなり」は助動詞「べし」の語幹「べ」に接尾語「ら」が付き、これに断定の「なり」が付いたものです。

また、語形を変えたものに、「ましじ」から転じた否定推量の「まじ」、「む」のク語法「まく」に形容詞「欲《ほ》し」が付いた「まくほし」の転かと見られる願望の助動詞「まほし」があります（形式名詞「ま」に「欲し」が付いたとする説もあります）。

少々《せうせう》の殿上人《てんじやうびと》に劣るまじ（源氏物語　蛍）

＊少々の殿上人に劣るまじ…ありきたりな殿上人に劣らないに違いない。

紫のゆかりを見て、つづきの見まほしくおぼゆれど（更級日記）

＊つづきの見まほしくおぼゆれど…その続きが見たいと思われるが。

格助詞

「に」に接続助詞「て」が付いた「にて」は平安時代中期から「で」となり、場所・手段などの意で広く用いられるようになりました。

右大臣宣命、以右手、此院では用左。（御堂関白記　寛仁元年正月七日）

＊以右手、此院では用左…右手を用い、この院では左手を用いる。

格助詞「へ」は前代ではもっぱら到着点を表しましたが、平安中期以降には「宮もこなたへ入《い》らせたまひぬ」（枕草子　淑景舎《しげいさ》、東宮にまゐり給ふほどのことなど）のような方向の意をも表すようになりました。「から」も経由点の意から起点の意が派生しました。しかし、起点の意には「より」が用いられていたことから、以後俗語として命脈を保つことになります。

波の花沖から咲きて散りくめり水の春とは風やなるらむ（古今集　四五九）

＊沖から咲きて散りくめり…沖から咲いて岸の方に散ってくるようだ。

「して」はサ変動詞「す」の連用形に接続助詞「て」が付いたもので、手段・方法の意などのほか、漢文訓読調では「(を) して」の形で用いられました。

楫取《かぢと》りして幣《ぬさ》たいまつらするに（土佐日記）

諸の有情をして恭敬し供養せ令めむとなり（西大寺本『金光明最勝王経』平安初期点　一）

「とて」は格助詞「と」に接続助詞「て」が付いて生じた語で、会話などの引用、行為の目的、原因・理由などの意を表しました。

「何事《なにごと》ぞや。童《わらは》べと腹立《はらだ》ちたまへるか」とて、尼君《あまぎみ》の見上げたるに（源氏物語　若紫）

＊童べと腹立ちたまへるかとて…子供たちと喧嘩《けんか》なさったのですかと言って。

接続助詞

逆接の仮定条件を表す「とも」が前代から見えるのに対して、「と」は平安時代になって生じました。「とも」の「も」が脱落した語で、会話文や贈答歌のみに使用が限られました。

嵐《あらし》のみ吹くめる宿に花薄穂《はなすすきほ》に出《い》でたりとかひやなからむ（蜻蛉日記　上）

＊花薄穂に出でたりと…薄《すすき》が穂を出したとしても。

逆接の確定条件を表す「ど」「ども」は、「ども」が漢文訓読調に用いられるのに対して、「ど」は和文に多用されました。そして「ものの」「ものから」も平安時代に逆接として多用されました。

否定では散文に「で」が用いられるようになりました。これは「ず」の古い連用形「に」（「知らに」などの「に」）に「て」が付いた「にて」の転（nite→nde）と考えられます。

みそかなる所なれば、門《かど》よりもえ入《い》らで、（伊勢物語　五）

＊門よりもえ入らで…門からは入らずに。

副助詞

「など」は平安時代に、体言に付いた「何《なに》と」がnanito→nandoと変化したものに由来し、ほかにも類例のある中から取り立てるという例示の意を表す語として、その後多用されていきます。

また、強調の意を表す「し」は、平安時代には順接条件句における「…し～ば」というような固定的な用法に限られるようになり、次第に用いられなくなっていきます。

から衣着つつ馴れにし妻しあればはるばる来ぬる旅をしぞ思ふ（伊勢物語　九）

＊妻しあれば…妻が都にいるので。

終助詞・間投助詞

「かし」は強く念を押す意で、平安時代に用いられるようになりましたが、鎌倉時代以降は命令形に付く用法に限られるようになりました。

よみつべくは、はや言へかし。（土佐日記）

＊よみつべくは、はや言へかし…詠めるのならば、早く言いなさいよ。

間投助詞の「や」に「…や〜や」という並立の用法も一〇世紀に生じました。

あはれげなる法師《ほふし》ばらに、帷子《かたびら》や布やなど、さまざまに配《くば》り散らして（蜻蛉日記　中）

敬　語

平安時代には、用言の尊敬語として助動詞「す」「さす」や「る」「らる」が新たに発生しました。このうち、「る」「らる」は現代に至るまで、尊敬を表す語として安定して用いられています。この時代は敬語がきわめて発達しましたが、その特徴として、「せたまふ」など尊敬語の重複によって、天皇・皇后・上皇・皇太子など、最高位の身分の人の動作に用いる「最高敬語」が用いられること、「…たてまつりたまふ」など謙譲語と尊敬語の動詞が重ねて用いられることが挙げられます。

権大納言《ごんだいなごん》の、御沓《くつ》とりて、はかせたてまつりたまふ。（枕草子　関白殿、黒戸より）

＊はかせたてまつりたまふ…（権大納言様が関白様に）おはかせ申し上げなさる。

このように、尊敬語と、尊敬語または謙譲語を重ね用いる表現は現代語にはないものです。

絶対敬語は、天皇や神など最高位の者に対して絶対的に専用される敬語を指します。天皇に対する「奏す」、皇后や皇太子に対する「啓す」などです。

よきに奏したまへ。啓したまへ。（枕草子　正月一日は）

〈よいように天皇に申し上げてください。皇后に申し上げてください〉

丁寧語は、平安時代初期に「侍り」という謙譲語から転成して生じました。

かの撫子のらうたく侍りしかば、いかで尋ねむと思ひたまふるを（源氏物語　帚木）

〈あのいとし子がかわいくございましたので、どうにかして探し出そうと思っておりますが〉

9．意味の変化とはどういうものか

語彙に話を移しますが、言葉に見られる意味の変化とはどういうものかということについて、まず述べておきたいと思います。

そこで、例として「うまい」という語を例にします。この「うまい」は「あまい」と同源であると考えられます。同源とは同一の語を起源とすることを言い、どちらがもとの形であるかは必ずしも問いません。どちらも味覚についての快感を表しますが、文献時代にはすでにそれぞれ〈美味である〉〈糖分がある〉という意味で用いられていますから、それ以前に意味が分化し、語形も異なっていました。

この「うまい」が「歌がうまい」「うまい具合に」というように用いられるのは、味覚に関しての満足感が別の対象に向けられたことによるものです。つまり〈味がうまい〉から〈歌がうまい〉〈事態がうまい〉というように、〈うまい〉と感じる対象を広げて用いることが定着することになりました。それによって、〈上手だ〉〈都合がいい〉という意味にも用いられて、多義化することになったわけです。

ただ、当初は意味が拡大したという意識はありません。それが「上手だ」「好都合だ」というような別の語が出現しますと、それとの類義関係から意味の異同が意識され、別の意味で用いるという自覚が生じることになるのです。すなわち、対となる存在によって初めて、意味が限定されてくるという性質を持っていると言えます。「あまい」が「詰めがあまい」という〈厳しさが足りない〉の意となるのも、あまいゆえにピリッとしない物足りなさが感じられるという、プラス評価からマイナス評価への反転という差異が意識されるからでもあります。

そして、「おいしい」という言葉が新語として使われ出しますと、「うまい」との関係で「おいしい」が上品な丁寧な言葉と感じられるようになり、主として女性が用いることになりました。このような、概念的な意味だけではなく、語感やニュアンスなども意味の変化には含まれます。つまり、意味の変化とは、同一語の中に相互に差異が見いだされる要素が生じることなのです。

和語の意味変化

平安時代に入って、奈良時代と同じ意味で用いられる語がある一方、別の意味が派生したものも少なくありません。形容詞を例にして、少し見てみましょう。

「すさまじ」（平安時代までは「すさまし」）はもともと温度感覚を表す語で、〈寒い〉〈冷たい〉意を表すものでした。

影すさましき暁月夜に雪はやうやう降りつむ。（源氏物語　初音）

それが、〈興ざめだ〉〈面白くない〉という心情を表す意味も持つようになりました。

方違へに行《い》きたるに、あるじせぬ所。まいて節分などは、いとすさまし。（枕草子　すさまじきもの）

〈方違えに行っているのに、もてなしをしない家。まして節分違えのときなどは、とても興ざめだ。〉

ちなみに、〈ものすごい〉〈激しい〉意は鎌倉時代になってから生じました。

次に、「かしこし」を見ましょう。奈良時代には〈恐るべき威力がある〉〈おそれ多い〉意を表していましたが、平安時代になると、すぐれた学識・才能を持つ人を畏敬する気持ちから、〈賢明である〉〈すぐれている〉意を生じました。

弁もいと才《ざえ》かしこき博士にて（源氏物語　桐壺）

〈弁も非常に学問にすぐれた博士で〉

もう一つ、「いとほし」を挙げましょう。もとは、小さなもの、弱いものを見るときに胸が締め付けられるような感覚を表し、〈つらい〉〈かわいそうだ〉の意でした。それが、守ってあげたいという愛情の意に転じて、〈かわいらしい〉意になりました。

見そめし心ざし、いとほしく思はば、（源氏物語　箒木）

〈始めて男女の契りを交わした頃の妻の気持ちをかわいいと思うなら〉

ちなみに、これが「イトヲシ→イトーシ」を経て、一六世紀頃に「いとしい」となりました。

10. 男性は漢語を、女性は和語を多用する

和語と漢語

この時代の傾向として、漢字・漢文を用いる男性は漢語を、仮名・和文を用いる女性は和語を多用しました。ただし、漢文の訓読が盛んに行われたこともあって、日常的に使用する語にも漢語が次第に増加してい

◎語種別の異なり語数（宮島達夫〈1971〉による）（下段の数字は％）

	万葉集	竹取物語	古今集	土佐日記	枕草子	源氏物語	大鏡
和語	6478 99.6	1202 91.7	1991 99.8	926 94.1	4415 84.1	9953 87.1	3259 67.6
漢語	20 0.3	88 6.7	2 0.1	44 4.5	641 12.2	1008 8.8	1330 27.6
混種語	7 0.1	21 1.6	1 0.1	14 1.4	191 3.6	462 4.0	230 4.8
計	6505	1311	1994	984	5247	11423	4819

きました。たとえば、平安時代の古典作品に見られる語彙を、語種別に異なり語数を挙げると、上記のようになります。

『古今和歌集』では、同時代の散文ではかなり多くの漢語が用いられているのに対して、漢語の使用率の低さが目立ちます。和歌の表現においては、和語を多用することで、前代の『万葉集』よりもいっそう日本語として洗練させようとしたからでしょう。

これに対して、散文では次第に漢語が増加していくことがわかります。男性が語り手となって物語を展開する『大鏡』は別として、たとえば、平安女流文学の最高峰『源氏物語』には異なり語数にして千語あまりにのぼる漢語が用いられていることは象徴的です。

源氏物語の漢語

そこで、『源氏物語』夕顔に見える漢語の一端を示しましょう。

［仏教関係］法師　宿世《すくせ》　修法　誦経　念誦　法事　願文　大徳
念仏　作法　精進　願《ぐわん》

［律令関係］随身　受領　眷族　装束　服《ぶく》　女房　主

［建築調度］対　高欄　曹司　格子　前栽《せんざい》　紫苑　紙燭　几帳　屏風　絵
［その他］掲焉《けちえん》　懸想《けさう》　無下《むげ》　無礼《むらい》　不便《ふびん》　御覧　艶《えん》　様　辺　例　対面　案内《あない》　消息《せうそこ》　経営《けいめい》　別納
　変化《へんぐゑ》　本性　病者《ばうざ》　気色《けしき》　初夜《そや》

前代と同じく、仏教関係・律令関係に漢語の使用が多く、また建築や調度品に関する名称や、日常生活に用いる普通の言葉にも多くの漢語が使用されています。

いとよく案内《あない》見取りて申す。（源氏物語　夕顔）
〈とてもよく（夕顔の家の）内情を見定めて（源氏に）申しあげる〉
にはかにかく掲焉《けちえん》に光れるに（源氏物語　蛍）
〈（ほたるが）急にこのようにはっきりと光っているので〉

日本古来の和語ではその概念が十分に表せないこと、中国語から新たな概念を借りることで、より表現を豊かにできることなどの理由によって、和文にも次第に漢語が浸透していきました。また、漢字音では、仏教・律令の用語や日常語などは旧来のまま呉音読みされ、「経営《けいめい》」など漢籍を典拠とする漢語は漢音読みされるのが一般的でした。

漢文と漢語

漢文に親しんだのは主として男性、しかも貴族・僧侶でした。彼らが書く漢文、特に、公家の日記などの和化された漢文では、仮名文学には用いられない漢語も多く用いられています。たとえば、次のような語です。

未明・白昼・深夜・自然・慎重・神妙・非凡・奇怪・荒涼・微妙・甚大・少々・明々

これらは、今日でも文章語としてよく用いられているものです。また、『世俗諺文』（源為憲　一〇〇七年成立）には漢語の俗諺が多く収められていますが、その中には「千載一遇・大器晩成・傍若無人・切磋琢磨」など、今日でも人口に膾炙している四字熟語がすでに見受けられます。

漢語の日本語化

中国語と日本語とでは音韻体系が異なりますから、漢語は当初こそ外国語のように発音していたものの、次第に日本語の音韻に合わせて言いやすいように語形が変化しました。

①拗音を直音で把握する　例：初夜《そや》←ショヤ　病者《ばうざ》←ビャウジャ

②撥音を脱落させる　例：懸想《けさう》←ケンサウ　本意《ほい》←ホンイ

③音便化させる　例：冊子《さうし》←サクシ　面目《めいぼく》←メンボク

日本語にはもともと拗音や撥音がなかったことから、①②のような現象が起こったわけです。特に、漢字音のサ行拗音「シャ・シュ・ショ」は日本語固有の「サ・ス・ソ」と同音であったと見られ、その意味で言えば、「直音表記」とか「直音化」とかではなく、直音による把握というのが正しいものとなります。

漢語の意味変化

次に、中国での意味用法から転じて、新たな意味用法を持つようになる場合について少し述べておきましょう。たとえば、「不便」は呉音によって「フビン」という語形で用いられましたが、その原義は〈都合が悪い〉の意でした。平安時代にもこの意味で用いられる一方、次のように〈気の毒だ〉〈かわいそうだ〉の意でも用いられるようになりました。

はかなきことにつけても、涙もろにものしたまへば、いと不便にこそはべれ。（源氏物語　野分）

〈ちょっとしたことにつけても、涙もろくていらっしゃるので、ほんとうにお気の毒なのでございます。〉

このような「ふびん」は後世には「不憫・不愍」などと別の字が当てられるようにもなります（漢音「不《ふ》便《べん》」の使用は室町時代以降のことです）。また、「警策《きゃうざく》」（「かうざく」とも）は、もと〈文章全体を生き生きさせる、重要なすぐれた語句〉の意でしたが、物事や人についても〈すぐれている〉〈立派だ〉の意で用いられるようになりました。

げにいと警策《きゃうざく》なりける人の御容面《ようめい》かな。（源氏物語　手習）

〈ほんとうにまあ、実にすぐれた人の御器量だなあ。〉

混種語

このほかに、活用語の一部を構成して混種語として用いられるものもありました。日本語に借用される外国語は基本的には体言として借用されますから、漢語においてはサ変動詞「す」や形容動詞語尾「なり」「たり」を添えて、「念ず」「供養す」「御覧ず」や「非常《ひざう》なり」「堂々たり」などというように用いられました。また、動詞の活用語尾や形容詞語尾「し」などを付けて次のように用いられるものもありました。

（1）漢語を動詞化する　例：装束《さうぞ》く　騒動《さうど》く

（2）漢語を動詞語幹（の一部）とする　例：懸想《けさう》ぶ　気色《けしき》ばむ

（3）漢語を形容詞語幹とする　例：執念《しふね》し　美美《びび》し

（4）漢語を形容詞語幹の一部とする　例：らうたし　ずちなし

（4）について説明を補いますと、〈いたわしい〉〈かわいらしい〉意の「らうたし」は漢語「労《らう》」に〈はなはだしい〉意の形容詞「いたし」が付いた「らういたし」から変化した語です。〈解決の方法がない〉〈手の打ちようがない〉意の「ずちなし」は漢語「術」（「ズチ」は呉音「ジュチ」を直音で把握した形）に形容詞「無し」が付いた語で、後世「ずつなし」「じゅつなし」という語形でも用いられました。ちなみに、〈学問・技術がない〉意の漢語「無術」とは関係がありません。

混種語という点では、いわゆる重箱読み・湯桶読みもこの時期には見えるようになります。たとえば、漢語「はん（半）」と和語「しとみ（蔀）」からなる「はじとみ」、和語「て（手）」と漢語「ほん（本）」からなる「てほん」なども用いられようになりました。

和文語と漢文訓読語

和文と漢文とでは使用する語彙に違いがありました。たとえば、和文では「いと」「やうなり」と言うのに対して、訓読文では同じ意味で「はなはだ」「ごとし」が用いられました。〈すぐに〉の意で、「すなわち」は漢文訓読文、「やがて」は和文で用いられます。類似した語形でも、〈歩く〉意では、「あるく」が漢文訓読文に、「ありく」が和文に用いられ、〈まねて行う〉〈学ぶ〉意では「まなぶ」が漢文訓読文に、「まねぶ」は和文に多く用いられました。

また、語形だけでなく、動詞活用にも違いがあって、「まなぶ」は、漢文訓読文では上二段、和文では四段で用いられました。文体の違いは、語彙だけでなく、使役の「しむ」と「す（さす）」、接続助詞の「して」と「て」などの対立を始めとして文法面にも及んでいたのです。

第4章

鎌倉時代の日本語

1. 鎌倉時代の言語と社会—古典語が変容する

鎌倉時代の概観

源頼朝が関東の地鎌倉に幕府を開いた一一九二年より、後醍醐天皇による建武の中興（一三三三年）までの約一四〇年間が鎌倉時代です。この時代は短いにもかかわらず、平安時代の貴族を中心とした政治体制が終わり、中央に進出した武家による政治が行われた日本の歴史における一つの大きな変革期でした。中世を鎌倉時代から始めることは、荘園制の衰退、守護・地頭の設置などの社会経済史的な見方によりますが、このような政治における変革はさまざまな面での社会や文化の変革をひきおこし、それが必然的に日本語にも反映しました。ただ、このような変動の波は、摂関政治が崩壊した院政時代から起こっていました。一〇八六年に白河上皇が院政を行うようになりますと、旧来の社会構造、経済生活が大きく変わり、一つの頂点を形作った古典語にも綻《ほころ》びが見え始めます。そこで、本書では、脱古典語の幕開けという時代意識を重視して、院政時代を鎌倉時代と一括して扱い記述していくことにします。

さて、文化面で見ると、社会経済システムの変動を背景にして、文化の担い手も平安時代までの貴族や学者から、一般僧侶や武士、一般大衆にまで拡大していきました。

武士たちは、中央貴族の伝統的教養基盤である漢文から疎遠になる傾向がありました。そして、一般大衆

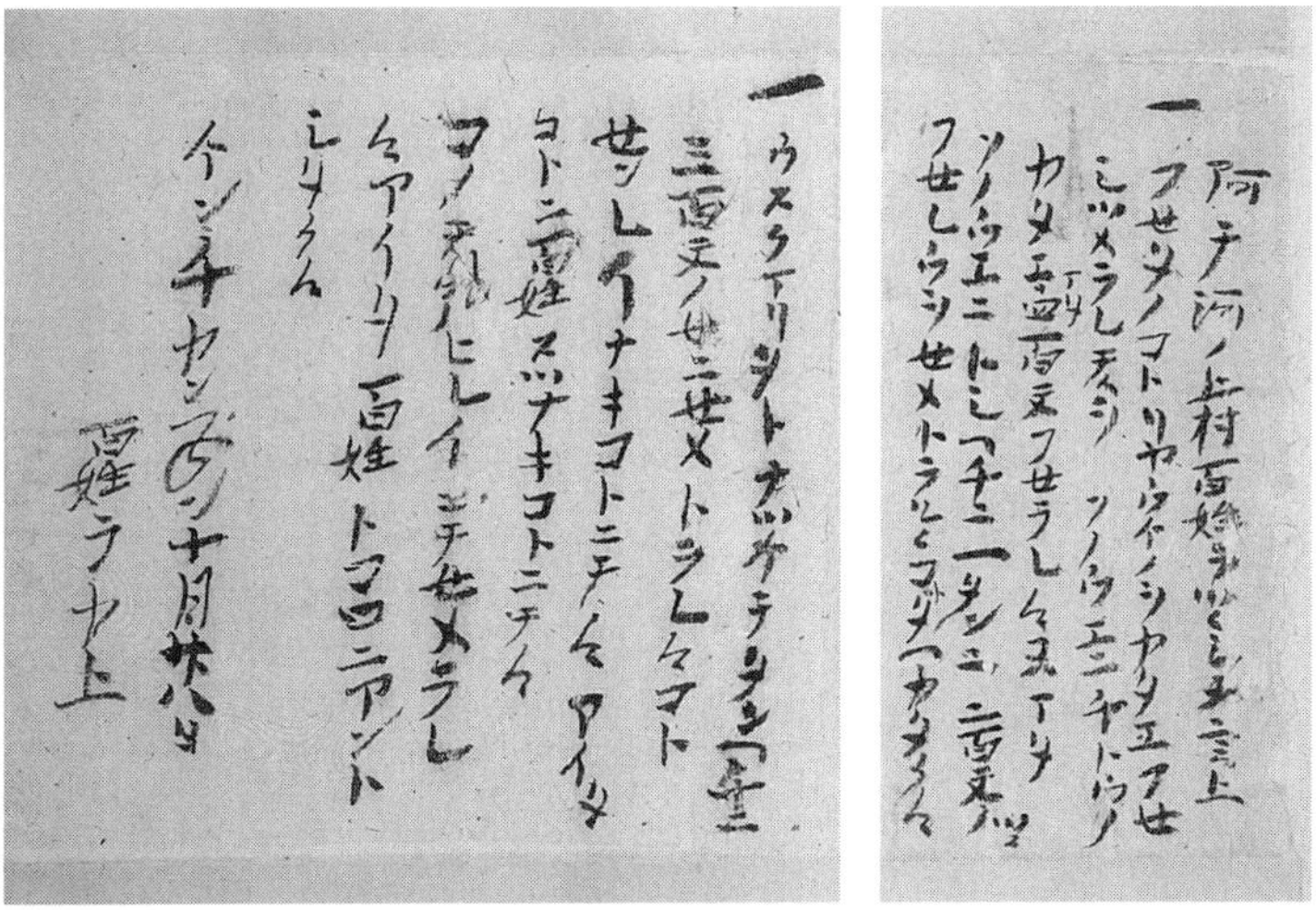

阿弖河庄上村百姓等言上状（高野山文書・高野山金剛峯寺）

の台頭もあって、難解な漢字を用いる漢文よりも、耳から聞いて理解しやすい仮名による平易な文章が求められるようになりました。鎌倉新仏教を開いた一人である法然は「ヤマトコトバハソノ文見ヤスク、ソノ意サトリヤスシ」（『黒谷上人灯録』）と述べています。一般大衆をも意識した言語観が現れていて、貴族文化から大衆文化へという一歩がこうして踏み出されました。つまりは、和語と仮名がこの時代を特徴付けるものとも言えます。

上層農民の片仮名文

その仮名の使用という面では『阿弖河庄上村百姓等言上状』（一二七五年）が象徴的な資料です。

阿テ河ノ上村百姓ラツ、シテ言上
一　フセタノコトリヤウケノヲカタエフセ
シツメラレテ候ヲソノウエニチトウノ
カタエマタ四百文フセラレ候ヌマタ

ソノウエニトシヘチニ一タンニ二百文ツツノ
フセレウヲセメトラル、コトタヘカタク候（中略）
ケンチカンネン十月廿八日
百姓ラ申上

【釈文】阿弖河の上村百姓等《ら》、謹《つつし》（ん）で言上《（ごんじやう）》（す）
一　臥田《ふせた》の事、領家《りやうけ》の御方へ臥《ふ》せ鎮められて候《さふらふ》を、その上に地頭《ぢとう》の方へ又《また》四百文臥せられ候《さふらひ》ぬ。又その上に年別《としべち》に一反に二百文づつの臥料《ふせれう》を責め取らるること堪へ難く候。（中略）
建治元年《けんぢがんねん》十月二十八日　百姓ら申上《（まうしあ）》（ぐ）

「ふせだ」は領主に報告しない耕作地のことで、その臥田を領家（荘園領主）には認めてもらっているのに、地頭（幕府側の管理者）にも過酷な年貢を納めさせられていることを訴える内容ですが、地方の農民階層でも一部の階級では、片仮名および一部の漢字を習得していたということがわかります。そして、片仮名は実用的であって、まず片仮名から仮名の習得がなされていたであろうことも推察できます。また、どのような漢語が使用されていたかなど、庶民の言語生活を知る上で重要な資料です。

和漢混淆文

一方、漢字・漢文は公式の文字・文章として尊重され、漢文訓読体も踏襲されました。その保守的性格という点で言えば、平仮名文も同様に前代の文法・語彙などを継承していきました。しかし、話し言葉で新しい言い方が徐々に広まっていったことから、書き言葉にも和文語と漢文訓読語が混淆するという変革がもたらされ、平安時代まで対立していた両者が融合して、和漢混淆文が生じました。『平家物語』の文章がその代表で、実用的な文体として中心的位置を占めるに至りました。

2．言文二途の時代が始まる

言文二途の時代

平安時代の旧守的な言語体系（古典語）を継承する一方、日常の話し言葉において新しい言い方が勢力を得て、次第に拡大していきました。すなわち、書き言葉（文語）と話し言葉（口語）との乖離《かいり》です。係り結びの消滅、「イ」と「ヰ」、「エ」と「ヱ」の混同など近代語への過渡的な様相を示していますが、それは残された文献から口語的要素を見いだすことで明らかにすることができます。こうして、ここに「言文二途の時代」が始まったのです。たとえば、その文章が擬古文と称されることもある『徒然草』（一三三〇年頃成立）には次のような記述が見えます。

延政門院いときなくおはしましける時、院へ参る人に御ことづてとて申させ給ひける御歌、

ふたつもじ牛の角もじすぐなもじゆがみもじとぞ君はおぼゆる

こひしくおもひ参らせ給ふとなり。（徒然草　六二）

これは、「ふたつもじ」は漢数字「二」と類似する「こ」を、「牛の角もじ」は牛の角のような文字「ひ」を、「すぐなもじ」は真っ直ぐに書かれる文字「し」を、「ゆがみもじ」は歪んだ形をした「く」を意味し、この仮名を続けると「こひしく」となり、あなたのことを恋しく思っておりますという内容の和歌を送ったというものです。ここで注目されるのは、形容動詞「すぐなり」の連体形語尾が「なる」ではなく「な」となっていることです。すなわち、連体形活用語尾末尾の「る」が脱落したもので、「静かな海」（古典語では「静かなる海」となるべきところ）という現代語と同じ言い方になっているのです。このような言い方はすでに『和歌童蒙抄』（一二世紀中頃成立）に「いかなこと」（古典語では「如何なること」）と見えますから、院政時代から始まった変化であったのです。

連体形活用語尾「る」の脱落は過去の助動詞「た」についても同様に見られました。『金葉和歌集』（一一二七年成立）の連歌・六九二には、次のように「来た（北）」と「来し（越）」とを掛けた例が見られます。

ゐたりける所の来たのかたに、声なまりたる人のものいひけるを聞きて

あづま人の声こそ北に聞こゆなれ〈永成〉みちのくによりこしにはあるらん〈慶範〉

これは、永成が「東国の方言では『きた』と言っている」と歌ったのに対して、慶範が「陸奥から『来し』（中央語では『来た』の意）ということなのだろう」と詠んだものです。すなわち、東国では「来たる」を「来た」と言っていたようで、院政時代の東国方言では連体形語尾の「る」を脱落させた言い方が広まっていた

ことがわかります。おそらく、そのような言い方が都の話し言葉にも影響を与えて、「る」の脱落が進行していったものと考えられます。

ちなみに、東国方言については、千葉県中山法華経寺蔵『三教指帰注』、日光輪王寺蔵『諸事表白』などの資料からその特徴がうかがえ、東日本と西日本の言語の対立がすでに生じていたことも知られます。

藤原定家の仮名遣い

さて、院政時代から鎌倉時代にかけて活躍した人に藤原定家（一一六二〜一二四一）がいます。『新古今和歌集』の編纂に携わった歌人として有名ですが、文献考証学者としても大いに活躍しました。

藤原定家は数多くの古典を書写し、また校訂しました。今日私たちが読む『源氏物語』の本文は「青表紙本」と呼ばれるものに基づくのが普通ですが、これは定家がさまざまな写本に基づいて校訂したものです。別の言い方をすれば、『源氏物語』は紫式部の著作ではありますが、その本文は定家によって整えられたものなのです。また、『伊勢物語』も「天福本」という写本に基づく本文を私たちは読むのが一般的です。これも定家が書写したものですし、『更級日記』に至っては定家による写本が唯一今日に伝わったものです。このほかにも数々の古典を写本として残しているのですが、自身が接した古典の本文に仮名遣いがかなり混乱していることを痛感するに至りました。

『下官集』という歌論書の中には、仮名の用い方について自身の主張を述べている箇所があります。まず仮名の混用について留意する人が少ないことを嘆き、古くから仮名遣いの乱れはあるが、今の時代はさらにはなはだしくなっていて、まことに残念であると記した上で、「を」「お」の仮名遣いについて実例を挙げて指針を示しました。

その基準は、日本語のアクセントで高く発音する［wo］を「を」で、低く発音する［wo］を「お」で書くというものでした。今日の共通語でいえば、「おび」（帯）は「オ」が高く、「ビ」が低く発音されます。この場合は高い「オ」ですから「を」を用いるという主張です。アクセントの高低による「を」「お」の使い分けは、すでに一一世紀から、たとえば真福寺本『将門記』承徳三（一〇九九）年点などにも見えますから、定家の独創ではなく当時一部に行われていた方法を自らも採用したようです。このアクセントの高低による「を」「お」の使い分けは、「いろは歌」における「散りぬるを（助詞「を」は高く発音されました）」と「有為《うゐ》のおくやま（「奥山」のオは低い発音でした）」におけるアクセントの高低を反映させたものです。

「い」「ひ」「ゐ」、「え」「へ」「ゑ」については、その仮名遣いを平安時代の旧草子類に基づいて定めたようですが、定家が根拠とした写本には、音韻が混乱した平安時代後期のものもあったらしく、「追」は「おひ・おい」の両用を記し、「音」は「をと」、「植」は「うへ」とするなど、歴史的仮名遣いの「おと」「うゑ」とは異なるものもあります。いずれにしても、仮名遣いを初めて主張し、それを自ら実践したことの意義は大きく、藤原定家の歌道における権威の下に、この「定家仮名遣い」は歌人の間では江戸時代に至るまで行われました。

3．音韻の混乱が続出する

イとヰ、エとヱ

ところで、定家が取り上げた仮名について見ますと、すでに述べた平安時代の「オ・ヲ」の同音化、ハ行転呼音に加えて、「イ・ヰ」「エ・ヱ」の同音化が一般化していたことが見て取れます。「イ・ヰ」「エ・ヱ」の混同は語頭以外ではすでに平安時代から見えていましたが、鎌倉時代初めになると、語頭でもその混同が多く行われるようになりました。「イテ（率）」「酒ヲノマセテエ（酔）ハス」（中山法華経寺蔵『三教指帰注』院政末期点）のように見え、一三世紀には「イ・ヰ」は［i］、「エ・ヱ」は［je］に統合されました。

それぞれ「ヰ」ではなく「イ」［i］に、「ヱ」ではなく「エ」［je］に統合されたのは、唇音性の後退によって［w］が脱落したためと考えられます。

直音と拗音

「拗音」という語を「キャ・ショ」などの類を指す意味で用いるようになったのは鎌倉時代中期頃の悉曇《しったん》学においてでした。『悉曇初心抄』（一三二〇年以前成立）という本の中に、「キャ」は拗音、「カ」は直音であるという記述が見え、これ以降拗音が音韻として確立されていきます。

このような拗音の把握は「カ」と「キャ」、「タ」と「チャ」などサザ行以外においては問題ないのですが、「サ」と「シャ」の関係については少なからぬ混乱があったと想定されます。それというのも、院政時代のサ行の子音は［ʃ］であって、日本固有の「さ・す・そ」の発音は「シャ・シュ・ショ」であったと見られるからです。このことは前代の音韻のところで述べたことですが、「初夜」を「ソヤ」、「病者」を「バウザ」と発音していたことからすると、固有語の「さ」も漢字音の拗音「さ」も同一であったと見るのが自然です。しかし、漢字音の拗音を意識的に直音と区別する意識が高まるにつれて、おそらく直音の子音は［s］、拗音は［ʃ］というように差異化する傾向に推移していったと考えられます。ザ行についても直音の［z］と拗音の［ʒ］という対立へと移っていったのでしょう。室町時代末期のキリシタン資料において、「サ・ス・ソ」の子音が「s」、「シ・セ」の子音が「x」（濁音ではそれぞれ「z」と「j」）で書かれるという事実から見て、直音と拗音との対立を持つ「サ・シャ、ス・シュ、ソ・ショ」およびその濁音において、直音が［s］［z］に変化していったと見るのが穏当のようです。

濁音の音価

ガ・ザ・ダ行音では「二たびのひんがん（彼岸）に」（『菊大路家文書』一二九七年）、「シンゼン（自然）」（高山寺本『古往来』院政末期写）、「シャウクンダンノコトシ（状如件）」（『古佐布村彦二郎加地子銭借券』一三三七年）のように「ン」が濁音の前に記されています。これは、その直前に軽く鼻にかかるような要素があったことを反映するものと考えられます。バ行音でも「侍　ハムベリ」（『古文尚書』平安中期〈九〇〇年頃〉点）のように、古くから同じく鼻音的な入りわたり音の存在をうかがわせます。そして、直前に鼻音を伴う濁音の発音は、今日まで残るガ行を除き、一七世紀の初め頃までは存在していたと見られます。

四つ仮名

次代の室町時代以降混用が著しくなる「ジ・ヂ・ズ・ヅ」の四つ仮名も、「ジ・ヂ」「ズ・ヅ」において混同が始まっていました。観智院本『類聚名義抄《るいじゅみょうぎしょう》』（一二五一年写）に「クヂラ」「クジラ」の両様の表記が見え、語のレベルでは古くから「ジ」と「ヂ」、「ズ」と「ヅ」が交替することがあったようです。日蓮（一二二二〜八二）の消息にも「嫁がづ」「ぢうあう（縦横）」などと混同した例がかなり見えることから、関東では四つ仮名の混乱がいち早く起こっていたかとも言われています。

開合

漢字音では、「厚」（本来「コウ」）を「カウ」と記して、auとouの開合に誤用が生じた例は院政時代から見受けられ、euとouとの混同も「抄《ショウ》」（本来字音仮名遣いで「セウ」）、「葉《ヨウ》」（本来「エウ」）のように現れました。一一世紀頃には「せうよう（逍遥）」（関戸本『古今和歌集』平安後期写。「遥」は本来「エウ」）と見えるように拗長音化（eu→yoː）した場合があったようで、漢字音でより早く長音化が生じました。

鎌倉時代初期になりますと、「おほ（大）」を「ヲウ」（高野山文書「真上安茂田地売券」）と記した例が現れます。これは［wowo→wo:］というオ段長音の発音を記したものと見られ、和語においても長音化するようになりました。このようなオ段長音には二つの生成過程があり、一つは「書《か》かう」「早《さう》」などのauという母音連続から転じたオ段長音、もう一つは「良《よ》う」「送《そう》」などのou（およびeu）という母音連続から転じたオ段長音です。前者を「開音」「ひらく」などと、後者を「合音」「すぼる」などと言い、この二つは当初発音上区別されていました。この区別を「開合の別」と呼んでいます。ただ、このような開合の別は鎌倉中期以降少しずつ混乱が生じていきました。

語頭の濁音

日本語では、もともと語頭に濁音が立たないという規則がありました。しかし、平安時代には「バウ（奪）」の例が見え、さらに院政・鎌倉時代になりますと、語頭の濁音の例がかなり多くなってきました。

ダキアゲズ〈抱く〉（打聞集　←イダク）
ダス〈出す〉（和泉往来　←イダス）
どれ〈何れ〉（梁塵秘抄　←イドレ←イヅレ）
ドコ〈何処〉（将門記　←イドコ←イヅコ）

撥音のm・n

撥音は平安時代に音便によってマ行・バ行から転じたmと、ナ行・ラ行から転じたnとが区別されていたことは前述しましたが、その区別が院政時代から失われ始めました。たとえば『法華百座聞書抄』には「御《ヨン》クシ」と記された箇所があります。「おほみ（大御）」から転じた「御」は語尾がmでなければならず、従来は「ム」と書かれたのですが、それがnと混同されて「ン」と書き記されたものです。

このようなmとnの混同は、漢字音の撥韻尾にも同様に見られます。前掲の『法華百座聞書抄』に本来「ラン・ダン」であるべき「乱」「団」を「ラム・タム」と記した例、『文鏡秘府論』（保延四〈一一三八〉年点）にm韻尾を「任　シン」、n韻尾を「允　イム」などと記した例があります。[m][n]の区別は一二世紀頃から乱れ始め、一三世紀にはまったく失われました。この混同は東国方言から始まったようで、明覚の『悉曇要訣』には、院政時代初期に東国の人は韻尾のムとンの区別をしなくなったことが記されています。

ちなみに、現代では中国語（共通語）では日本語と同じくmとnの区別が失われていますが、朝鮮語ではmとnは区別が保存されていて、たとえば「金」「林」は「キム」「イム」と日本語で表記するのがそれに当たります。

連濁

清濁は万葉仮名によって書き分けられることはありましたが、仮名が発生してからは清濁の区別が表記の上で確認できないため、濁音化しているかどうかは十分にはわかりません。ただ、濁点が記されることも徐々に行われるようになり、古辞書には声点と兼用の濁音表示がなされていますから、「テダテ（歩楯）」「テボコ（矛）」などのように、連濁した例を拾うことができます。総じて、時代が下るに従って、連濁を起こす語が増えてきたと言えます。

そして、連濁は和語だけでなく、漢語にも見えるようになりました。院政時代以降の資料では、もともと濁音であるものを「本濁」と称して「：」と記し、新たに連濁したものを「新濁」と称して「：」で記すことも行われました。たとえば、「じんづう（神通）」では「ジ」は本濁、「ヅ」は新濁というように示されています。このほか、「ちゃうじゃ（長者）」「にんげん（人間）」「おんじゃう（音声）」「しんぢう（心中）」など、漢字音も日本語に同化してきたため、漢語においても連濁が増えるようになりました。『徒然草』には「行法の『法』の字を澄ていふはわろし。濁りていふ」（一六〇段）と見えます。「行法」は「ギャウホウ」ではなく、連濁して「ギャウボウ」と発音するべきだというように、漢字音の連濁について注意した記述です。

連声

撥音m・n、入声tに続く「ア・ヤ・ワ」行音がそれぞれマ行、ナ行、タ行になる現象を「連声《れんじょう》」と言います。「三位《さんみ》」「陰陽師《おんみょうじ》」の例があるところを見ますと、撥音のmとnが区別されていた平安時代に始まったと推測されます。そして、院政時代になりますと、「因縁《いんねん》」「観音《くわんのん》」「感応《かんのう》」「安穏《あんのん》」など現代でも用いられている語形がかなり出現するようになりました。ただし、この時代では連声が起こるのはまだ漢語に限られていました。

促音・撥音の添加

「モハラ（専ら）」「モトモ（最も）」などは古くは文字どおりに発音されていましたが、この時代になって［t］または［n］が介入して「モッパラ」「モットモ」などと発音されるようになりました。

もんはらに上土をもとむるなり（『仮名書法華経』治承五〈一一八一〉年頃写）＊上土…浄土。

是ヲモントモ領解ス（『三教指帰注』）

このほか、「ひさぐ」も「ひっさぐ」（「どの面《つら》ひっさげて」の類）となりました。また、「非《あ》ラズンバ」（『高山寺古往来』）、「少《すく》ナクンバ」（『文選』正安四年校本）などの撥音の介入も生じました。

漢字音の日本語化

漢字音の日本語化もいっそう進行しました。撥音のmとnの混同があったことは前に述べましたが、入声韻尾では-tを除き、-kは「キ・ク」、-pは「ウ」というように開音節化しました。後者は、母音uを添えて開音節化した「フ」がハ行転呼音によって「ウ」となり、一二世紀前後から次第に定着していきました。その結果、たとえば「法」と「宝」、「執」と「修」などが同じ音になりました。ちなみに、入声韻尾の -p には、「接《せっ》する」「雑居《ざっきょ》」「法度《はっと》」などのように促音化したものも現れました。

合拗音の「クヰ」[kwi]・「グヰ」[gwi]、「クヱ」[kwe]・「グヱ」[gwe] が唇音の w を脱落させ直音化して、「キ」[ki]・「ギ」[gi]、「ケ」[ke]・「ゲ」[ge] と発音されるようになりました。それは、合拗音が中国語の発音に由来するものであって、日本固有の語にはもともと存在しなかったからでした。たとえば、「月」は本来「グヱツ」と発音されるものですが、「朧月」に「ラウケツ」と読みを示した例（『和泉往来』文治四〈一一八八〉年点）や、「拱　キヨウ」（興福寺本『大慈恩寺三蔵法師伝』康和元年〈一〇九九〉点）などのように、一二世紀頃から現れるようになり、一三世紀には完全に直音化したようです。

これに対して、「クヮ」[kwa] と「カ」[ka]、「グヮ」[gwa] と「ガ」[ga] は標準的な発音では依然として区別され、江戸時代に至るまで原則として区別されていきます。ただし、前掲の『阿弖河庄上村百姓等言上状』には「ケンチカンネン（建治元年）」とある「ガン（元）」は本来「グワン」とあるべきところですから、すでに混同も見えています。漢字音が学習されない階級では、すべての合拗音において直音化するという現象が始まっていたとも考えられます。

4. 古典文法が瓦解し始める

連体形の終止形化

さて、次に文法に入りましょう。活用語を連体形で言い切る「連体止め」は体言止めの一種で、話し手の詠嘆・強調を表す平安時代の修辞法の代表的なものでした。『紫式部日記』（一〇一〇年頃成立）には連体止めの例が多く見られます。

いと白き庭に、月の光りあひたる、様態《やうだい》、かたちも、をかしきやうなる。

ふたたびばかり誦《ず》せさせ給ひて、いと疾《と》うのたまはせたる。

このような連体止めは、聞き手の注意を引くという表現であったために、平安時代を通して好まれて多用されていくうちに、連体形特有の表現価値が薄れていくとともに、文の終止形式として一般化していったものと考えられます。院政時代に入ると、ふつうに文末形式として用いられるようになりました。

御髪ハ新カフソリシテ剃《そり》奉リ給ヒケル。（打聞集　六）

即チ皆経ヲヨミタテマツリケル。（法華百座聞書抄）

ちなみに、院政時代の用例は「ける」が文末に用いられることがたびたびありました。これは、聞き手に対して強く持ちかけるという「けり」の意味が連体止めという用法とちょうど合致していたからであるとも考えられます。

また、終止形と連体形の同一化によって、本来連体形で終止するべきところに、逆に終止形が用いられるようにもなりました。

我がまさりたり。（古本説話集）

コレハマコトニ獅子ノ血ニ侍《ハンヘリ》メリ（法華百座聞書抄）

本来、前者は助詞「が」は体言相当である連体形にかかるべきところであり、後者は助動詞「めり」に続くラ変活用の語は連体形、この場合「はんべる」となるべきところです。このようにして、古代語の終止形は消滅し、連体形が終止形をも兼ねるようになり、鎌倉時代を通じて徐々に定着していきました。

この現象は文法史上に大きな影響を及ぼすことになります。その一つは、連体形で結ぶ係り結びの表現価値の喪失でした。

係り結びの崩壊

係助詞「なむ」「ぞ」「か」の結びには連体形がくるべきところですが、連体形が終止形をも兼用した結果、連体形で結ぶことの意義が失われ、連体形以外で呼応する例も現れました。

物入レハクヒ、イレヌトキニハムナシクテナムスコシ侍リケリ（宝物集）

（物《もの》入れば食《く》ひ、入れぬ時には空しくてなむ過ごし侍りけり）

山置かれたりけるぞ「罪すこし軽《かろ》みにけむかし」とはおぼゆれ（古本説話集　上・八）

タレカコレ主人ナリ（正法眼蔵）

このような係り結びの乱れは「こそ」にも影響を与えていきます。「こそ」の結びは古くから「古止古曽与之」（東遊歌・駿河舞　九二一）〈事こそ良し〉のような例外的な表現も見られましたが、そのような乱れは院政時代以降次第に増加してきました。

　ひとりこそ定に入りては聞かざりし（梁塵秘抄　二）

　太子コソ此両三日王城ノ南ナル山荘ニ遊セ給ナル（草案集）

ラ変と形容詞の活用

　連体形が終止形を兼ねるようになりますと、ラ行変格活用は終止形が「ある」となりますから、ラ行四段活用と同じになってラ変活用は消滅しました。また、形容詞では、ク活用とシク活用は前にも述べましたように、終止形だけに活用の違いがあるだけでしたから、その終止形が消滅したことによって、活用は完全に一本化するに至りました。

語　幹	未然形	連用形	終止形・連体形	已然形	命令形
なが	（け）	く	き	けれ	
をかし	から	かり	かる		かれ

　この変化に伴って、シク活用では、文語的な終止形が語幹に「し」を付けて、「悪《あ》しし」（続古事談）、「名《な》立《だ》たしし」（草案集）のように「〜しし」という形で類推されることもありました。

	未然形	連用形	終止形	連体形	已然形	命令形
上二段	-i	-i	~~-u~~	-uru	-ure	-i (yo)
↓	（未然連用形に同化＝）			↓	↓	（＝母音を交代させない）
上一段	-i	-i	-iru	= -iru	-ire	-i (yo)
下二段	-e	-e	~~-u~~	-uru	-ure	-e (yo)
↓				↓	↓	
下一段	-e	-e	-eru	= -eru	-ere	-e (yo)

なお、形容詞の新たな用法として、尊敬の意の接頭語「お」を冠した言い方も用いられるようになりました。

御いたはしければ、御つかひな給ひそ（とはずがたり　一）

現代語でも、女性を中心として「おうつくしい」「おきれいな」などと用いられている言い方として継承されています。

二段活用の一段化

連体形が終止形をも兼ねることになりますと、終止連体形の活用語尾に「る」を、已然形の活用語尾に「れ」を持つことだけでほかの活用形と区別されることとなります。このため、活用語尾の母音をｉ、ｕもしくはｕ、ｅの二段に交代させるのではなく、母音を未然連用形と同じ形に固定化し、それにそれぞれ「る」「れ」を添加することで活用形の識別を維持することができるようになったのです。これを二段活用の一段化と呼んでいます。

二段活用の一段化は一二世紀以降徐々に広まっていき、たとえば「過ぐ」が「過ぎる」、「栄ゆ」が「栄える」という語形で用いられることになりました。

長者門ヲスキルニ（三教指帰注）〈長者の門を過ぎるに〉

この現象は鎌倉室町時代を通して進行し、しばらくは二段活用と一段活用とが併用されていきます。一段活用に統一されたのは一八世紀中頃のことです。

形容動詞

形容動詞では、ナリ活用・タリ活用ともに用いられました。ただし、タリ活用の使用はこの時代までが盛んで、以降は徐々に衰退していきました。

峨々《がが》たる嶺《みね》の高きをば、神徳《しんとく》の高きに喩《たと》へ、嶮々《けんけん》たる谷《たに》の深《ふか》きをば、弘誓《ぐぜい》の深きに准《なぞら》へて（平家物語　一・山門滅亡）

ナリ活用の連体形が「な」となったことは前に述べたとおりです。そして、連用形には活用語尾「に」に接続助詞「て」が付いた「にて」から転じた「で」（nite→nde）が用いられるようになりました。

わごぜは今様は上手でありけるよ。（平家物語　一・祇王）

＊わごぜは今様は…そなたは今様（現代風の歌）が。

代名詞

指示代名詞では、不定称では院政時代から「いどこ」の語頭の「イ」を脱した「どこ」（真福寺本『将門記』康和元〈一〇九九〉年点）が用いられるようになり、ド系の「どれ」「どち」「どなた」も生じました。こうして、コソアド体系が整備されるに至りました。

人称代名詞では、一人称には「わたくし・おれ・それがし」のような謙称が用いられる傾向が強く、また二人称には「そなた」のような敬称も用いられるようになりました。女性専用の一人称には「わらは」もありました。

一人称（自称）	二人称（対称）	三人称（他称）	不定称
わ　われ わたくし　おれ　まろ それがし・小生（男性）	なむぢ　おまへ　おこと おもと　そなた 貴殿・御辺（男性）	か　かれ	た　たれ

接続詞

平安時代には接続助詞が多用されていましたが、鎌倉時代には接続詞がほかの品詞から転用されて広く用いられるようになりました。ただし、和歌などの韻文ではあまり用いられず、もっぱら散文に使われ発達しました。「ただし・しかも・ならびに」などのように、漢文訓読語から一般化したものも多く見られました。

十月、諸社の行幸、その例も多し。ただし、多くは不吉の例なり。（徒然草　二〇二）

ゆく河の流れは絶えずして、しかももとの水にあらず。（方丈記）

態（ヴォイス）の助動詞

「る・らる」は二段活用の一段化に伴って「れる・られる」という形で用いられるようになりました。その可能の用法は前代までは否定表現を伴って用いられていましたが、一二世紀になると、「魚ヒトツトラレタリケルモノ」（法華百座聞書抄）〈魚一つを獲ることができたもの〉のように、肯定の表現でも用いられるようになりました。「す・さす」も一段化して「せる・させる」となりましたが、単独で尊敬の意を表すことはなくなりました。

過去・完了の助動詞

「き」は終止形を兼ねた連体形「し」がふつうに過去の時制を表すものとして用いられるようになりますと、もともと「浮きし脂」〈浮いている脂〉（古事記　中）のように変化の結果の状態を表す意を持っていたことから、その用法が「たり（たる・た）」に吸収されていきました。そのほかにも、過去・完了を表す「けり」「ぬ」「つ」なども、次第に口語では用いられなくなりました。この結果、過去・完了の意は「たり」だけが担うようになり、一二世紀には「たり」の連体形「たる」の語尾が脱落した「た」の形でも用いられました。「た」が東国方言でいち早く用いられたことは前述したとおりです。

推量の助動詞

「む」は推量の表現に広く用いられた語で、平安時代には「ん」とも書かれていました。これが次第に鼻母音化し、一二世紀頃からは「う」と表記されるようになりました（[m]→[n]→[ũ]）。

憂《ウ》シヤ憂《ウ》シ厭《イト》ヘヤ厭《イト》ヘカリソメノ仮《カリ》ノ宿《ヤド》リヲイツカ忘《ワス》レウ（極楽願往生歌）

右は沓冠の歌で、第五句は「いつか忘れむ」の「む」がウに変化した例です。

「むず（うず）」「らむ（らう）」「けむ（けう）」もそれぞれ「む（う）」に次第に吸収されて姿を消していきました。伝聞推量の「なり」（終止形接続）、様態推量の「めり」も、鎌倉時代以降口語では使用されなくなっていきました。また、「じ」も口語では用いられなくなりました。

そのほかの助動詞

断定の助動詞「なり」は、その連用形「に」に接続助詞「て」が付いた「にて」が「で」となり、さらに「ある」と接続した「である」という語形も生じました。

馬はまことによい馬でありけり（平家物語　四・競）

一方、断定の「たり」は口語では衰退していきました。

願望の助動詞では、「まほし」に代わって、院政時代に「たし」（形容詞「いたし」の転）が生じて口語で勢力を増していきました。そして、連体形「たき」のイ音便「たい」の形で広まっていきました。

　琴《きむ》のことの音聴きたくは、北の岡の上に松を植ゑよ（梁塵秘抄　二・四句神歌）

否定の助動詞では、「ず」は口語において連用形でのみ用いられ、連体形「ぬ」（のちには「ん」となります）が終止形ともなりました。

格助詞

「が」は述語に対する主語の明示という論理的な役割を帯び、院政時代には連体接続の主格を表すようになります。

　年十二三ばかり有る若き女の、薄色の衣一重、濃き袴着たるが、扇を指《さ》し隠して、片手に高坏を取りて出で来たり。（今昔物語集　二三・七）

この段階ではまだ用言の連体形に接続するだけでしたが、一五世紀には名詞に接続するようになり、主格の用法が確立されることとなります。

「で」は場所の意のほか、手段や原因・理由の意でも用いられるようになりました。

　奏聞しけれども、御遊の折節で聞こし召しも入れられず〈平家物語　五・勧進帳〉

接続助詞・副助詞

「が」の連体接続の主格用法は接続助詞としての用法を生み出していきます。院政時代以後、主格を表す働きが弱まり、下に続けるという接続の働きが強くなった結果、単純な接続を意味するようにもなりました。そして、前に受ける内容と後に続く内容とに矛盾があるような場合には、逆接の確定条件の意ともなっていきました。

めでたく書きて候ひけるが、難少々候ふ（古今著聞集　一一）〔逆接〕

同時動作の意では、「つつ」が次第に衰え、「ながら」が用いられるようになりました。

副助詞「ほど」は名詞「ほど」から転じた語で、「ばかり」に代わって範囲・程度の意を表すようになりました。古くは活用語の連体形を受けましたが、体言を自由に受けるのはこの時期以降の用法です。

殿ほどの大事の人を打捨《うちす》てゆくほどの身の何物《なにもの》かほしかるべき（梵舜本沙石集　七・一）

女房・侍《さぶらひ》おほかりけれども、或《ある》いは世《よ》をおそれ、或いは人目をつつむほどに、とひとぶらふ者一人《いちにん》もなし。（平家物語　二・大納言死去）

＊つつむほどに…はばかるので。

右の「ほどに」は接続助詞化したもので、原因・理由の意を表すものです。

係助詞

連体形で結ぶ「か」「や」「ぞ」「なむ」は、連体形の終止形化に伴ってその表現価値を失い衰退していきました。「か」は鎌倉時代以降文末で疑問を表す終助詞、また、不定の意（「来るとか言ったが」の類）、選択の意（「今日か明日かには戻るだろう」の類）の副助詞となりました。「ぞ」も断定の意を含みつつ、体言に直接付いて文末に用いられました（用言や「だ・です」に付くのは江戸時代です）。

兵衛佐殿ノ使《つかひ》ハ誰《たれ》ト云《いふ》者ゾト問《とひ》ケレバ（延慶本『平家物語』三末・兵衛佐与木曽不和に成事）

「こそ」は鎌倉時代以降次第に結びが混乱していきますが、まだ已然形で結ぶことが多く見られました。

間投助詞

詠嘆や強調指示などの意を表すものに前代では「を」「や」「よ」がありましたが、「を」は鎌倉時代以降口語では衰退しました。「や」はその後も広く用いられ、俳句の切れ字となる一方、「それでいいや」のような終助詞的用法は現代でも用いられています。

待遇表現

謙譲語・丁寧語では、「候ふ」が「侍り」に代わって平安時代から徐々に勢力を増してきました。しかも、『平家物語』には「さうらふ」が男性語、「さぶらふ」が女性語という使い分けもあったようです。

「おはします」を「御座」と漢字表記し、この字音読みに「ある」が付いた「ござある」が生じました。「ある」「いる」「ゆく」「くる」の尊敬語として用いられ、また、補助動詞としても用いられました。

御直盧《ちよくろ》に暫《しばら》く御座《ござ》あるべきにて（平家物語　一・殿下乗合）

5．漢字と仮名がいっそう日本化する

漢字

漢字は引き続き公式の文字であり、漢文はやはり伝統的な教養の基盤でした。鎌倉幕府の記録書『東鑑』は漢文ではあっても、和化された要素の多い、いわゆる変体漢文で書かれました。漢文訓読調の流れを引く類型的な表現に基づき、日本化された漢字の用法も散見されます。たとえば、副詞の「定」に対して文末に「歟」を呼応させて「定めて…か」としたり、「豈……哉」〈あに…や〉、「云……者」〈いはく…てへり〉、「縦……雖」〈たとい…とも〉など、その独特の文体は「東鑑体」とも呼ばれています。

俗字も多く用いられ、漢和字書の観智院本『類聚名義抄《るいじゅみょうぎしょう》』には「俗字」注記が多いことも漢字使用の広がりを示すものです。このような漢字の隆盛は、本来の漢字表記でない当て字を増加させました。

上ド（浄土）　二色（錦）　目出タシ（めでたし）　酒月（盃）　人見（瞳）　浅猿シ（あさまし）　裏病（うらやまし）　仮染（かりそめ）　心みやう（身命）

また、「抄物書《しょうもつがき》」といって字画の一部を省略する方法が僧侶などの間で盛んに行われました。

酉酉（醍醐）九九（究竟）鳥鳥（鶬鶊）女女（娑婆）玉玉（瑠璃）尺（釈）广（摩または魔）四（羅）宀（密）ム（厳）

『徒然草』には「しほという文字はいづれの偏にか侍らん」（一三六段）という記述もあり、当時の人々が漢字に対して高い関心を持っていたことがわかります。この「しほ」とは「鹽・塩」のことです。

仮名

仮名は、わかりやすい文章のために用いられることが次第に多くなります。もともと漢文であった書物が平仮名を中心とした漢字仮名交じり文で書き直されることもありました。『仮名書き往生要集』（一一八一年）、足利本『仮名書き法華経』などの出現は、仮名が多くの人々の中に浸透していったことを如実に示しています。

片仮名の字体は、前代では漢字の字画を省略した形を色濃く残していました。しかし、鎌倉時代に入ると、少しずつ独自の字体へと変化していきます。たとえば、「ウ・ツ・ラ」などの終画のはらいが次第に長く鋭角的になっていったり、「シ・ル・レ」などの終画のはねが鋭角的になったりしました。これは、片仮名が漢文訓読の場において漢字に従属していたものであったのが、次第に表記用字として漢字から独立していったことと大いに関係があります。

ところで、『宇治拾遺物語』（三・七）には、嵯峨天皇が片仮名の「ネ」の文字を十二書かせて、小野篁《たかむら》に読ませたところ、みごとに解読したという説話が載せられています。では、その十二字はどう読まれたのでしょうか。出題を再現してみましょう。

《問い》「子子子子子子子子子子子子」の文字列を解読しなさい。

どうでしょうか。平安時代前期の学者であり漢詩人である小野篁《たかむら》は博学で知られていました。ですから、出題も難問が課されることになります。ヒントを出しますから、もう一度考えてみてください。

《ヒント》（1）片仮名「ネ」には「子」という異体字があります。

（2）「子」は音で「シ」、訓で「コ」と読めます。

すなわち、「子」は十二支の「ね」に当たり、片仮名「ネ」の異体字としても用いられていたのですが、そこで、小野篁の解答です。

《解読》ねこの子《こ》のこねこ、しし（獅子）の子《こ》のこじし（子獅子）。

この説話は、当時まだ片仮名の異体字がふつうに用いられていたことを示すものと見られます。ただし、鎌倉時代の中期になると、片仮名は徐々に今日に近い字体に統一され、また一音節一字へと整理されていきました。

片仮名主体の文章表記は僧侶や学者たちの間で広がり始め、説話集である『打聞集』『宝物集』、随筆の『方丈記』などのほか、講義録である『法華百座聞書抄』などの仏典の注釈、日常の備忘録などに広く用いられました。

仮名と漢字が交用されるようになりますと、仮名の部分を多くして読み誤りを避けようとした「水ツ・夜ル・間タ」などの捨て仮名や活用語尾などに送り仮名を付すことも広まりました。

また、促音は院政時代までは無表記でしたが、鎌倉時代に入りますと、「サツシホドニ」〈去りし程に〉（草案集　一二一六年写）のように「ツ」の表記が見えるようになります。そして、後期になると、一般的に用いられるようになりました。

6. 漢語が日本語に浸透していく

和漢の混淆

平安時代には和文語と漢文訓読語という対立がありましたが、鎌倉時代になると、そのような文体の違いによる語彙の区別が次第に曖昧になっていきます。その結果、和文体・漢文訓読体とは別に、この両者を統合した新たな文章様式（和漢混淆文）が生じました。

この時代の語彙の特徴としては、「はたと」「むずと」「しやつ」「ちつと」などの日常用いる平易な和語も文章語として用いられる一方、漢語語彙が一般に浸透したことは、本邦初の国語辞書ともいうべき『色葉字類抄《いろはじるいしょう》』（橘忠兼撰　一一六四〜八〇年成立）に多くの漢語が収められていることからも知られます。また、『平家物語』では、異なり語数で和語より漢語の方が多く用いられているという調査もあります。このような漢字尊重という前代からの流れの中で、和語が漢字表記され、それを音読した結果、「返事《へんじ》（かへりごと）」「火事《くわじ》（ひのこと）」などの和製漢語が作り出されました。

かへりごと　↓［漢字表記］返事《かへりごと》　↓［音読］ヘンジ

ひのこと　↓［漢字表記］火事《ひのこと》　↓［音読］クワジ

ほかにも例を示しておきましょう。

こもりゐ　↓　籠居　ロウキョ　　こちなし　↓　無骨　ブコツ　　うちうち　↓　内々　ナイナイ

ものさわがし　↓　物忩　ブッソウ（近世以後の表記「物騒　ブッサウ」とも）

また、〈大いに切《せま》る〉の意から「大切《たいせつ》」という語も用いられるようになります。

「急所・存外・模索」なども、この時期に使われ始めた和製漢語です。そして、「堂上《たうへ》」「騒人《さうひと》」という重箱読みや、「今様《いまやう》」「臥料《ふせれう》」などの湯桶読みもこの期に増加していきました。

漢語の意味変化

漢字が浸透していくにつれて、漢語が意味を変化させ、今日のような語義が生じた例を次に少し示しておきましょう。

「商売の才覚がある」という「才覚」は、もとは漢籍に見られる〈才能と学問〉の意の「才学《さいかく》」に由来します。日本では、古くは「学」の方に重点が置かれ、〈学問、学識〉の意で用いられましたが、中世以降は「才」

に重点が置かれるようになり、〈知恵のすばやい働き、機知・工夫などにすぐれている〉意に変化していきました。

又五郎男《をのこ》を師とする外の才覚候はじ。（徒然草　一〇二）

「学」は呉音「ガク」、漢音「カク」で、「才学」は本来漢音読みで「さいかく」と発音されていました（『日葡辞書』Saicacu）。そのため、「学」に重点がなくなったこともあって、次第に「才覚」と表記されるようになりました。

「元気」は和製漢語の「減気」〈病気の勢いが衰えること〉に由来するようです。

既に祭畢《はて》て後、師の病頗《やまひすこぶ》る減気有《あり》て、祭の験有《しるしある》に似たり（今昔物語集　一九・二四）

古くは「減気」と書かれていましたが、〈万物の生じる根本の精気〉を意味する漢語「元気」と同音であることから、この表記が用いられるようになりました。このほか、「験気・元喜」などと書かれることもありました。

もう少しだけ簡単に列挙しておきましょう。

覚悟　〈迷いを去り、道理を悟ること〉→〈心構えをすること〉

用心　〈心遣いをすること〉→〈万一に備えて注意すること〉

落度（もと「越度《をつど》」）〈障害を越えて渡る→過所（関所）を通らずに越える〉→〈手落ち〉（呉音「オチド」）

分際（もと「ブンサイ」）〈けじめ、限度〉→〈その人・物に応じた程度、身分〉

笑止（もと「勝事」漢音「ショウシ」）〈世にも珍しい、すぐれたこと〉→〈異常な出来事〉（「笑止」は当て字）

意味の変化に伴って字音の交替したものとしては、「気色」が呉音「ケシキ」から漢音「キショク」となった例があります。「ケシキ」は〈物の外面のようす〉（江戸時代以降は「景色」と書かれます）、〈心の内面のようす〉を前代では表しましたが、後者の〈人の気分・気持ち〉を意味する場合、漢音の「キショク」が用いられるようになりました。

鎌倉殿《かまくらどの》の御気色《ごきしょく》も其儀《そのぎ》でこそ候へ。（平家物語　一二・泊瀬六代）

唐音とその漢語

一三世紀に栄西・道元などの禅宗の僧侶が入宋し、中国江南の浙江地方の漢字音を新たに日本に伝えました。これを「唐音《とういん》」（「トウオン」とも）と呼んでいます。これによって、「挨拶《あいさつ》・玄関《げんくわん》」などの禅宗に関係する語のほか、「蒲団《ふとん》・提灯《ちやうちん》・暖簾《のんれん》（のちに「ノレン」）」など生活に関連する漢語も広く普及していきました。

亭《ちん》　瓶《びん》　鈴《りん》　湯婆《たんぽ》　行灯《あんどん》　行脚《あんぎや》　杏子《あんず》　羊羹《やうかん》　普請《ふしん》　緞子《どんす》　納戸《なんど》　西瓜《すいくわ》　饅頭《まんぢう》　胡乱《うろん》　栗鼠《りす》　竹篦《しつぺい》
和尚《をしやう》　外郎《ういらう》

唐音とは「唐土（中国）の音」という意味ですが、この語は漢音より後の時代の中国漢字音を広く指しています。

板《いた》屋の上にて烏《からす》の斎《とき》の生飯《さば》食《く》ふ。（枕草子　さわがしきもの）

「生飯」は仏教語で、これを当時の中国音によって「さんばん」（「さんば」「さば」）と発音していたようです。このように、古くは一一世紀前後から垣間見え、その後江戸時代に至るまでの中国音に基づく漢字音を総称して「唐音」とも、また「唐宋音」とも呼んでいます。室町時代には「宋音」、江戸時代には「華音」などと称せられることもありました。いずれにしても字音の体系的な伝来というのではなく、特定の語についての読み方として日本語の中でも用いられるようになったものです。現代でも身近な唐音による漢語をさらに挙げてみましょう。

「子」は呉音・漢音ともに「シ」で、「格子・骨子・冊子・障子・調子・拍子・帽子」などに用いられていますが、唐音の「ス」も「様子《やうす》・椅子《いす》・扇子《せんす》・緞子《どんす》」などに見られるほか、「ツ」でも「脚踏子《きゃたつ》・火榻子《こたつ》・面子《めんつ》」のように用いられました。字音では読みにくいために、「キャタツ」は「脚立」、「コタツ」は「炬燵・火燵」などとも書かれていますが、このような例は「石灰《しっくい》」を「漆喰」と当て字する場合にも見られます。唐音では「脚《きゃ》・踏《た》」のように入声韻尾が消滅していることが特徴の一つですが、これは「木綿《もめん》」の「モ」、「喫茶《きさ》」（「喫」漢音「ケキ」）の「キ」にも見られます。ただし、後者の「キサ」はのちに「キッサ」となって、「キツ」という慣用音を持ち、「満喫《まんきつ》」のように用いられるようになります。

唐音の漢語は中国から借用した字音語ではありますが、呉音・漢音という日本漢字音の伝統的・体系的枠組みから見ると、漢語と言うよりも一種の外来語といった方が実態に合っているかもしれません。「餃子《ギョーザ》」

しょうか。
「焼売《シューマイ》」ともなると、はっきりと外来語と意識されますが、それに近い感じが当時にもあったのではないで

武家詞

武士が台頭したことで、彼らが好んで用いる特有の言葉として「武家詞」が用いられるようになりました。「射られる」を「射させる」と表現した例があるほか、漢語を多用して重々しく表現したり、忌み詞を使ったりすることがありました。たとえば、「退く」「引く」を嫌って「ひらく」と言いました。

急ぎ、いづかたへも御ひらき候べし。(保元物語　中)

この「ひらく」という言い方は、現代でも「鏡びらき」「会をお開きにする」のように、〈割る〉または〈終わる〉の意で用いられているものです。縁起をかつぐのは今も昔も変わらないということでしょう。

第5章

室町時代の日本語

1．室町時代の言語と社会―近代語が胎動する

室町時代の概観

一三三三年に鎌倉幕府が滅び、後醍醐天皇による建武の新政が始まります。しかし、一三三六年に室町幕府を開いた足利尊氏との間で対立が起こり、以後、南北朝時代という動乱の世に入ります。一三九二年に足利義満が北朝と南朝を合一させて、南北朝時代が終わるのですが、その後の室町幕府も専制的権力が弱体で、強大化した守護大名は時に将軍とも対立し、ついに応仁の乱（一四六七～七七年）が起こりました。そのころ地方では、南北朝の動乱を通して形成された自治組織の「惣《そう》（村）」が結束して、土一揆・国一揆などの経済闘争を起こすほどにもなりました。こうして、下剋上の風潮が広まり、いっそう社会を混乱に陥れた戦国時代は織田信長の天下統一を経て終息に向かい、一六〇三年徳川家康が江戸幕府を開くに至りました。この二七〇年間を室町時代として扱うことにします。

都市に定住した商人は堺・博多などで自治を根づかせ、財力を蓄えました。識字層も徐々に拡大し、寺院での庶民教育も始まるなど、上層庶民にも実用的文章の作成が求められるようになりました。国語辞書『下学集《かがくしゅう》』（東麓破衲《とうろくはのう》、一四四四年成立）、『節用集《せつようしゅう》』（一五世紀後半成立）、漢和字書『和玉篇《わごくへん》』（一五世紀初め前後成立）などの各種の辞書が編集され、手紙文例集である往来物も多く作られました。民衆が歴史の表舞台

に登場したことはこの時代の大きな特徴と言えます。

社会的な権威が一挙に崩壊し、古い社会秩序から転換していく中で、古代語はよりいっそう衰退していき、平俗で活気あふれる時代精神によって、新しい言語体系へと変貌を遂げていくことになります。このような時代の過渡期が近代語を生み出す母胎となりました。

外国との交流

また、明や朝鮮との交易も活発に行われ、大航海時代を背景として一五四三年にはポルトガル人を乗せた中国船が種子島に漂着し、南蛮貿易も始まりました。このような海外との通商は日本語を国際舞台にのぼらせるものでもありました。

一五四九年にはイエズス会のザビエルが来日し、キリスト教の布教が始まります。しかし、十分成果が上げられず二年間で日本を去りましたが、その後も日本に残った宣教師たちは布教に尽力して、一五六九年にはルイス・フロイスが織田信長から布教の許可を与えられました。世の中は落ち着く方向に向かっていた折でもあり、キリスト教は普及し始め、それに伴って教義や祈祷書の翻訳が盛んに行われるようになりました。

一五九〇年イエズス会宣教師アレキサンドロ・ヴァリニャーノはヨーロッパから活版印刷機をもたらして、肥前（長崎県）の加津佐で出版を始めました。このようなキリシタン宣教師たちが布教活動のために編集刊行した文献を「キリシタン資料」と呼んでいます。これには、仮名で表記した国字本と、ローマ字で表記したローマ字本とがあり、後者は日本語を初めてローマ字で綴ったものです。現存最古のローマ字本は使徒行伝『サントスの御作業《ごさぎょう》の内抜書《うちぬきがき》』（一五九一年刊）で、宗教書・文学書のほかにも、対訳辞書の『日葡辞書』（一六〇三〜〇四年刊）、文法書のジョアン・ロドリゲス『日本大文典』（一六〇四〜〇八年刊）などが刊行されました。

2．一六世紀末の話し言葉

天草本『伊曽保物語』

ローマ字本は、当時のポルトガル語の発音に基づくローマ字で日本語を書き綴ったものですから、その時代の発音が明確にわかります。そして、宣教師たちが日本語を学習するために、一六世紀末の京都の標準的な話し言葉でテキストとして編集されていますから、口語資料としてもきわめて価値の高いものです。

その一つである『伊曽保物語（ESOPONO FABVLAS）』（一五九三年刊）の一節を次に見てみましょう（本章ではこの本から多くの引用を示すため、以下「伊曽保」と略称することにします。また、引用は表音的な平仮名文に改め、助詞の「ワ・エ」は「は」「へ」に、オ段長音は歴史的仮名遣いに拠りました）。

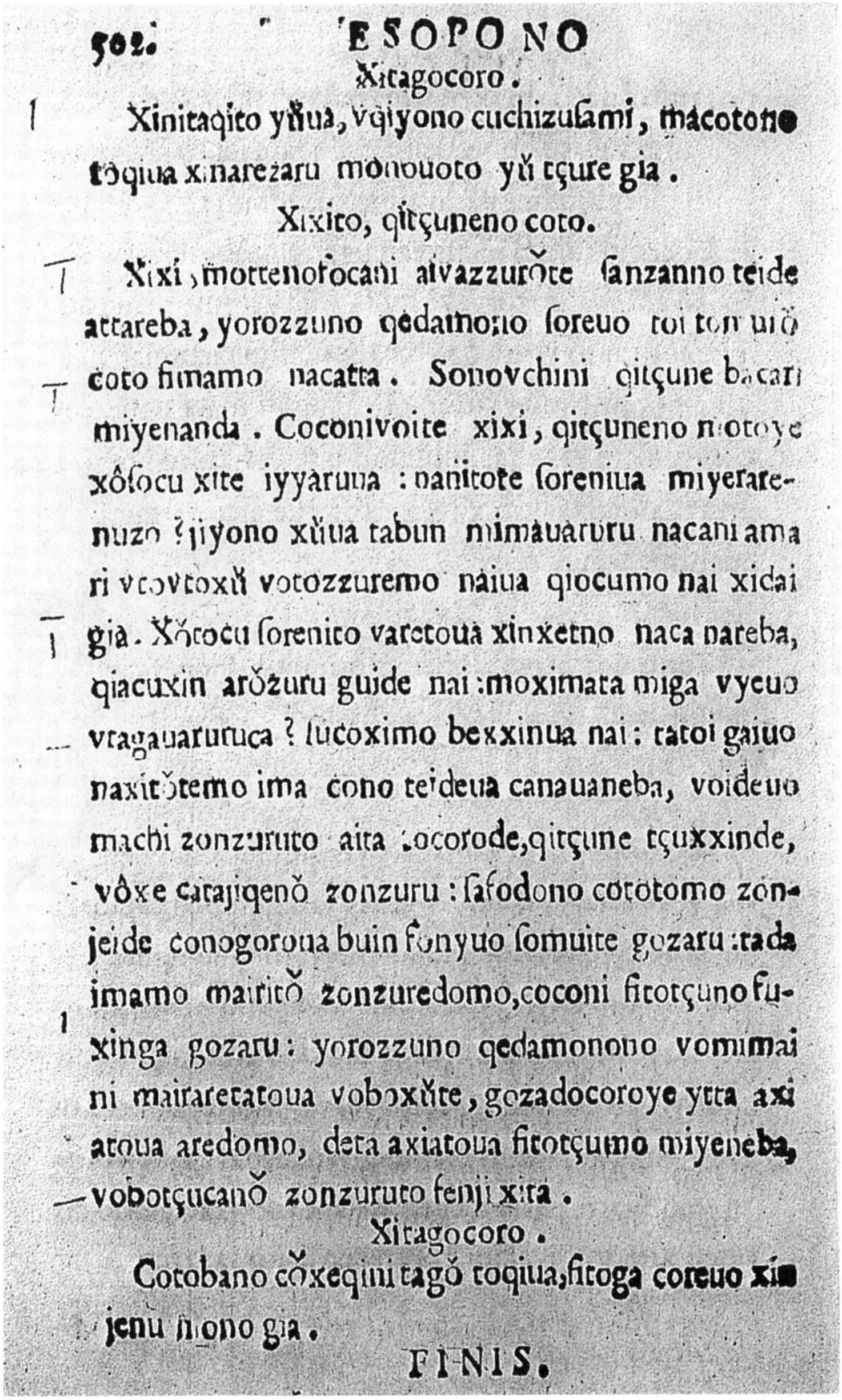

502. ESOPO NO

Xitagocoro.

Xinitaqito yŭua, vqiyono cuchizuſami, macotono toqiua xinarezaru mononoto yŭ tçure gia.

Xixito, qitçuneno coto.

Xixi, mottenofocani aivazzurŏte ſanzanno teide attareba, yorozzuno qedamonono ſoreuo toi toburŏ coto fimamo nacatta. Sonovchini qitçune bacari miyenanda. Coconivoite xixi, qitçuneno motoye xôſocu xite iyyaruua: nanitote ſoreniua miyeraremuzo? qiyono xŭua tabun mimauaruru nacaniamari vcovtoxŭ votozzuremo naiua qiocumo nai xidai gia. Xŏrocu ſorenito varetoua xinxetno naca nareba, qiacuxin arŏzuru guide nai: moximata miga vyeuo vragauaruruca? ſucoximo bexxinua nai: tatoi gaiuo naxitŏtemo ima cono teideua canauaneba, voideuo machi zonzuruto aita cocorode, qitçune tçuxxinde, vôxe carajiqenŏ zonzuru: ſafodono cototomo zonjeide conogoroua buin fonyuo ſomuite gozaru: tada imamo mairitŏ zonzuredomo, coconi fitotçuno fuxinga gozaru: yorozzuno qedamononono vomimai ni mairaretatoua voboxŭte, gozadocoroye ytta axi atoua aredomo, deta axiatoua fitotçumo miyeneba, vobotçucanŏ zonzuruto fenji xita.

Xitagocoro.

Cotobano cŏxeqini tagŏ toqiua, fitoga coreuo xijenu mono gia.

FINIS.

天草本伊曽保物語（大英博物館所蔵）

【翻字】

獅子と、狐のこと

　獅子もっての外に相い煩うてさんざんの体であったれば、よろづの獣それを問い訪らうこと暇もなかった。そのうち狐ばかり見えなんだ。是に於て獅子、狐のもとへ消息して言いやるは：何とてそれには見えられぬぞ？　自余の衆は多分見舞わるる中に余り疎々しう訪れもないは曲もない次第ぢゃ。生得それには我とは深切の仲なれば、隔心あらうずる儀でない：もしまた身が上を疑わるるか？　少しも別心はない：たとい害をなしたうても今この体では叶わねば、お出でを待ち存するとあいた心で、狐謹んで、仰せ忝う存ずる：さほどの事とも存ぜいでこの頃は無音本意を背いて御座る：ただ今も参りたう存ずれども、ここに一つの不審が御座る：よろづの獣のお見舞いに参られたとは覚しうて、御座所へ行った足跡はあれども、出た足跡は一つも見えねば、おぼつかなう存ずると返事した。

下　心

　言葉の行跡に違う時は、人がこれを信ぜぬものぢゃ。

終

【原文】

Xixito, qitçuneno coto.

Xixi mottenofocani aivazzurŏte sanzanno teide attareba, yorozzuno qedamono soreuo toi tomurŏ coto fimamo nacatta. Sonovchini qitçune bacari miyenanda. Coconivoite xixi, qitçuneno motoye xôsocu xite iyyaruua: nanitote soreniua miyerarenuzo? Iiyono xŭua tabun mimauaruru nacani amari vtovtoxŭ votozzuremo naiua qiocumo nai xidai gia. Xŏtocu sorenito varetoua xinxetno naca nareba, qiacuxin arŏzuru guide nai: moximata miga vyeuo vtagauaruruca? sucoximo bexxinua nai: tatoi gaiuo naxitŏtemo ima cono teideua canauaneba, voideuo machi zonzuruto aita cocorode, qitçune tçuxxinde, vôxe catajiqenŏ zonzuru: safodono cototomo zonjeide conogoroua buin fonyuo somuite gozaru: tada imamo mairitŏ zonzuredomo, coconi fitotçuno fuxinga gozaru: yorozzuno qedamonono vomimaini mairaretatoua voboxŭte, gozadocoroye ytta axiatoua aredomo, deta axiatoua fitotçumo miyeneba, vobotçucanŏ zonzuruto fenji xita.

Xitagocoro

Cotobano cŏxeqini tagŏ toqiua, fitoga coreuo xinjenu mono gia.

FINIS.

ローマ字綴り

右のローマ字は読めましたでしょうか。ポルトガル語の綴りに基づくものですから、現行のものと異なる点もあります。しかし、似ている点も多くあります。とりあえずはローマ字綴りと翻字とを逐一照らし合わせて順に見ていってください。

そうすると、たとえば、「しし（獅子）」の「シ」はxiで、「きつね（狐）」の「ツ」はtçu、「ほか」の「ホ」はfo、「カ」はca、「それを」の「ヲ」はuo、「見えなんだ」の「エ」はye、「存ずる」の「ズ」はzuで、「よろづ」の「ヅ」はzzu、「存ぜいで」の「ゼ」はje、「かうせき（行跡）」の「セ」はxe、また長音記号によって「相煩うて」の「オー」はǒ、「しょうそく（消息）」の「オー」はôというように記されています。頭の中でもいいですから、行や段ごとに整理してみてください（詳しくは後述を参照してください）。

『伊曽保』における言語の特徴

そこで、当時の日本語の姿を簡単に分析しておきましょう。まず、断定の助動詞には「ぢゃ」、推量には「うずる」（「むず」の転「うず」の連体形）、過去には「た」が用いられています。また、否定の助動詞は終止形に「ぬ」が、過去否定には「なんだ」が使われています。この「なんだ」は室町時代に生じたもので、今日でも関西方言で用いられています。否定の接続助詞には「存ぜいで」のように未然形接続の「いで」が用いられていることもわかります。このように、助動詞について見ますと、古典語とずいぶん趣が異なっていて、むしろ、現代語に近い面も見受けられます。ちなみに、形容詞「ない」の過去は「なかった」で表現されています。

一方、古典語の助動詞「る」の連体形は「るる」で、まだ下二段に活用されていて、文の終止ではすべて「存ずる」のように古典語の連体形が用いられています。逆接の仮定条件では、「なしたうても」のように形容詞の連用形に付く場合には「ても」、動詞に付く場合には「ども」が用いられています。

音便ではハ行四段活用「わづらふ」の連用形はウ音便、形容詞連用形でもすべてウ音便となっています。一六世紀末には、音便形がふつうに用いられていることがわかります。

代名詞では一人称に「われ」「み」、二人称に「それに」が用いられ、また文末には「ござる」が多用されているなど、待遇表現も古典語とはかなり違う形に発達してきたことがうかがえます。

このように、古典語と現代語の中間のような様相を呈していることから、室町時代語を古代語の終末、近代語の幕開けと位置づけることもできます。

3．現代音に近づく

母　音

では、具体的に母音から当時の発音を見てみましょう。ア行は「a　i, y　u, v　ye　uo, vo」と綴られていますから、母音が単独で音節となる場合のア・イ・ウは［a］［i］［u］ですが、エ・オは［je］［wo］であったことが知られます。

次に、オ段の長音にはǒとôの二種類があり、それぞれ開音（「ひらく」とも）、合音（「すぼる」とも）に相当する表記で、この区別を開合の別と言います。キリシタン資料ではその表記を使い分けていることから、標準的な京都の言葉ではまだ区別があったと見られます。auに由来する開音は［ɔ:］、ouに由来する合音は［o:］と発音されていたと推定されていて、拗長音では、「生得《しゃう》」などのyauから転じたものは［jɔ:］で、「消《せう》息」などのeuから転じたもの、およびyouから転じたものは［jo:］で発音されていました。

このほか、長音はウ段にもあり、「うとうとしう」などの、イ段音に「ウ」が続いたもの（xǔ）やウ段音に「ウ」が続いたもの（cǔ「食う」、sǔ「吸う」など）に見えます。

子音

カ（ガ）・ナ・マ・ヤ・ラ・ワ行音では現代音と変わりありませんから、それ以外について少し述べておきましょう。

まず、サ行は「sa, xi, su, xe, so」とあって、「サ・ス・ソ」では［s］、「シ・セ」では［ʃ］と発音されていました。濁音も「za, ji, zu, je, zo」とありますから、「ザ・ゼ・ゾ」は［z］、「ジ・セ」は［ʒ］でした。拗音の「シャ・シュ・ショ」「xa, xu, xo」、「ジャ・ジュ・ジョ」「ja, ju, jo」はそれぞれ子音は清音では［ʃ］、濁音では［ʒ］でした。

次に、タ行ですが、「ta, chi, tçu, te, to」とあり、これらの子音は現代音と同じく「タ・テ・ト」は［t］、「チ」は［tʃ］、「ツ」は［ts］となっていました。濁音では「da, gi, dzu(zzu), de, do」とありますから、「ダ・デ・ド」は［d］、「ヂ」は［dʒ］、「ヅ」は［dz］です。「チャ・チュ・チョ」は「cha, chu, cho」、「ヂャ・ヂュ・ヂョ」は「gia, giu, gio」で、それぞれ清音では［tʃ］、濁音では［dʒ］でした。

ハ行は「fa, fi, fu, fe, fo」とあって、子音は［Φ］であったと見られます。また、パ行音は子音「p」で表記されています。このパ行音は前代にも「あっぱれ」（「あはれ」の転）などに用いられていましたが、「あっぱれ」という語で言うと、その「ぱ」は促音に続く場合の臨時的な音であって、意味の上で区別のある音韻としては存在していませんでした。しかし、一六世紀中葉以降外来語の流入によって、たとえば、「ハン」（半・反など）、「バン」（番・晩など）とは別に「パン（pan）」〈英語 bread の意〉が語形として区別されるようになり、［Φ］:［b］:［p］が意味上で対立するようになりました。こうして、この時期以降パ行子音が音韻として存在するようになりました。

このほか、「カ」「ca」と「クワ」「qua」の対立から知られる合拗音の別、「シンセツ」（深切）を「xinxet」と記しているt入声音の残存などが特徴として挙げられます。

います。

朝鮮・中国の資料

キリシタン資料では四つ仮名「ジ・ヂ・ズ・ヅ」はji, zu, gi, zzu(dzu)と記されていて、発音の上で区別がありましたが、「ヂ・ズ・ヅ」の音価は前代の[di][ʒu][du]とは異なり、[dʒi][zu][dzu]となっています。

室町時代には明・朝鮮との通商も活発となり、日本関係資料が著され、日本語に関する記述も見られるようになります。その一つである朝鮮版『伊路波』（一四九二年）には、ハングルで「チ・ツ」はti, tuに相当する音として記されています。これに対して、中国資料の『日本寄語（日本考略）』（一五二三年刊）には「太刀　打祭」（タチ）、「七　乃乃子」（ナナツ）と見え、チツに破擦音系の「祭」「子」が当てられています。このことから見て、「チ・ヂ・ツ・ヅ」が破擦音化して[tʃi][dʒi][tsu][dzu]となったのは一六世紀の初めごろであると見られます。この破擦音化は「サ・ス・ソ」の子音が歯茎摩擦音[s]に変化した影響で、狭母音において調音点の同じ歯茎破裂音[t]が摩擦性を強めていった結果、まず「ツ」において生じたのではないかと考えられます。そして、もともと口蓋化の傾向が強かった「チ」にも破擦音化を促していったというように推測されます（濁音もこれに準じます）。

その結果、[dʒi]は[ʒi]と、[dzu]は[zu]とそれぞれ発音が似て、その発音に破裂を伴うかどうかという違いとなってしまいましたので、「ジ・ヂ」、「ズ・ヅ」がそれぞれ混同し始めました。もっとも、こうした「四つ仮名」の混同は前代から見えたものですが、室町時代末期には「立派に発音する人もいくらかあるであろうが、一般にはこの通りである」（『ロドリゲス『日本大文典』）という状態で、規範的な区別でかろうじて守られているという状況になっていたようです。また、東国では「セの音節はささやくようにseに発音される」（『日本大文典』）とも記されていて、一七世紀初めには今日と同じ「セ」[se]、「ゼ」[ze]となっていました。

ハ行子音はキリシタン資料ではｆで表記されましたが、前代と同じく両唇摩擦音[Φ]であったことは、後奈良院御撰『何曽《なぞ》』（一五一六年）の次のような記事からも知られます。

　母には二度あひて父には一度もあはず　くちびる

「ハハにおいては二度合うが、チチにおいては一度も合わない」とかけて、唇と解いたものです。それは「ハ」の発音は両唇摩擦音で、上唇と下唇が合うが、「チ」の発音では唇が合わないというわけです。ただし、ハ行子音を現代語と同じ[h]の音で書き写した資料に『華夷訳語日本館訳語』（一五四九年以前）、『日本風土記（日本考）』（一五九二年頃）などがありますので、一六世紀半ばからは声門音[h]の発音に揺れる場合もあったようです。

母音の音価は平安時代とほぼ同じであったと見られますが、朝鮮版『伊路波』のハングル表記から、エ段の音節の母音はすべて[je]であったとする説もあります。

連声と連濁

連声は鎌倉時代では漢語に限られ、また撥音の後のナ・マ行音にはよく見られましたが、「コンニッタ（今日は）」「ジセット（時節を）」「ネンブット（念仏を）」など夕行音のものも出現するに至りました。このように、連声は字音語だけでなく和語にも盛んに用いられるようになりました。

「通ずる」「案じる」など連濁も広く行われ、特に漢語の連濁は現代よりも多く、『伊曽保』には「公界《くがい》 証跡《しょうぜき》 報謝《ほうじゃ》 成敗《せいばい》 精兵《せいびゃう》 能者《のうじゃ》 生死《しゃうじ》 洗濯《せんだく》 両方《りゃうばう》 養子《やうじ》 田畠《でんばく》」などの例が見えます。また、パ行音（半濁音）も「十匹《じっぴき》」のように重箱読みの語に見えるほかに、「安否《あんぷ》 近辺《きんぺん》 一本《いっぽん》」など漢語にも撥音・促音の直後に現れました。

4．室町時代のアクセント

一・二拍名詞のアクセント

南北朝時代には京都地方のアクセントが大きく変化しました。二拍名詞のアクセントは五つに分類できるということは前に述べましたが、これが四種類に減少したのです（高い部分を太字で、下降調（平声軽）を斜体に傍点を付して示します）。

	一二世紀前後	一四世紀後半	現代京都	現代東京	所属語
第一類（庭鳥類）	**トリ**	**トリ**	**トリ**	ト**リガ**	飴梅枝顔
第二類（石川類）	**イ**シ	**イ**シ	**イ**シ	イ**シ**ガ	歌垣型紙
第三類（山犬類）	ヤマ	**ヤ**マ	**ヤ**マ	ヤ**マ**ガ	足神倉事
第四類（松笠類）	マ**ツ**	マ**ツ**	マ**ツ** マツ**ガ**	**マ**ツガ	糸海空肩
第五類（猿聟類）	サ**ル**・	サ**ル**・	サ**ル**・ サ**ル**ガ	**サ**ルガ	秋雨桶蔭

相異なるアクセントの型が同一のアクセントの型となることを、かりに「統合」と呼ぶことにしますと、京都地方では一四世紀後半に第三類が第二類に統合するということが起こりました。これは、「低低」というように、一語においてすべて低く発音することは発声上の負担が大きかったためで、語頭を高く隆起させる「高低」型へと変化しました。こうして、二拍名詞ではアクセントの型が一つ減じたのですが、その後は現代に至るまで変化がありません。つまり、京都地方の二拍名詞で言えば、現代のアクセントは六〇〇年以上前と同じなのです。

一拍名詞も同じ時期に体系的な変化があり、代表的な三種類のうち「手《て》・木《き》・火《ひ》」などの語類が「低低」型から「低高」型へ、すなわち「テ**エ**」と変化して、「高高」型（「戸・実」など）、「高低」型（「名・葉」など）とともに今日に引き継がれています（畿内の言葉では、一音節からなる語は古代から一貫して、長く伸ばして二拍に準じる長さで発音しています）。

三拍名詞のアクセント

次に、三拍名詞についても図示してみましょう。

	一二世紀前後	一四世紀後半	現代京都	現代東京	所属語
第二類（小豆類）	**アヅ**キ	**アヅ**キ	**ア**ヅキ	ア**ヅキ**ガ	毛抜き
第四類（頭類）	アタマ	**アタ**マ	**アタ**マ	ア**タマ**ガ	男 表 鏡 光
第三類（二十歳類）	**ハ**タチ	**ハ**タチ	**ハ**タチ	**ハ**タチ	栄螺 岬
第五類（命類）	イノ**チ**	**イ**ノチ	**イ**ノチ	**イ**ノチ	朝日 姿 涙
第七類（兜類）	カ**ブ**ト	カ**ブ**ト	カ**ブ**ト	**カ**ブト	苺 便り 病
第六類（兎類）	ウ**サギ**	ウ**サギ**	ウサ**ギ**	ウ**サギガ**	狐 雀 鼠
第一類（形類）	**カタチ**	**カタチ**	**カタチ**	カ**タチガ**	煙 氷 魚

三拍名詞においても、南北朝時代に体系的な変化があったことがわかります。それは第四・五類において語頭隆起が生じて、語頭の高い型に変化しました。これによって、第四類が第二類に、第五類が第三類に統

合されました。この状況は一七世紀まで続いたのですが、その後さらに変化して、第二・四類が語頭のみ高い「高低低」型に、第六類が語末のみ高い「低低高」型になりました。こうして、現代京都のアクセントは三拍ともすべて高い「高平型」以外は、一拍分だけが高いという型になっています。

アクセントの型の対応

このような統合のようすを見ますと、ある類に所属する語は個別的にアクセントを変化させるというのではなく、類全体として同じ型へと変化することがわかります。すなわち、個々の語とは直接関係なく、あるアクセントの型を規則的に別のアクセントの型へと変化させるのですから、そこにはアクセントの型の対応が認められるわけです。これは歴史的な変化だけに見られる現象ではなく、方言間においても同様であることがわかります。

たとえば、現代京都と現代東京のアクセントを比べますと、「顔《かお》」は京都では「**カオ**」、東京では「カ**オガ**」であるように、二拍名詞第一類に所属する語は、京都では「高高」、東京では「低高（次に付く助詞は低）」であり、「男《おとこ》」は京都では「**オ**トコ」、東京では「オ**トコ**ガ」であるように、三拍名詞第四類に所属する語は、京都では「高低低」、東京では「低高高（次に付く助詞は低）」となっているのです。すなわち、このアクセントの型の対応は歴史的変化・地理的分布という時間・空間を超えたものであって、型に従って所属語はまとまって同じ振る舞いをすると言えるのです。

このことは逆に言いますと、複数の類が統合すれば一つの型に融合してしまって、再びそれぞれの類に戻るということはあり得ないということでもあります。その意味で言えば、アクセントの型が統合を繰り返すと、区別できる型の種類が次第に少なくなっていくということになります。二拍名詞を例にしますと、京都地方では一二世紀前後では五種類であったのが、一四世紀後半には四種類となり現代に至ります。それが現代東京では三種類というように、その数を減らしているのですが、アクセントに関するこの続きの話は明治以降の日本語で述べることにします。

5. 近代語法に変容していく

動詞

次に文法ですが、室町時代を通して二段活用の一段化は徐々に進行していきました。ただ、この時代では二段活用が引き続き規範的なものとして意識されていたようで、『伊曽保』では、無語幹動詞の「経《ふ》」が「へる」という形で用いたものしか一段活用は見えません。

日数《ひかず》を経《へ》る（feru）ほどに、次第に四肢六根は弱りはて（伊曽保　腹と四肢六根のこと）

『日葡辞書』（一六〇三～〇四年刊）には、二段活用「浴《あ》ぶる」「禿《ち》ぶる」が一段活用「浴びる」「禿びる」と併記されています。この二段活用の一段化は京都よりも関東において進行が早かったようで、『日本大文典』には関東方言として「あげる」「求める」などの下一段活用をふつうに用いると記しています。

動詞命令形は、下二段・カ変・サ変では「上げい」「来い」「せい」のように語尾が「い」でも用いられました。一方、関東方言や肥前・肥後・筑後では、「上げろ」「見ろ」「せろ」などのように活用語尾に「ろ」が用いられたことが『日本大文典』に記述されています。

可能動詞

〈読むことができる〉という意を表す「読める」の類を可能動詞と言いますが、一六世紀に発生しました。

アノ人《ヒト》ノ手《テ》ハヨウ読《ヨ》ムル（yomuru）（日葡辞書）

これは四段活用動詞が下二段に活用されることで派生したものです。それでは、なぜ四段動詞を下二段に活用させると可能の意味になるのでしょうか。

そもそも四段と下二段は動詞の意味・用法において密接な関係があります。たとえば、次のように自動詞と他動詞という対立をなしています。

四段（他動詞）⇕下二段（自動詞）　切る・割る・裂く・砕く・解く・焼く・脱ぐ

四段（自動詞）⇕下二段（他動詞）　あく・向く・沈む・痛む・並ぶ・立つ・育つ

活用の違いが、「手が切れる」「手を切る」、「ドアが開《あ》く」「ドアを開ける」のように、動詞の自他を対照的に示しているのです。別の意味を派生させる場合にも、この関係が見られます。「てる」は四段活用では

〈(日が) 照る〉の意であるのに対して、下二段に活用すると、「照れくさい」「照れ隠し」「褒められて照れる」などのように〈はにかむ〉の意となります。

そして、ここからが核心に入るのですが、四段動詞の下二段活用は古くから受身・使役の意でも用いられています。下二段活用の「知る」は〈知られる〉〈知らせる〉の意です。

春の野にあさる雉《きぎし》の妻恋《つまごひ》に己《おの》があたりを人に知れつつ（万葉集　一四四六）

〈春の野原で餌をあさる雉が妻恋をするように、自分の居場所を人に知らせながら〉

人知れず思へば苦し紅《くれなゐ》の末摘花《すゑつむはな》の色に出でなむ（古今集　四九六）

〈人に知られないで恋しく思うと苦しい。紅の末摘花のように鮮やかに顔色に出してくれないかなあ〉

「給《たま》ふ」は四段活用では〈与える〉意の尊敬語、下二段活用では次のように〈いただく〉意の謙譲語で用いられます。

魂《たましひ》は朝夕《あしたゆふ》べに給《たま》ふれど我《あ》が胸痛し恋の繁《しげ》きに（万葉集　三七六七）

〈あなたの気持ちは朝夕にいただいて感じているが、私の胸は痛い、恋心の激しさのために〉

〈与える〉に対する〈いただく〉は受動的ですから、この関係も下二段が受身の意で用いられる一例になります。「含む」の下二段活用は次の「乳をふくめて」では〈乳を口に含ませて〉の意で、使役性を帯びています。

父母よろこびてとりかへして、乳《ちち》をふくめてやしなふ。（観智院本三宝絵　中）

このほか、『日葡辞書』には「取れる」の項に「風邪がとれた」「魚《うを》が多くとれた」、「練れる」の項に「練れた人」という用例を示し、「売れる」の項には「ウルの受身」という説明が見えるように、「取れる」は自発の意で、「練れる」「売れる」は受身の意で用いられていることがわかります。

このように、四段の下二段化はヴォイス（態）の転換に深くかかわる派生形式であるということが確認できます。自動詞と他動詞の対立を、この点から解釈することもできます。こうして、受身・自発と続けば、可能の意を派生させるのも自然の成り行きであったのです。

ただ、江戸時代までは四段活用の未然形に助動詞「れる」が付いた言い方も多く用いられていて、広く行われるようになるのは明治以降です。

形容詞・形容動詞

形容詞では終止形が消滅し、終止連体形に「―い」という活用語尾が一般化しました。

いと易《やす》いことぢゃ（伊曽保　獅子と馬のこと）

形容動詞の終止形には前代に「である」も用いられましたが、これが活用語尾末尾「る」を脱落させた「であ」となり、さらに「ぢゃ」dea→dyaが生じました。

その証拠は歴々ぢゃ（gia）（伊曽保　犬と羊のこと）

ナリ活用の連体形でも「る」が脱落した「な」という形が多く使われるようになっています。そして、それが文の終止にも用いられました。

恩を忘るるものは多う、仇《あた》を報ぜぬものは稀な（na）（伊曽保　ある年寄った獅子王のこと）

一方、タリ活用は文語以外ではほとんど用いられなくなり、口語では衰退してしまいました。連用形「と」と連体形「たる」が用いられるだけで、これを現代語ではそれぞれ副詞、連体詞として扱っています。

代名詞

指示代名詞は鎌倉時代にコソアドの体系が整いましたが、これに新たに方角を表す「こちら・そちら・あちら・どちら」も用いられるようになりました。『日本大文典』には話し言葉で、向かっていく場所や行き着く場所などを表す場合に「こちらに」「どちらからも」などを挙げています。

人称代名詞では、室町時代末期には相手の人物をどのように待遇するかによって使い分けるようになり、次第に複雑になってきました。一人称は、話し言葉で、目上に対する場合「それがし・わたくし」、対等である場合「こち・これ」など、目下に対しては男性は優位に立つというニュアンスを持つ「み」、そして「われ」などを用いました。女性は「わが身・みづから・わらわ」を用いるという記述も『日本大文典』に見えます。

二人称では、目上に対する場合、「こなた・そなた」のほか、「御辺《ごへん》・貴所《きしょ》」などの漢語が荘重な話し言葉に用いられました。対等の者や目下に対しては、「そち・おのれ・なんぢ・そのはう・おぬし」などが用いられています。

三人称では、目上に対しては「あの人・その人」など、対等の者には「かれ・あれ」などを用い、目下に対しては「あいつ・あいつめ・あれめ」のような軽卑するニュアンスを持つ語が用いられました。

まだ、あれは酒のことを忘れぬか（伊曽保　女人と大酒を飲む夫のこと）

漢語の接頭語「貴・御・拙・愚」などが多用され、「貴所《きしょ》・貴殿・貴辺《きへん》・貴方《きはう》・御辺《ごへん》」「拙者・拙子・愚拙」などの漢語が人称代名詞にも使われました。

ただ貴所ご一人《いちにん》のでござらうず（伊曽保　二人同道して行くこと）

われは貴辺の料理者《れうりしゃ》なれば（伊曽保　野牛と狼のこと）

副詞

『日本大文典』は、副詞について次のように記しています。

この国語は副詞をはなはだ豊富にもっている。しかも、それらは事物の状態をきわめて生々と表すのである。なぜかというに、ただに動作の状態を示す副詞があるばかりでなく、事物の音響・挙動までも示すものがあるからである。

その挙例には漢語出自のものも含まれていますが、同じ音を繰り返す畳語を、「あらあら・ばらばら・ばりばり」などを始めとして数多く示しています。『伊曽保』には「すごすごと」「ざっと」「ひたと」などのほか、次のような語が見えます。

心気を失い、彼処《かしこ》にかっぱと倒れたれば（伊曽保　獅子と馬のこと）

ある鳥とっと肥えた鳩を見て、（伊曽保　鳥と鳩のこと）

蠅《はい》は以前の広言《くわうげん》を忽ちひきかえて、おめおめとして立ち去った。（伊曽保　蠅と蟻のこと）

鎌倉・室町時代を通して、オノマトペは増大していきますが、現代から見ても感覚的に理解できるものも少なくありません。『伊曽保』には「けんもほろろに」という語も使われています。

少しも承引せいで、けんもほろろに言い放いて（伊曽保　イソポの生涯のこと）

これは「慳貪《けんどん》」〈冷淡で無愛想なようす〉などの「けん」を雉《きじ》の鳴き声である「けん」「ほろろ」に掛けたことに由来しています。

連語の副詞も使用が目立ってきました。『伊曽保』から少し挙げておきましょう。

剰《あまつ》さえ帝王后妃《きさき》までも車をたて並べて、ここを先途《せんど》と見物させられたに（伊曽保　イソポの生涯のこと）

…とまことしやかに言うによって、（伊曽保　イソポの生涯のこと）

取る物も取りあえず、走りぢだめいて家に帰り（伊曽保　イソポの生涯のこと）

過去・完了の助動詞

過去を表す「た」は、前代に「たり」の連体形「たる」を経て成立していました。そして、状態継続の意をも表すようになりました。

　この風呂屋の入り口に尖《とが》った石があって（伊曽保　イソポの生涯のこと）

一方、存続の用法は「たり」が消滅して、一五世紀になると、「ている」が動作・作用の持続・反復進行、完了の継続の意を担うようになります。

　ある時シャント沈酔していらるるところへ（伊曽保　イソポの生涯のこと）

そして、「てある」も用いられるようになり、次のように自動詞に付いて継続・反復の意、完了の継続の意を表しました。

　その風呂屋の前に鋭《するど》な石が出てあったが（伊曽保　イソポの生涯のこと）

このように、「ている」「てある」が新たにアスペクトを担うようになったことは、近代語へと変容していく一つの象徴的な現象と言えるでしょう。

て＋補助動詞

「て＋補助動詞」の形式は「てみる」が平安時代からすでに用いられていましたが、この室町時代には、さらに「ておく」も生じました。

　番のために犬をあまた飼《か》うておいたれば（伊曽保　盗人と犬のこと）

「動詞＋いる」「動詞＋おく」などの複合動詞による表現形式から「て＋補助動詞」という分節性の高い表

現形式へと形態上変化したのですが、これは後項動詞の本来有する意味をよりいっそう形式化させようとしたことに大きな要因があります。古代語の助動詞が消滅していく過程において、「て」という、いわば強力な接着剤を介することでより複雑な分析的表現を可能にする諸形式を生じさせたと言えます。

授受表現

「てやる」は、具体的な物を与えるという動作の表現では平安時代から使用が見えます。

さるべき受領あらば、知らず顔にてくれてやらんとしつるものを（落窪物語　一）

これに、具体的な物ではなく恩恵や利益を相手に与えるという表現が出現しました。

たちまちに赦《ゆる》いてやったれば（伊曽保　獅子と鼠のこと）

このような、ある行為をすることによって相手に恩恵を与えるという表現を「授受表現」もしくは「やりもらい」と呼んでいますが、授受動詞の意味の形式化によって「て＋補助動詞」に新たな展開が見られるようになります。話し手側に対して恩恵を与えるという表現で「てくれる」、その尊敬語の「てくださる」、また恩恵を受ける話し手側を主語とする「てもらう」という言い方もこの時代に生じました。

如何にもして杣山《そまやま》の城へ入進《いれまゐら》せてくれよ（太平記　一八・金崎城落事）

憚りながら療治してくだされい（伊曽保　獅子と馬のこと）

仏師と談合いたし、よささうなお仏をつくってもらはふと存る（虎明本狂言　仏師）

推量の助動詞

「む」は一二世紀頃から「う」[ɯ̃]の形で用いられるようになり、室町時代にはさらに鼻音性を欠いて[ɯ]となりました。この「う」は室町時代末期には未然形語尾がア段音である場合には、[ɔ:](当初は開音)となって引き音で、ア段音以外の場合には、「かきょう」[kakjo:](当初は合音)、「ほろびょう」[Φorobjo:]というように拗長音となりました。

わが腹中をひるがえいてお目にかきょう(caqeô)(伊曽保　イソポの生涯のこと)

なぜにわれらはほろびょうぞ(forobeôzo)(伊曽保　山と杣人のこと)

一方、無語幹の動詞「見る」の場合、「見う」は[mju:]を経て[mjo:]のように発音されていました。

いと易《やす》いことぢゃ、まづ見ょう(meô)(伊曽保　獅子と馬のこと)

しかし、このような拗長音の発音では動詞の語幹が不安定ですので、その後、「かけ」「ほろび」「み」というように未然形を確定し、これに「ヨウ」が付くという形式([kakejo:][Φorobjo:][mijo:])に次第に変化していきます。このような「ヨウ」は東国方言で生じ、江戸時代に入って江戸語で定着することになります。

「そうだ」は様態推量の意で、室町時代に「さうな」の形で用いられ始めました(伝聞推量の意は江戸時代に生じます)。

まづ善《よ》う未来の損得を考え、後《のち》に難の起こりさうな事をばするな(伊曽保　鳶と鳩のこと)

否定推量の「まじ」は「まじい」（連体形「まじき」のイ音便）を経て、「まい」となりました。

とかく余《よ》の女房をシャントの家へ入れてはなるまい（伊曽保　イソポの生涯のこと）

断定の助動詞

断定の助動詞では、連用形として活用語尾「に」に接続助詞「て」が接した「にて」から転じた「で」が前代から用いられていました。

音声がいささか鼻声で、明らかにないと申すが（伊曽保　烏と狐のこと）

この「で」に動詞「ある」が付いた「である」から、さらに語尾「る」を脱した「であ」が出現するに至りました。

ミナ　シッタ　コトデアア〈dea〉（日本大文典）

これが、さらにdea→dyaと変化して「ぢゃ」となり、室町時代末期には京都を中心に用いられるようになりました。

その段はいと易いことぢゃ（gia）（伊曽保　イソポの生涯のこと）

一方、東国方言ではdya→daと変化して「だ」が用いられていました。ただし、終止形・連体形とも「だ」でした。

爰《ここ》の主は上だ事も無く、下だ事も無い（大淵和尚再吟　下）

否定の助動詞

否定の助動詞では、「ず」が中央語で引き続き用いられ、その連体形「ぬ」が終止形となり、過去の否定には「なんだ」が用いられました。

一方、上代の東国方言では助動詞「なふ」が用いられていて、その連体形「なへ」が naye → nai のように変化し、室町時代末期には「ない」となっていました。これが現代語の否定の助動詞「ない」の起源です。ただし、当初は「ない」以外に活用しませんでした。『日本大文典』には、三河以東の関東（坂東）では「打ち消しには『ぬ』の代わりに『ない』を使う」と記し、「上げない・読まない・習わない」などの例を挙げています。

形式名詞「の」

用言の連体形によって体言化されたものを準体句といいますが、これが「連体形＋の［形式名詞］」という形式へと移行する兆しが見え始めます。

　それがしが好《す》いてよむのは、盛衰記を好《す》いて読《よ》む。（狂言記　文蔵）

このような「の」の用法は、「僕の（もの）」という格助詞「の」の用法に由来します。これが述語の連体形に付く用法は、いわば準体句の再生とも言えます。古典語では終止形が文の終止に、連体形が連体修飾と準体句に用いられていましたが、連体形が終止形をも兼ねるようになると、準体句としての用法が次第に曖味になってきました。そこで、終止連体形は文の終止と連体修飾を表す一方、準体句に相当する用法は、連体形に形式名詞「の」が付く形式によって担われるというように、新たな分化が生じたのでした。

格助詞

起点の「から」は平安時代以降俗語化されていましたが、室町時代後期になると、再び一般的に多用されるようになります。

山から「汝に許す」と下知《げぢ》をなすところで（伊曽保　山と杣人のこと）

方向を表す「へ」は前代に「に」と混同されるようになっていましたが、そのため、目標の意を表す助詞が地方によって違ったことを示す「京に筑紫へ坂東さ」（実隆公記　明応五〈一四九六〉年正月九日）という諺も広がりました。

この時代には複合辞（連語の付属語）の格助詞に「にとって」「において」「に対して」なども用いられていました。

わが身にとっては叶いがたい（伊曽保　炭焼と洗濯人のこと）

接続助詞「ば」

「ば」が活用語の已然形に付いて仮定条件を表すようになりました。

少しのお暇《いとま》をくだされば、奏聞申さうずる事がこざる（伊曽保　イソポの生涯のこと）

古典語では、「ば」は未然形に付くと仮定条件を、已然形に付くと確定条件を表しましたが、室町時代後期頃になりますと、この両者が混同されるようになりました。その原因・理由を表す語には、「さかい（に）」（現代でも関西方言に残る）を始めとして、「によって」「ほどに」「ところで」「から」など種々の表現が用いられています。

習ふまいさかひに（日本大文典）

これはいづれも賞翫のものぢゃほどに（伊曽保　イソポの生涯のこと）

このように、種々の〈ので・から〉の意を表す表現があることから、「已然形＋ば」の用法が本来の意味を失い、「未然形＋ば」と同じ仮定条件を表す形式と解されて誤用されていくことになります。

そのほかの接続助詞

「と」は格助詞「と」から派生して、室町時代末期に「一晩寝ると直る」のような順接条件を表す用法が生じました。

逆接では、「ども」は漢文訓読調に用いられましたが、「ど」は室町時代末期には口語では勢力を失いました。そして、これらに代わって「ても」が次第に用いられるようになります。

逆接を表す「けれども」は室町時代末期に助動詞「まい」に接続助詞「ども」が付いた「まいけれ＋ども

↓まい＋けれども」という解釈を経て、終止形接続の「けれども」が分出されたと考えられます。

否定の接続では「いで」が用いられました。これは「で」［nde］の入り渡りの鼻音［n］がイと発音されるようになったと見られます。

のちには何をも持たいで（motaide）手うち振って（伊曽保　イソポの生涯のこと）

副助詞・係助詞

「だに」の類推の意は室町時代に「さへ」に取って代わられ、「さへ」は古典語の「だに」「すら」の意すべてを併せ持つこととなりました（添加の意は江戸時代に「まで（も）」に取って代わられます）。

「くらい（ぐらい）」が名詞「くらい」から転じて程度・範囲の意で助詞化していき、〈程度の軽いもの、または重いものとして強調する〉意も生じました。

げにも頭を延《の》べて参る位ならば、出家して参るか（太平記　二九・師直師泰出家事）

係助詞「は」が形容詞連用形、否定の助動詞「ず」に付いて仮定条件を表す場合、この時代まで「ワ」と発音されていました（江戸時代には「ば」となります）。

もし飲み尽くさせられずは（zuua）何《なん》と（伊曽保　イソポの生涯のこと）

終助詞・間投助詞

禁止表現には終助詞「な」が多く用いられるようになりました。

わが声と又このやうに叩《たた》かずは、粗忽《そこつ》に開《ひら》くな（伊曽保　野牛の子と狼のこと）

聞き手に強く働きかける意では、「ぞ」が新たに用いられるようになりました。

凡人《ぼんにん》は意見を受けて善人ともなるぞ（伊曽保　イソポ養子に教訓の条々）

また、係助詞の文末用法と見られる「か」「は」「も」のうち、「わ」は係助詞「は」の終助詞用法で、男女の別なく用いられました。

わが誤りではなかったは（ua）（伊曽保　イソポの生涯のこと）

尊敬語

待遇表現では、尊敬語・丁寧語が発達したことがこの時代の特徴です。たとえば、最も高い敬意では「こなた」「（て）くださるる」などが、次の段階では「そなた」「（て）たもる」などが用いられるというように、敬意の段階に応じて、語が使い分けられました。

「ござる」は前代に生じた「ござある」から転じて、敬意の度合いのかなり高い語として用いられました。

それをばイソポこそ盗んで食べてこざれ（伊曽保　イソポの生涯のこと）

動詞の連用形に付いて尊敬表現に用いられる形式として「（お・ご）……なる」「（お・ご）……ある」「お…なさる」などの言い方も生じました。

去《さ》んぬる夜、御寝《ぎょしん》ならなんだ故ぢゃ（天草本平家物語　二）

皮肉を包み暖めさせられば、ご平癒《へいゆ》あらうずる（伊曽保　狼と狐のこと）

お許しなされば、国里をあまねく徘徊《はいくわい》いたさうず（伊曽保　イソポの生涯のこと）

謙譲語を中心に

謙譲語では、「まうす」「存ずる」「いたす」「つかまつる」「いただく」などが用いられました。このうち、謙譲語「まゐらする」から「まらする」「まいする」「まっする」などを経て「ます」が生じました。

酒はあまりくさうて、飲まれますまいほどに（虎明本狂言　河原太郎）

否定では「ませぬ」（のちには「ません」となります）が用いられました。

武悪が事は扨置《さておき》、人影も見へませぬ（虎寛本狂言　武悪）

過去否定の丁寧体について見ますと、未然形に過去否定の付いた「ませなんだ」が用いられました。

某はききませなんだが、そなたの名は何と申すぞ（虎明本狂言　腹不立）

6．読みやすい表記が広がっていく

文字に話題を移しましょう。漢字が公式の文字であるという意識は依然として強く、文書は変体漢文で書かれ、また書簡には候文体が広く用いられました。ただし、漢字の使用においては自由に当て字が行われてもいました。『天正十八年本節用集』には次のような例が見られます。

忙敷《イソガワシク》　何鹿《イツレカ》　無《ナシ》レ墓《ハカ》　兎角《トカク》　十方《トハウ》（「途方にくれる」のトハウ）　憑母子《タノモシ》　踈忽《ソコツ》

片仮名は、漢籍や仏典を注釈した抄物《しょうもの》で広く用いられました。また、世阿弥自筆の謡曲には片仮名で書かれたものもありました。その字体は前代よりもいっそう現行のものに近くなってきました。

平仮名は変体仮名がまだ多く用いられていましたが、通用の文字体系であるという意識から「平仮名」と呼ばれるようになったのはこの時期です（『日葡辞書』に見えるのが最も古い用例です）。それまでは「かな・おんなで」と呼ばれていました。では、なぜ「ひらがな」と呼ばれるようになったのでしょうか。

「ひら」とは〈普通、平凡〉（「平社員、平の取締役」のヒラの類）の意です。つまり、仮名のうち、片仮名ではなく平仮名が通常用いられていたことから、このように呼ばれるようになりました。豊臣秀吉が平仮名で書状を書いた話はよく知られています。室町時代末期の御伽草子は平仮名を用いつつ、漢語や俗語を多く交えて書かれました。また、和漢混淆文は前代から引き続き文章の主流であり、『太平記』『義経記』なども著されました。

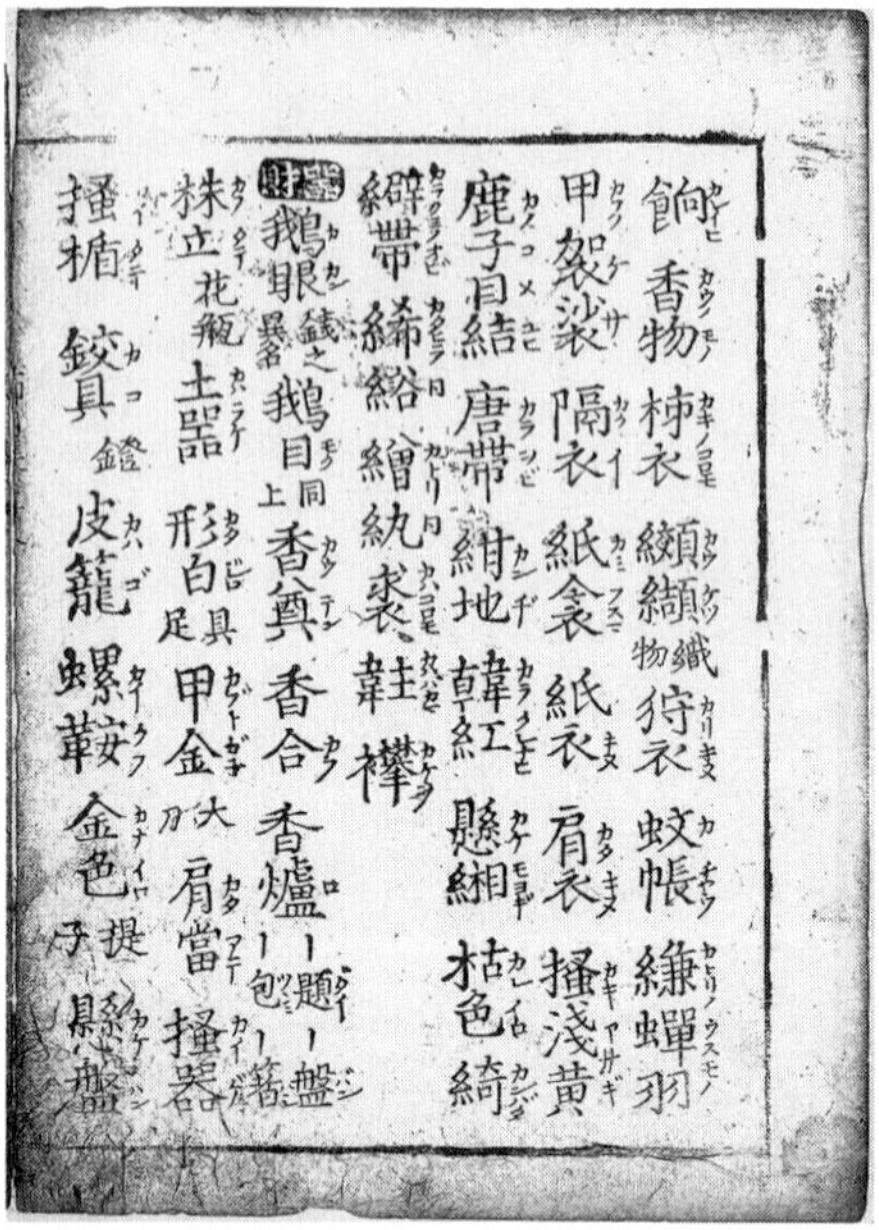
節用集（慶長版）

ローマ字と印刷技術

宣教師によってローマ字が伝わったことは、日本の文字史上特筆すべきことです。イエズス会の宣教師たちは布教のためにさまざまな地域に赴き、その土地の口語を記録しました。来日した宣教師たちも、漢字や仮名で書かれた「国字本」のほか、ポルトガル語の綴り字を基準として日本語の発音を忠実に写した「ローマ字本」を編纂しました。それは、第一義的には宣教師たちの日本語学習のためであったのですが、当時の話し言葉をそのまま現代まで伝えたという文化史的功績はまことに貴重なものです。

この一連のキリシタン資料はヨーロッパから輸入した活版印刷機で刊行されましたが、ちょうど同じ時期に、豊臣秀吉の朝鮮侵略に伴って、朝鮮から活字印刷技術が伝えられ、勅版『古文孝経』（一五九三年刊）が刊行されました。その後も、活字印刷は盛んに行われ、印刷技術を飛躍的に向上させていきました。

濁点・半濁点

濁点は、漢文訓読もしくは学問の世界から社会一般に広がっていきました。右肩に濁点が固定するのは一五世紀後半以降のことです。そして、一七世紀初頭にはかなり定着するようになりました。ただし、片仮名書きには付されるのですが、平仮名書きにおいてはあまり普及しませんでした。そして、二点の濁音符だけでなく、三点の濁音符も一部には用いられました。

半濁点はキリシタン資料の『落葉集』（一五九八年刊）に見られるのが最も古いものです。もともと声調表示においては一点が清音、二点が濁音を表していましたが、パ行子音［p］は濁音［b］に対する無声音ですから、ハ行の仮名の右上に清音相当として「。」を付したのです。この補助符号は、室町時代中期頃から禅宗関係において清音であることを特に注記するために加えた「不濁点」に由来するものです。必ずしもパ行音のみに特定されるものではなかったのですが、外国人から見た日本語の姿を的確にとらえたものと言えます。

7. 外来語が出現する

和　語

語彙では、和語を女性が多用したことについて、『日本大文典』は女性の手紙にはやさしい語が用いられ、男性から女性への手紙にも字音語は交えないと記しています。

次に、「しあわせ」を例にして語義変化について見てみましょう。この語は本来〈めぐりあわせ、運命〉の意で、よい意味にも悪い意味にも用いられました。

あっぱれ、これは好《よ》いしあわせかな。（伊曽保　狼と子を持った女のこと）

「しあわせ」という語自体は〈巡り合わせ〉という意ですから、その評価を表す「よい」という形容詞が修飾しているのです。しかし、一方で、単独で用いられて、プラス評価を表す例も見られます。

そなたはしあわせな人じゃ。（虎明本狂言　末広がり）

このように、本来は中立的な評価であったものが、プラス評価またはマイナス評価に偏って用いられる語にはほかに「根性」「結構」などがありますが、この種の用法は次代にかけて次第に増えていきます。

おのれがその根性じゃによって、日ごろからいつぞは暇を遣らう遣らうと思ふて（虎寛本狂言　鈍太郎）

＊根性…好ましくない心の性質。

「結構」は〈建築などの構成〉の意から、〈（結構が）すぐれている〉意となったものです。

漢語―和製漢語

前代に引き続き、漢語が増加する一途にあり、和語の漢字表記を音読させた和製漢語も「出張・案外・推量・大根」などが作り出されました。「出張《しゅっちょう》」は「でばり」という語の漢字表記を音読したものですが、〈外に突き出していること〉という意味から、〈戦争に赴くこと〉（日葡辞書）という意に用いられました。それが〈用事で出向くこと〉の意となって、今日のような用法となります。「大根」は「おほね」、「案外」は「案の外《ほか》」、「推量」は「おしはかり」の漢字表記にそれぞれ由来するものです。

和製のものでは「看板・極意・存分・見当・本気・面倒」なども現れました。このうち、「目だうな」に由来する「面倒」について少し説明しますと、「だうな」は〈物を浪費する〉意の接尾語で、「食物だうな」〈食物を無駄に浪費する〉、「玉だうな」〈玉を無駄に浪費する〉、「手間だうな」などと用いられたものです。「めだうな」の「だ」は鼻濁音［nda］ですから、その鼻音的要素が撥音となって「めんだうな」となり、それに字が当てられたものです。改めてこの「面倒」という字面を見ると、本来の漢語らしくない、変な漢字表記だと感じられてくるのではないでしょうか。

漢語の語義変化

このように漢語が増えるにつれて、本来の意味に変化が生じるものもかなり多く見られます。それは漢語として漢文脈で用いられるのではなく、日本語として日常的に用いられるに従って、漢字表記を念頭に置かずに、ただその語形だけが用いられるようになったことも大きな要因です。

たとえば、「退屈」はもと仏教語で、〈修行をおろそかにして精進しない〉意で用いられていました。これが、〈くたびれて気力が衰える〉意、そして〈なすべきことをしない〉意となり、さらに現代語で用いる〈暇をもてあます〉意となったものです。

定めて両人ともに退屈いたすで御座ろう〈虎寛本狂言　狐塚〉

このような語義の変化は、たとえば「退屈」で言えば、この語が漢語として意識されるのではなく、単に「たいくつ」と発音される語として人々に広く用いられた結果、その意味が本来の語義とはかけ離れてしまったことによるものでしょう。つまり、本来的な語義を反映する漢字表記が念頭になければ、新たな別の意味で使用されやすいとも言えます。

「堪忍」ももと仏教語で、〈苦難に堪え忍ばねばならない世界。この世〉すなわち「娑婆」の訳語でした。この〈不利な状況にあって堪え忍ぶ〉意から、〈怒りをこらえて他人の過ちを許す〉意に転じたのです。

とかく理を曲げて堪忍めされい〈伊曽保　イソポの生涯のこと〉

「辛抱」も同じく「心法」という仏教語に由来し、もとは〈心の働き〉の意でした。これが〈心を修める法〉の意でも用いられ、さらに〈堪え忍ぶ〉〈がまんする〉の意に転じました。そのため、もとの漢字「心法」ではその語義に合わないため、「辛抱」「辛棒」などと当て字されるようになったというわけです。

「厄介」は漢籍に見える「厄会」〈災いの巡り合わせ〉に由来すると見られますが、『日葡辞書』には次のような語釈が見えます。

Yaccai　他人に預けられたり、依存したりすることで、その人にかかった出費。

この時代では〈面倒を見る。世話を受ける〉という今日の意ですでに用いられていることがわかります。

「厄介」のほかに、「約介」なども書かれますが、いずれも当て字です。

室町時代に、漢語が意味を変化させ、今日のような語義が生じた例を次に列挙しておきましょう。

未練〈まだ熟練していない〉→〈思い切りが悪く、心に残っている〉
遠慮〈遠い将来まで見通して考える〉→〈他人に対して言動を控えめにする〉
達者〈その道にすぐれた人、達人〉→〈身体がしっかりしている〉
懸念〈あることにとらわれて執着すること〉→〈気にかかって不安に思うさま〉

呉音・漢音

この時代の漢語は、漢音よりも呉音によるものがまだかなり多くを占めていました。また、現代とは異なる読み方で用いられていたものも相当あります。そこで、『伊曽保』から、字音が現代と異なる漢語を少し挙げてみましょう。

［呉音］自然《じねん》　一家《いっけ》　地下《ぢげ》　貪欲《とんよく》　異形《いぎゃう》　差別《しゃべつ》　教化《けうけ》　重犯《ぢうぼん》　雑言《さうごん》　柔軟《にうなん》　精兵《せいびゃう》　眼耳鼻舌《げんにびぜつ》　大海《だいかい》　無益《むやく》
人民《にんみん》　強敵《がうてき》　以下《いげ》　崇敬《そうきゃう》　宮殿《くうでん》　凡人《ぼんにん》　不定《ふぢゃう》　猛火《みゃうくわ》

［漢音］天下無双《ぶさう》　秘蔵《ひさう》　海上《かいしゃう》　食物《しょくぶつ》

右を見ますと、現代では漢音に変わっている漢語が相当数にのぼることが、逆によくわかります。漢語の語形変化というのはあまり目立ちませんが、実はよくあることなのです。また、字音が混交するものも用いられていました。「漢音＋呉音」のものに「精力《せいりき》・群集《くんじゅ》」など、「呉音＋漢音」のものに「談合《だんかう》・言下《ごんか》」などが見えます。

外来語

一五四九年に宣教師ザビエルが来日してキリスト教の布教が始まり、日本語にはなかった事物や概念などを表すポルトガル語が借用されることとなりました。

まづ度々パン（pan）を持ってきて犬に食わせて（伊曽保　盗人と犬のこと）

その分野はキリスト教関係の用語を始めとして、服飾・食品などに及びます。

キリスト教関係…クルス　サンタマリア　デウス　バテレン　ロザリオ
服飾関係…カッパ（合羽）　ジュバン（襦袢）　ビロード（天鵞絨）　ボタン（釦）
食品関係…カステラ　コンペイトー　テンプラ（天麩羅）　バッテラ　パン（麺麭）
その他…オルガン　カルタ（歌留多）　タバコ（煙草）　ビードロ

また、ポルトガル語を介した借用語に「サラサ（更紗）」（ジャワ語から）、「キセル（煙管）」（カンボジア語から）なども挙げられます。

この後、スペイン語（一五九二年以降）からも借用されるようになりましたが、現在使われているのは次の「メリヤス」ぐらいです。

服飾関係…メリヤス（莫大小）

ただし、「シャボン」はポルトガル語からと言われていますが、スペイン語 jabon からであるとする説もあります。

女房詞

この時代に御所に仕える女房が用いた特有の言葉を「女房詞《にょうぼうことば》」と言います。一五世紀初め頃から使用された隠語の一種で、婉曲に言うことで上品で優雅な言葉遣いとされました。語の構成によって分類すると、次のようになります。

（1）文字詞《もじことば》…語の第一音節に「もじ」を付ける。「しゃもじ〈杓子〉」「すもじ〈鮓《すし》〉」「ひもじ〈ひだるし〉
→〈苦しいの意〉」

（2）接頭語「お」を付ける…「おかず〈菜〉」「おひや〈水〉」「おつけ〈汁〉」「おなか〈腹〉」「おから〈御殻〉」「お造《つく》り〈刺身〉」「おでん〈田楽〉」「おつまみ〈漬物〉」

（3）音の繰り返し…「かうかう〈香の物〉」「とと〈魚〉」

（4）その他…「青物《あをもの》〈野菜〉」「かちん〈餅《もち》〉」「かべ〈豆腐〉」「九献《くこん》〈酒〉」「黄《き》な粉《こ》」

ちなみに、接尾語「もじ」の使用は日蓮の書簡に「味（み）もじ一をけ」（一二八一年「味もじ」は味噌のこと）と見えています。これらはやがて将軍家や大名の奥向きの言葉として用いられ、江戸時代には町家の女性にも広まりました。今日の女性語の源流をなすものの一つです。

第6章

江戸時代の日本語

1. 江戸時代の言語と社会──近代語が発達する

江戸時代の概観

一六〇三年に徳川家康が江戸に幕府を開いてから、一八六七年の大政奉還に至るまでの江戸時代はさまざまな産業が発達し、金融制度・交通網などの社会的基盤も整備されました。大名・朝廷だけでなく、寺院や民衆に至るまで統制を加えた結果、国内の秩序は保たれ、身分制度も固定していきました。対外的には、幕府はオランダ・中国および朝鮮とだけに通商を限るという鎖国政策をとりましたが、一八世紀末以降諸外国との接触が次第に増大していきました。

この時代に正式な文章とされていたのはやはり漢文でした。学術的な著作などは漢文や漢文訓読調の文体で書かれています。たとえば、『解体新書』が漢文で訳出されているのは象徴的です。そして、学者の随筆や啓蒙的な著作、および文芸作品は主に和漢混淆文の系統でした。初期の「仮名草子」は俗語を多く含む平易な表現で書かれ、「浮世草子」ではさらに文章が洗練されていきました。その中で、井原西鶴は、簡潔で力強い個性的な文章を用い、雅語・俗語を縦横に駆使したことから「雅俗折衷文」と呼ばれます。松尾芭蕉は俗語や破格を多く交え、俳諧の気分を醸し出した「俳文」で有名です。後期の「読本」でも、滝沢馬琴は漢字や漢語の多い漢文脈の強い文章を用いました。その一方で、国学者の本居宣長らは和文脈の濃い「擬古文」を用いましたが、ごく限られたものでした。

庶民の話し言葉

庶民階級は経済的社会的勢力を有するようになり、隆盛になった出版を背景として文学作品などにその話し言葉が多く記されるようになりました。身分制度が厳しかったため、身分・階級に応じた言葉遣いが要求され、武士の言葉と町人の言葉は大きく異なっていたことが知られます。浄瑠璃や洒落本・滑稽本・人情本などでは地の文は文語によるのですが、会話の部分は生き生きとした口語で書かれ、当時の話し言葉を知る上で重要な資料となります。また、幕末にはブラウンやヘボンらによる日本語学書があり、これらの洋学資料からも当時の口語が客観的に知られます。

その話し言葉には、近代語の基礎を固める方向で発達していく過程が反映されています。これに対して、文章語は口語との違いがますます拡大し、口語の影響をこうむって破格の語法も多く見受けられました。

2.　中央語が上方から江戸へ移る

上方語と江戸語

この時代の言語を扱う場合、宝暦（一七五一～六四年）頃を境にして、前期と後期に大きく分けて記述されます。元禄文化と化政文化に象徴されるように、文化の中心は前期の上方から後期の江戸へと移りました。それによって、中央語も、前期の上方語から、後期の江戸語に取って代わられるようになったからです。

　このことは方言書の記述のしかたにも現れています。藩政が強固だったため、方言の差がいっそう大きくなり、その違いを方言書に記すことが各地で行われました。それぞれの藩（国）の言葉を、前期では京の言葉と対照させていたのが、後期になると江戸の言葉と対照して示すものが多くなります。このことは、江戸語が次第に共通語としての地位を得るようになってきたことを如実に示すものです。

　江戸語は前期の資料が乏しく、後期でも当初は江戸語としての特色が十分現れず、上方語的な特徴も見られました。文化・文政（一八〇四～三〇年）頃が江戸語の完成期で、『浮世風呂』『東海道中膝栗毛』を始めとする滑稽本、『春色梅児誉美《しゅんしょくうめごよみ》』『仮名文章娘節用《かなまじりむすめせつよう》』などの人情本、黄表紙、合巻などがそれを反映しています。

上方語と江戸語の違い

　上方語と江戸語との違いはさまざまな面に見られます。『浮世風呂』（二・上）に上方の女性と江戸の女性とが口論して、上方者が「あのまア、『から』とはなんじやヱ」と言ったのに対して、江戸者が「『から』だから『から』さ。故《ゆゑ》といふことよ。そしてまた上方《かみがた》の『さかい』とはなんだへ」と言う場面があります。この話を通して、原因・理由を表す接続助詞が上方語では「さかい」、江戸語では「から」が用いられていたことがわかります。

　また、上方語では四段に活用する「足る」「借る」などが、江戸語では「足りる」「借りる」というように上一段に活用すること、断定の助動詞は、上方では「ぢゃ」であり、江戸では「だ」であることなどのほか、動詞のナ行変格活用については、上方では後期になっても寛政（一七八九～一八〇一年）頃までナ変が優勢で、消滅するのは幕末前後と言われていますが、後期江戸語では四段活用が一般的になっています。

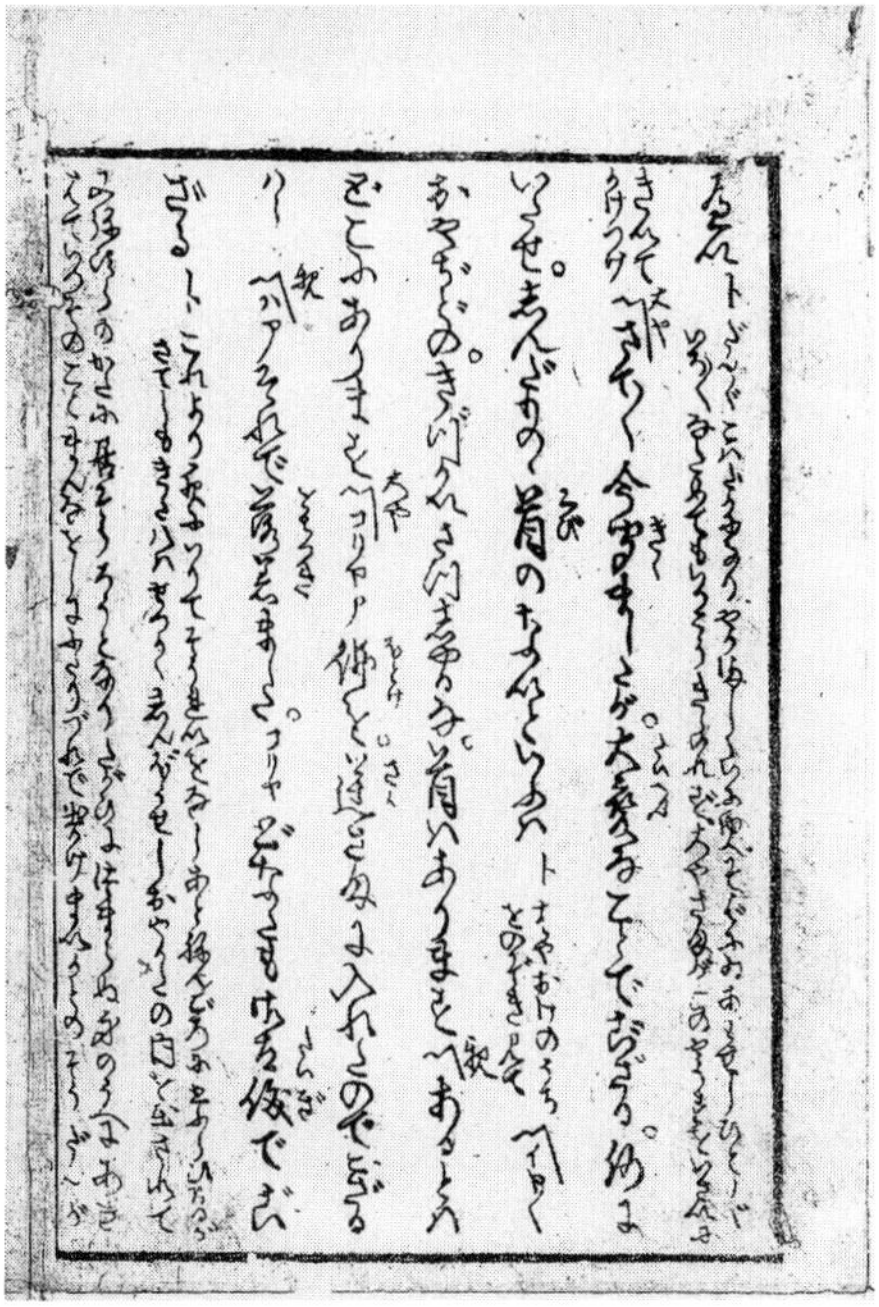
東海道中膝栗毛

上方語（中央語の系統）	江戸語（一八世紀半ば以後）
「足る」「借る」	「足りる」「借りる」
「ぢゃ」	「だ」
ナ変の四段化（幕末頃）	ナ変の四段化
「ん」「なんだ」	「ない」「なかった」
終助詞「いの」「いな」「わいの」	終助詞「ぜ」「ね」「さ」
接続助詞「さかい」	接続助詞「から」
関西方言	山の手言葉・下町言葉

明治以降、江戸語のうち山の手言葉が標準語の基盤となり、上方語は関西方言へと受け継がれていきました。本書では、東京、特に山の手言葉が現代共通語となっていることを重視して、以下、江戸語を中心に話を進めていくことにします。

3. 現代音と同じになる

「エ・オ」が単独で一音節となる場合、室町時代では［je］［wo］でしたが、一八世紀中頃には現代語と同じ［e］［o］となりました。「エ」は口の動きをより少なくする、「オ」は唇の丸めを弱めるという発音の経済性によるものかと思われます。

また、「ウ」においても、それまで唇を丸めて発音する［ɯ］でしたが、現代と同じく唇を丸めずに発音する非円唇母音［ɯ］になったのも一八世紀後半頃のことと見られます。

現代語で「くつ（靴）」「した（舌）」「あります」を発音した際に、その「ク・シ・ス」に母音の聞こえがなく子音だけで発音していることが観察されます。このような現象を「母音の無声化」と呼んでいます。本来、母音は声帯を振動させて発音する有声音ですが、無声音のカ・サ・タ・ハ行のイ段音とウ段音、すなわち「キ・ク・シ・ス・チ・ツ・ヒ・フ」が、声帯の振動を伴わない無声子音に続く場合や、文末の低いアクセントとなる場合などに起こります。このような母音の無声化はコリャード『日本文典』（一六三二年　ローマ刊）に、「イ・ウ」で終わる語には時に最後の母音が聞き取れないことがあるという指摘があり、その当時すでに生じていたことがわかります。

子音―「セ・ゼ」

「セ・ゼ」は室町時代末に中央語で［ʃe］［ʒe］でしたが、東国方言では［se］［ze］と発音されていました。その［se］［ze］がそのまま江戸語に引き継がれました。一方、京・大坂でもしばらく前代の発音を受け継ぎ、

［se］［ze］になるのは一八世紀の中頃のことかとされています。

東北・北陸・中国・九州などには今でも「シェ・ジェ」と発音する方言がかなり確認できますが、それは古い時代の名残なのです。このような古い時代の言葉のようすは、以下に述べるオ段長音の開合、四つ仮名、「カ」と「クヮ」の区別などにおいても、方言になお守り伝えられている場合があります。方言に古い時代の要素が根強く残っているということは確かなことなのです。

子音―ハ行

次に、ハ行の子音は前代では両唇摩擦音［Φ］でしたが、「ハ・ヘ・ホ」においては現代と同じ喉音［h］に変わりました。一六二〇年頃に一部の地域では［h］となっていたようですが、一般化するのは京大坂では一七世紀中頃のことで、江戸でも少なくとも一八世紀前半までに変化が完了したと見られます。コリャード『日本文典』（一六三二年）にハ行の子音について、ある地方ではfで、またほかの地方ではhのように発音され、fとhの中間の音で、唇は幾分重ね合わせて閉じられるというように記述されています。［h］に次第に変化していくようすがうかがえます。

一方、「ヒ」ですが、これが口蓋音［çi］となるのは江戸では一八世紀の初め頃であったようです。江戸語の特徴として、「ヒ」と「シ」が紛れるという前提としては、「ヒ」が硬口蓋音となっていたことが想定されます。ちなみに、「フ」は前代のまま［Φɯ］という発音で今日まで受け継がれています。

閑話休題。ハ行子音のΦ→hという変化は、両唇摩擦音から喉頭摩擦音へというように、発音上で唇の関与をなくしてしまったということです。また、「ウ」が円唇母音から非円唇母音へと変化したことも、唇の丸めをなくしていったという事実を物語っています。さらに、wi・we・woがi・e・oに変化したのも、両唇音wの喪失ということです（後述の合拗音の直音化kwa→kaも同じです）。こうした、唇の緊張をゆるめる方向で変化してきたことを歴史の大きな流れとして「唇音退化」と言うことがあります。発音の負担を軽くしようという欲求に基づくものでしょう。

子音―濁音・半濁音

濁音の子音は、直前に軽い鼻音を伴うものであったということは鎌倉時代の章で述べましたが、一七世紀初めにはガ行を除いて、その要素は消失してしまいました。その結果、ガ行にだけ鼻音的な入りわたり音を持つ有声破裂音が残ることになりました。こうした鼻濁音の後退現象は今日ではガ行においても進行して、鼻音性を失った有声破裂音［ga］が、近畿中央部を除く西日本や関東地方の一部で行われる一方で、破裂性を失った鼻音［ŋa］が東京・京都を始め東北・関東・中部・近畿などに見られます。現代共通語ではガ行は鼻音で発音することが求められています。しかし、近年は東京を中心として広く鼻音から有声破裂音へと変化していく傾向にあります。

このことは、ガ行とザ・ダ・バ行では鼻音性において不均衡であったものが、すべての濁音で鼻音性を消失するという均衡がとれた状態になるということです。このような、体系に新たな均衡を求める変化を「体系調整」ということがありますが、これは破擦音［ts］が母音［ɯ］とのみ結合していたのが、新たな均衡を求めてツァ［tsa］（江戸語のオトッツァン）、「ツォ」［tso］（ゴッツォーサン）という音節を和語にもたらし、さらに外来語に「ツィ」［tsi］、「ツェ」［tse］の発音を生じさせるということにも見られるものです。

鼻濁音に話を戻しますと、実は現代においても中央語で失われた鼻濁音が、ザ・ダ・バ行においては福島を除く東北地方、ガ・ザ・ダ行においては和歌山県南部、ダ行においては高知県などに認められることがあります。たとえば、ダ行の鼻濁音とは「だ」を「ンダ」［nda］と発音する類です。これを聞く機会があれば、古来の伝統的な発音を確認してみてください。

パ行音（半濁音）については、［p］という発音が前代に新たに音韻として生じ、「パン」「ペン」のように独立した子音として次第に確立されていきました。連声は、固定的な「観音《かんのん》」「因縁《いんねん》」など一部に限られるようになり、大きく後退していきました。

開合

オ段長音における開音と合音の区別は室町時代末期にはかなり混乱していて、かろうじて規範的な言い方で守られているという状況でしたが、江戸時代の初めにはまったく区別がなくなりました。この変化は、上方より東国の方が早く、また教養の程度によっても差があったようです。ちなみに、福岡を除く九州・沖縄などには、この別を保つ方言があります。

四つ仮名

「ジ・ヂ・ズ・ヅ」の四つ仮名は前代から区別が乱れ始めたことは前に述べたとおりですが、これが元禄（一六八八〜一七〇四年）頃には、「ジ」と「ヂ」、「ズ」と「ヅ」がそれぞれまったく区別を失ってしまいました。『蜆縮涼鼓集』（一六九五年刊）は四つ仮名専門の仮名遣書として出版されたものですが、そこには京都・中国・坂東・北国などでは混乱していると記されています。わずかに筑紫（九州）で区別されるだけであるとも述べているように、この当時すでに現代と同じ区別のない状況になっていたことがうかがえます。ちなみに、書名の「蜆縮涼鼓」とは、「しじみ・ちぢみ・すずみ・つづみ」のことで、これによって四つ仮名を代表させたものでした。

上方語・江戸語などでは四つ仮名が「ジ・ヂ」と「ズ・ヅ」の二つに区別されることになったわけですが、このような方言を「二つ仮名弁」と呼ぶことがあります。ただ、四国・九州などの一部では、発音の何らかの違いによってこの四つ仮名の区別を残している方言もあります。これを「四つ仮名弁」と呼び、また、大分県玖珠地方では「ジ・ヂ」は合一化しましたが、「ズ・ヅ」は区別されていて、このような方言を「三つ仮名弁」と呼んでいます。その一方で、「ジ」の発音が「ズ」となる方言もあります。「すじ（筋）」も「すず（鈴）」も「スズ」という発音になる類で、いわゆるズーズー弁と称されるものです。これは「ジ・ヂ・ズ・

ヅ」すべてが区別を失った「一つ仮名弁」ということになります。

合拗音

合拗音の「クヮ」[kwa]・「グヮ」[gwa]は、「火事」を「クヮジ」、「因果」を「イングヮ」というように漢字音で用いられてきたのですが、この時期に直音化して、「カ」[ka]・「ガ」[ga]となりました。上方語と江戸語ではその変化の時期は異なっていたようで、前にも挙げた上方の女性と江戸の女性が言葉について言い争う『浮世風呂』の一場面には、次のような言葉も見えます。

お慮外《りよぐわい》も、おりよげへ。観音《くわんおん》さまも、かんのんさま。なんのこつちやろな。

ここでは、江戸では、「グヮイ」を「ガイ」、「クヮン」を「カン」と発音していることを非難しています。このことから考えますと、江戸語ではこの頃にはすでに直音化していたのに対して、上方語ではあまり直音化が進んでいなかったのでしょう。江戸語では上方語よりもいち早く合拗音の直音化が生じていたようで、一八世紀中頃には一般化していたようです。これに対して、上方語では後期に入っても遅い時期に変化したものと考えられます。

ただし、教養の程度、言葉遣いの丁寧さによって合一化には差があったようです。この区別はもともと漢字音から生じたもので、前述のように鎌倉時代からすでに混乱も生じています。漢字音を学習しない階級では徐々に直音化が進行していたように思われます。たとえば、「喧嘩」を例として『浮世風呂』の振り仮名を見ますと、前編冒頭の大意には「けんか」とあり、作品中の人物の言葉には「けんか」「けんくわ」の両形が見えます。大意に見える「けんか」は江戸語の実態を反映したものでしょうし、作品中でも「けんか」を使用する人物が八割以上を占めます。その中で、やや上品な言葉遣いをする源四郎という人物は「けんくわ」を使っています。

　さやうさ。先刻《さつき》から傍《そば》で口《くち》を出《だ》したかつたが、喧嘩《けんくわ》になつては悪《わる》いと、目《め》を長《なが》くして居《ゐ》ました（浮世風呂　前・下）

丁寧な言葉遣いでは「カ」と「クヮ」、「ガ」と「グヮ」の使い分けがまだ意識されていたのでしょう。このような使い分けは明治にまで一部及んでいたようですが、現在でも東北北部・北陸・四国・九州・沖縄などの広い地域にわたる方言で区別されている場合があります。

江戸語の音韻的特色

ここで、江戸語の音韻上の特色を次にまとめておきましょう。

（1）［ai］［ae］［oi］［oe］［ie］などの連母音が変化してエ段長音［e:］で発音されました。［ai］の場合が最も多いのですが、「ない」が「ネー」、［ae］の「蛙《かえる》」が「ケール」、［oi］の「太《ふと》い」が「フテー」、［oe］の「何所《どこ》へ」が「ドケー」、［ie］の「教《おし》える」が「オセール」などとなる類です。

（2）「見れば」を「ミリャー」、「居《い》ては」を「イチャー」、「（おまえ）たちは」を「タチャー」というように、

eba・ewa・iwa などがア段の拗長音として発音されました。

（3）「悪《わる》い」「お結《ゆ》いだ」が「ワリー」、「オイーダ」のように、［ɯi］が［iː］というイ段長音となることもありました。

（4）「ヒ」と「シ」が「日《し》が暮れる」（浮世風呂・三・上）のように紛れたり、「シュ」・「ジュ」が「亭主《し》」「珊瑚珠《じ》」のように「シ・ジ」になったりする傾向が見られました。

（5）「ツァ」［tsa］という発音が「おとっつぁん（お父さん）」のようなサ行音が促音に続く場合に見られました。

このような音訛は、下層の人や教養の低い人に多く見受けられます。

4. 近代語法が確立していく

動詞

次に文法に移りましょう、二段活用の一段化は後期江戸語では一般的となりました。ナ行変格活用も四段化は上方では幕末前後頃のようですが、江戸語では一般的になっていました。

死ぬものがそんとは後家へあてこすり（柳多留　八）

また、下一段活用「蹴る」が四段活用化するのも江戸時代後期です。

コリャ是《これ》を蹴《け》れ、是こそは、汝が親の首《くび》なるぞと（道成寺現在蛇鱗・三）

四段活用は、未然形に「う」の付いた［au］が［ɔː］というオ段長音となったことで、未然形にオ段音をも立てる五段活用となりました。

「已然形＋ば」によって確定条件を表す用法は前代から衰退していました。

ふと鞘走《さやばし》って怪我《けが》でもして、血を見れば殿の御代参叶《かな》はず。（女殺油地獄　上）

後期江戸語では仮定条件を表すことが一般的になり、已然形は仮定形と呼ばれる性質を定着させました。このほか、後期江戸語に見られる特色として、四段活用の「くださる」「なさる」では、連用形・命令形に次のような特殊なものが用いられました。

私《わたくし》のやうなものでもあちこちからお世《せ》話《わ》遊《あすば》して下《くだ》さいますがネ。（浮世風呂　二・下）〔連用形〕

こまったものだ。サア、、おかえりなさい（浮世風呂　前・下）〔命令形〕

形容動詞

形容動詞では、終止形活用語尾が「ぢゃ」から転じて江戸語で「だ」となりました。

身持《みもち》が大《おほ》きにあべこべだ。（浮世風呂　前・下）

また、未然形語尾「なら」は接続助詞「ば」を伴って仮定条件を表したことから、これが新たに「仮定形」となりました。未然形では deara-u → daro: という変化によって「だろ」が、連用形では deari-ta → datta

という変化を経た「だっ」が生じました。

代名詞

武士階級で会話において対等の相手を「きみ」と呼び、この対で謙称として「ぼく」が用いられました。これが明治の書生言葉に受け継がれます。『安愚楽鍋』（一八七一～七二年刊）に、もと武士の言葉に「ハイ僕なぞも矢張因循家のたちで」（二下・覆古の方今話《いまやうはなし》）という使用が見えます。

推量の助動詞

推量・意志を表す「う」は、中世末期には未然形語尾がア段音である場合には［o:］（もと開音）となって長く伸ばした音で発音され、ア段音以外の場合には、たとえば「見う」は「ミョー」［mjo:］、「上げう」は「アギョー」［agjo:］（もと合音）というように拗長音の発音となりました。後者の［mjo:］［agjo:］という発音では動詞語幹が安定しないことから、次第に［mijo:］［agejo:］というように未然形に「ヨウ」が付くという形に変化しました。

「ヨウ」は東国方言でいち早く生じ、次第に定着していきました。そして、「う・よう」は江戸語では推量の意にも用いられましたが、一般には意志を表すようになりました。

おめへたちが這入《へゑ》るなら、おいらア出《で》よう――（浮世風呂　三・上）

これに代わって推量に用いられるようになったのが「だろう」(「であろう」の縮約形)で、一八世紀後半以降勢力を増していきました。

其中《そのうち》にはそつちに、とんだ事ができるだらう。(通言総籬　二)

推量・比況の意を表す「やうなり」は「やうな」を経て「ようだ」の形になりました。

西光《せへかう》さん、おまへの頭巾《づきん》はいつもよりあたらしくなつたやうだ。(浮世風呂　前・上)

「らしい」は室町時代に生じた接尾語(「男らしい」「毒らしい」)から、推量の助動詞として用いられるようになりました。

目《め》のふちへ紅《べに》を付《つけ》るのも一体《いつてへ》は役者《やくしや》から出《で》た事《こと》らしいネ、(浮世風呂　三・下)

断定と否定の助動詞

「ぢゃ」は上方語ではdya→yaとなって西日本方言に「や」を残す一方、東国方言では「だ」dya→daと変化し、江戸語で広く用いられました。

源四郎さん、奇妙《きみやう》な奴《やつ》だネ(浮世風呂　前・下)

否定では、「ず」の連体形「ぬ(ん)」が上方語で用いられました。この「ん」は西日本方言で現在も使われているものです。一方、室町時代末にはすでに関東で使用されていた「ない」はしばらくほかの活用形がありませんでした。「ない」が活用を持つようになるのは一九世紀前半のことで、形容詞「ない」からの類推によって形容詞型活用として成立しました。
わたしやか、サンに見せなけりゃならぬ（郭中奇譚　船窓笑話）
前書《まへがき》が無《ねへ》とわからなくなりやす（春色梅児誉美　八・一五）
ところで、否定表現の中止形には、「ないで」が江戸時代前期に東国方言で現れました。
火縄のはさけ様がわるければ、火もうつらないで立消も有もんだ。（雑兵物語）
この語形は室町時代に生じた接続助詞「いで」による「ゆかいで」と、「ゆかない」が混交（コンタミネーション）して「ゆかないで」という、否定の語が分析的に明示された言い方として成立したと考えられます。それは形容詞型活用の類推によって「ゆかなくて」と活用されるようになる前に生じ、早くに定着していきました。
逆上《のぼせ》ないで至極《しごく》よいお薬《くすり》でございます（浮世風呂　二・上）
過去の否定には、一九世紀初めまでは江戸でも「なんだ」が用いられていました。
おめへきのふはなぜ来《こ》なんだ（浮世風呂　三・上）
これが「なかった」に代わられるのは天保（一八三〇～四四年）頃のことです。
四五日おれが来なかったから、うるさくなくってよかったらう。（仮名文章娘節用　後・五）

て＋補助動詞

アスペクトの形式では、「てある」が後期の江戸語で現代語と同じ完了の継続の用法を持つようになりました。

次に風呂に湯も立ててある（傾城江戸桜　中）

完了を意味する「てしまう」も生じました。

くやしくは石垣へあたまを打付《ぶっつけ》て、死んででもしまったが能《いい》（浮世風呂　前・下）

接続助詞

接続助詞「ば」は、室町時代に生じた順接の確定条件を表す「さかい（に）」「ほどに」などが多用された結果、江戸時代の中頃には次第に仮定条件を表す用法に限られるようになり、しかも已然形接続が定着するようになりました。

今往生《わうじやう》すれば、残《のこ》る事《こと》はねへのさ（浮世風呂　前・下）

「から」は江戸語から原因・理由を表す表現で、ふつうに用いられました。

私は茶が嫌《きらひ》だから、これをたべます（浮世風呂　前・下）

一方、接続助詞化した「で」に形式名詞「の」が付いた「ので」が江戸時代中期に生じました。

会ひたいと思ふので、殿の御座るも眼が付かなんだ（好色伝授　中）

江戸語では「から」が優勢で、「ので」はあまり用いられず、「ので」が増加するのは安政（一八五四～六〇年）頃からとも言われています。
逆接の仮定条件を表した「と」「とも」は、江戸時代以降「ても」に取って代わられました。また、逆接の確定条件を表す接続助詞「ど」も室町時代末期には口語では勢力を失い、江戸時代以降「ても」にその座を譲ります。こうして、接続助詞「て」に係助詞「も」が付いた「ても」は、逆接の仮定条件にも確定条件にも用いられることになりました。
おのしがやうな者《もの》は、死《し》んでも親《おや》は泣《なか》かねへ（浮世風呂　前・下）〈逆接仮定条件〉
犬が来ても、いけしゃあしゃあとして居おる（東海道中膝栗毛　四・上）〈逆接確定条件〉（確定的恒常条件を仮定条件として表現したもの）
「のに」は形式名詞「の」に接続助詞「に」が付いた語で、一七世紀中葉頃から現れて、江戸時代後期には多用されるようになりました。
ゆるすといふのに、おわれをろ（狂言記　あかがり）
＊おわれをろ…主人が家来を背負おうと言うので、〈負われなさい〉の意。
「ところが」は江戸語で単純接続および逆接の仮定条件〈たとえ…であっても〉を表すようになりました。
出来た所がはじまらねへ（浮世床　二・下）
同時動作の意では「つつ」に代わって「ながら」の使用が一般的になりました。
爺《ぢい》さまは彼《あの》こはだをむりりゝ、とあたまからしてやりながら（浮世風呂　前・上）

＊あたまからしてやりながら…頭から食べながら。

副助詞

「だけ」は「思いのたけを言う」などの名詞「たけ」（有る限り）の意から、程度や限定の意を表しました。この「だけ」に「に」が付いた「だけに」も〈…にふさわしい程度に〉の意を表しましたが、そのほか〈…であるから、なおさら〉の意をも表しました。

　けにも晴《はれ》にも一人《ひとり》の男《をとこ》だけに、甘やかして奉公《ほうこう》にも出《だ》しませんから（浮世風呂　二・上）

このような限定の意では「ぎり」、そして「しか」も生じました。

　梶原《かぢはら》の馬《おま》がくつた、笹葉《さゝつぱ》を見るよふに、半分しかア育《そだゝ》ないハ（東海道中膝栗毛　後・坤）

「しか」は、それ以外を否定して限定する意を表し、「ない」と呼応して用いられます。

例示の意では、「など」に加えて「でも」も用いられました。これは格助詞「で」もしくは助動詞「だ」の連用形「で」に、係助詞「も」が付いたものです。

　おらア又、江戸へ連《つれ》て来《き》て、観物《みせもの》にでももくろむのかと思《おも》つた（浮世風呂　四・上）

間投助詞・終助詞

「さ」は前期に出現し、打ち解けた会話において話し手自身への確認の気持ちを表す意で用いられました。

この「さ」は格助詞「と」に付いて、引用・伝聞の意を表す「とさ」も見えるようになりました。

　むかし〳〵あつたとさだ（浮世風呂　三・上）

後期の江戸では、聞き手に対する働きかけの気持ちを表す「ね」「ねえ」が生じ、広く用いられていきました。

　いつそ恰好《かつかう》がよいネヱ（浮世風呂　二・上）

禁止の意では「そ」が衰退し、「な」だけが定着していきました。

江戸語では「ぜ」「ぜえ」が多用されました。「ぜ」は念を押す意の「ぞえ」から「ぜえ」に転じた語で、早くに江戸で使用されるようになり、次第に男性語化していきました。

　此子《このこ》は恨《うらみ》ツぽい事をいふぜ（浮世風呂　三・上）

言うまでもないという気持ちを表す「とも」も出現しました。

「アイ、よく沈《しづ》むと金魚《きんぎよ》や緋鯉《ひごい》が出《で》るのう」「ヲヽ、出《で》るとも〳〵。啼《な》くと水虎《かつぱ》が出《で》ます」（浮世風呂　前・上）

「かしらぬ（ん）」が疑いの気持ちを表す意として生じ、明治以降には「かしら」となっていきました。

　毎日商《めへにちあきねへ》から帰《けへ》りにはの、何かしらん竹の皮へ買《かつ》て来ての（浮世風呂　二・上）

このように、終助詞の類が多様になったのはこの時代の特徴の一つです。

複合辞

複合辞は一段と増加しました。その主なものを挙げますと、助動詞性のものでは「かもしれない」「にちがいない」「はずだ」「ねばならぬ」「せずはなるまい」「くてならない」「ているところだ」「がいい」「てはいかない」など、助詞性のものでは「からには」「ぬばかり」「たばかりに」「たあげくに」「おかげで」「くせに」などが用いられるようになりました。

高《たか》くはいはれねへが、質八《しちばち》を置《おい》て暮《く》らしてゐる所《とこ》だ（浮世風呂　二・下）

江戸子《えどこ》の声色《こわいろ》つかふたばかりに、高札《たかふだ》で落《おと》した（浮世風呂　四・中）

複合辞の出現は近代語の大きな特徴の一つでもあります。

尊敬語・謙譲語

敬意の段階に応じて代名詞が細かく使い分けられました。たとえば二人称の場合、高い順に、前期の上方語では「おまえ」「こなた」「そなた」「そち」「おのれ」、後期の江戸語では「あなた」「おまえさん」「おまえ」「おめへ」「てめへ」が用いられました。

尊敬語としては、新たに「おっしゃる」「おいでなさる」などが生じ、尊敬表現の形式にも前代からの「お……やる」「お……なさる」に加えて、「お……だ」「お…くださる」「お…になる」が用いられるようになりました（「お」は「ご」でも用いられます）。

おおかた芝居《しばゐ》をおねだりでございませうネ（浮世風呂　二・上）
御慈悲に命をおたすけ下さりまし（八笑人　初・二）
此間差上げましたお上下とお熨斗目《のしめ》をお返しになりますれば（いろは文庫　二三・四五）

このうち、「お…になる」はもと武家の文章語でしたが、江戸時代の末期になると、上層町人の家庭で使用が広がっていきました。

謙譲表現には、「お……申す」「お……いたす」という言い方が使われるようになり、「お……する」も江戸時代末期から出現しました。

お願ひもうさねばかなはぬ訳有りて（平仮名盛衰記　三）
舟場《ふなば》へ御案内《あんない》いたしましよ（東海道中膝栗毛　四・下）
若旦那から金の始末、委《くは》しくお詫《わび》してもらへば（明烏後正夢　初・四）

あそばせ詞

動詞「あそぶ」に尊敬の助動詞「す」が付いた「あそばす」が名詞に付いて「討死あそばす」のように用いられるのは室町時代からです。江戸時代になると、「お～あそばす」の形で動詞連用形に接続するようになり、遊女などの言葉に用いられました。

あれへお通り遊《あそ》ばせと。（女殺油地獄　中）

この表現は女性に好まれて丁寧な言い方として多用されていきました。「遊ばせ詞」という名称も『浮世風呂』に見えるほどです。

なんの、しやらツくせへ。お髪《くし》だの、へつたくれのと、そんな遊《あそば》せ詞《ことば》は見ツとむねへ。ひらつたく髪《かみ》と云《いひ》なナ。（浮世風呂　二・下）

ある男が「おぐし」を例にして上品ぶった「遊ばせ詞」の使用を嫌っている場面です。屋敷奉公して言葉遣いを習得した女性も過剰なほど丁寧な言葉遣いで描かれています。

ハイ、あなたにもお揃《そろ》ひ遊《あそば》しまして御機嫌《ごきげん》ようお出遊《いで》し（浮世風呂　三・上）

この「遊ばせ詞」は明治の山の手言葉に受け継がれていきますが、『浮世風呂』の描き方では、丁寧ではあるが、うわべだけ上品ぶっているというニュアンスを伴っていたようです。そのため、「ございます」に比べると、その使用の範囲は限定的でした。

敬語の助動詞

江戸時代に入ると、「ござります」が用いられるようになりました。〈くる・ゆく・いる〉の尊敬語、〈ある〉の丁寧語として用いられます。

何をいたしますも、身をたすかるためで御ざります（世間胸算用　三・三）

この「でござります」は「でござんす」→「であんす」→「でえす」というような変化を経て「です」と

なり、「だ」の丁寧語として用いられるようになりました。

毎日出ましたれど、今は心任の修行です。（軽口機嫌嚢　一）

こうして、「です」は江戸時代中期には遊女・男伊達・医者・職人などに用いられ、末期には活用形に未然形・連用形が備わり、明治以降次第に勢力を増していきました。

飼馬町か中橋あたりから往《ゆく》でせう（春色恋廼染分解　三・下）

駒はんはとんだことでしたネ（春色玉襻　初・六）

同じく丁寧語の「ます」は「まゐらする」から転じて前代に成立していました。

御隠居《いんきよ》にはひとつですみます物を、二ツは奢《おご》つた事（世間胸算用　一・三）

この推量形には「ましょう（ませう）」が江戸時代を通じて用いられました。

それは、あのお子さん、お骨《ほね》が折《をれ》ませう（浮世風呂　二・上）

一方、否定形は「ませぬ」、それから転じた「ません」が用いられました。

なんぎいたす事じゃ御座りません。（遊子方言　発端）

江戸語では「ましない」という語形も現れ、その過去形では上方語の「ませなんだ」、その訛った「ましなんだ」が初め用いられていましたが、末期には「ませんでした」が生じました。

イイエ、ツイぞ今までこんな事はありませんでした。（花暦封じ文）

5. 表記がわかりやすく厳密化する

漢字と仮名

庶民が文字を用いる機会が増大し、寺子屋における教養教育も次第に普及していきます。このように、識字層が徐々に広がるにつれて、出版事業も盛んになり、書物が広く流布するようになりました。当時の出版物は高価でしたから、庶民は買うというよりも借りて読むことが多く、地方回りの貸本屋も活躍しました。また、書くことも重視され、漢字の知識も必要となりましたから、『節用集』などの辞書もさまざまな種類のものが作られました。

当て字もいよいよ増加し、国字や異体字・俗字も多用されました。たとえば、『浮世風呂』に見られる当て字を次に少し挙げておきましょう（括弧内は現代における表記です）。

由断《ゆだん》・弓断《ゆだん》（油断）　冶朗《やらう》（野郎）　規帳面《きちょうめん》（几帳面）　対屈《たいくつ》（退屈）　お規式《ぎしき》（儀式）　利屈《りくつ》（理屈）

異体字として「喧嘩」の「嘩」に口偏の「花」の字が当てられたり、「しつけ」に「無躾《ぶしつけ》」のように国字「躾」が用いられたりしています。ただし、このような漢字表記には多く振り仮名が付けられていて、読むことには特に不都合はありませんでした。むしろ、その漢字は意味を明示するという性質を有する場合もありました。

葬礼《とむらひ》　性質《うまれつき》　頼母《たのも》しい　嫉妬深《やきもちぶか》い　気障《きざ》な　白粉《おしろい》　羅衣《かたびら》　焼痕《やけど》　放蕩家《どらもの》　結交《つきあ》ふ

また、外来語にも「硝子《びいどろ》　歌骨牌《うたかるた》　煙草《たばこ》」などのように、漢字表記が用いられました。

仮名では平仮名の使用が主流で、変体仮名も次第にその使用が減っていきました。たとえば、江戸時代初期の「仮名草子」には一冊当たりおよそ一一〇種の字体が使われていましたが、後期の草双紙になると七〇種ほどになり、字体が次第に整理されていることがわかります。

一方、片仮名は学術的な著作物、漢学者の随筆などで用いられました。また、平仮名主流の戯作などにも片仮名字体が交え用いられていますが、そこでは感動詞・擬声語・終助詞のほか、長音や促音などの口頭語的な要素などの表記に使われました。

ホンニさやうだツサね。（浮世風呂　三・上）

あすこに団扇《うちは》ア持《もっ》て居る男と結交《つきやっ》てみな。（浮世風呂　四・上）

契沖仮名遣い

契沖（一六四〇～一七〇一）は、定家仮名遣いとは異なる仮名遣いについての発見を、『万葉集』の注釈書『万葉代匠記』（一六九〇年成立。一六九三年刊）で次のように記しています。

此度和名抄を初めて日本紀より菅家万葉集までの仮名を考へ見るに皆一同にして此集と叶へり。又行成卿などの比《ころ》までの仮名を見るに、この集の仮名と違はねばその後漸漸に誤れるか。

すなわち、『和名類聚抄』（九三一～九三八年成立）以前の仮名の遣い方を規範とすることを主張しているのです。これまで述べてきましたように、一〇世紀中葉以前はいくつかの音韻変化が起こる前のことですから、音韻の混同がまだ生じていない状況に基づくことを提案したわけです。ここには定家仮名遣いに見える曖昧さはありません。この観点に立って著した『和字正濫抄』（一六九五年刊）では、万葉仮名表記やその出典を記し、それぞれの仮名遣いを示しました。この仮名遣いを「契沖仮名遣い」と呼ぶことがあります。

「歴史的仮名遣い」は俗に「旧仮名遣い」とも呼ばれますが、この契沖の主張に基づいて明治以降に一般的に用いられるようになったものです。すなわち、歴史的仮名遣いとは一〇世紀中葉以前における実態としての仮名の遣い方というものであり、それは一一世紀以降の音韻の状況をそのまま反映してはいないことになるのです。

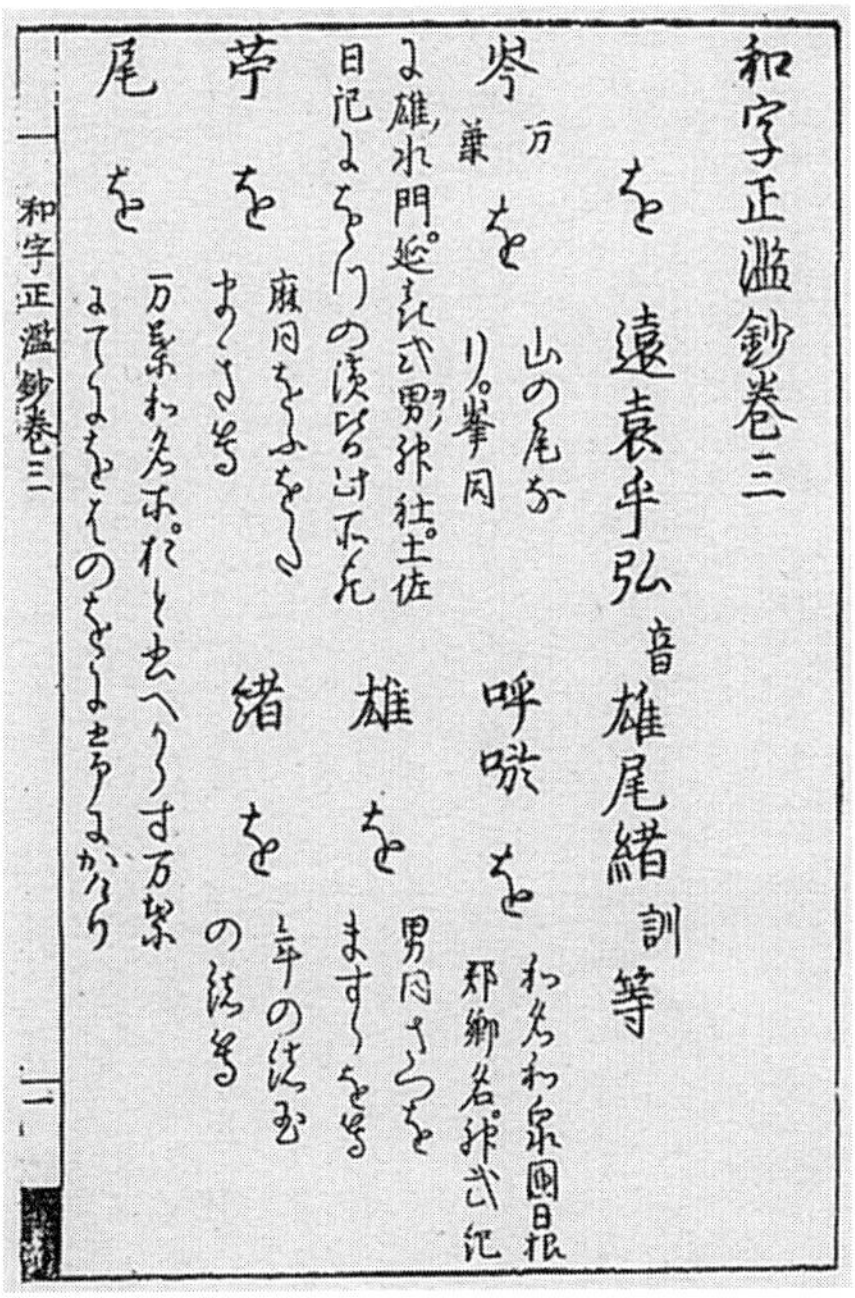

和字正濫抄

契沖仮名遣いのその後

しかし、定家仮名遣いに従ってきた人はこ

の説を受け入れず、また、一般には自由な仮名遣いが行われていました。ただし、そうは言っても、ある程度の規則性や共通性は見られました。たとえば式亭三馬『浮世風呂』では「ない・たい」などの江戸訛の「ねえ・てえ」はすべて「ねへ・てへ」と書かれていて、「へ」は方向などを表す格助詞はもちろんのこと、「声《こへ》・帰《かへ》る・所為《せへ》」などにも一貫して用いられています。

一方、契沖仮名遣いは賀茂真淵などの国学者たちに信奉され、その門人・楫取魚彦（一七二三～八二）は『古言梯』（一七六四年成立）を著して『和字正濫抄』の不備を補いました。古語（和語）を五十音順に一八八三語配列したもので、その後も補訂されて版を重ね、江戸時代の末にはかなり広まりました。

本居宣長（一七三〇～一八〇一）も初めは定家仮名遣いに従っていましたが、『古言梯』を入手してからは、契沖の説に従うようになります。そして、『古事記伝』（一七九八年成立）の総論では、ある特定の語にはある特定の万葉仮名が用いられていることを指摘しました。この説を深めたのが石塚龍麿（一七六四～一八二三）で、『仮字遣奥山路《かなづかいおくのやまじ》』（原稿のままで未刊）を著して、いわゆる上代特殊仮名遣いの事実を明らかにしました。その後、奥村栄実《てるざね》『古言衣延弁』（一八二九年成立）によって、ア行の「エ」とヤ行の「エ」の仮名は天暦（九四七～九五七）以前には書き分けられていたことが明らかにされました。

契沖以後、仮名遣いに端を発して実証的な研究が進み、日本固有の精神を究めようとする国学として発展していきました。

濁点・半濁点

濁点は、前期においてかなり忠実に付されるようになりました。中には、「句共をあつめ」（松尾芭蕉『貝おほひ』序）のように漢字に濁点が振られることもありました。

半濁点は、室町時代末期のキリシタン資料に初めて見られ、一八世紀中葉以降次第に普及していきました。他方、その起源である「不濁点」は江戸時代を通して、パ行音以外にも仮名の右肩に付されました。江戸初期のキリシタン資料では「ち」「つ」などに付された例があり、これは破擦音化しない［ti］［tu］を示すためでした。「か」に付されたものは破裂音［ga］を、「さ」に付されたものは破擦音［tsa］（「おとっさ゚ん」の類）を示すようにも用いられました。ただ、これらは一般的に普及していたわけではありませんが、実際の発音に近づけて特殊な音を表そうとする試みは、文中の会話に対してより現実感を持たせるためになされたものでした。

6. 漢語が多様化する

和語の語義変化

語彙では、和語の「しゃれ」という語から見てみましょう。この語は江戸時代には〈当世風で気が利いていること〉〈はなやかに着飾ること〉などの意で用いられました。もとは「ざれる（戯）」の名詞形で、平安時代に〈ふざける〉とともに、〈気が利いている〉〈すぐれた趣がある〉の意でも用いられていました。『日葡辞書』には「さるる」「しゃるる」の立項はなく、「ざるる」には〈ふざける〉と解説し、「じゃるる」には「ザルルという方がよい」と見えています。このことから見ますと、室町時代に「ざるる」から拗音化した「じゃるる」が俗語的に用いられ、江戸時代に「じゃれる〈ふざける〉」とは意味を分化させて、清音化した「しゃれる〈垢抜ける〉」が生じたことになります。ちなみに、「洒落《しゃらく》」は〈さっぱりしている、執着しない〉意ですが、音からも意味からも類似していたことから当て字として用いられました。儒学者の藤原惺窩がその最初の人だと言われています。

　これ色男、こつちへ、来《き》のめ田楽《でんがく》〳〵としやれをいふ（遊子方言　発端）

右の「しゃれ」は「こっちへ来なさい」という語と「木の芽田楽」をかけた駄洒落の意です。

次に「かわいい」ですが、この語は「かはゆい（文語形かはゆし）」から室町時代に語形が変化した語です。「かはゆし」は〈恥ずかしい〉意の「顔映《かほは》ゆし」から転じたもので、〈恥ずかしい〉〈まともに見ていられない〉意から、鎌倉時代に〈かわいそうだ〉〈気の毒だ〉の意となり、室町時代には弱者や小さな者をいじらしく思う気持ちから〈愛らしい〉の意も生じました。「かわゆい」「かわいい」は江戸時代になると、「かわい」「かあい」などという語形でも用いられました。そして、前期には接尾語「らしい」が付いた、〈愛らしい〉意の「かわゆらしい」「かわいらしい」という語も生じました。

　ひとつは物越《ものごし》程可愛《かはひらしき》はなし（好色一代女　一・国主の艶妾）

少し遅れて、接尾語「そう」が付いた、〈気の毒なさま〉の意で「かあいそう」「かわいそう」という語形も出現するに至りました。

かあひそうに、又おれほどの謡もない（軽口頓作）

「かわいそう」は後期に増加し、「可哀そう」「可哀想」という当て字も見られます。

可哀《かはい》さうなものはあの婆《ばあ》さんさ。（浮世風呂　二・下）

「かわいい」に「可愛い」、「かわいそう」に「可哀想」という当て字が次第に定着していくように、この両者はそれぞれ違う語形となって意味が区別されるようになったのです。

「ありがたい」は文語「有り難し」の〈めったにない〉意が原義ですが、室町時代には〈めったになく、喜ばしい〉意になりました。類義の「かたじけない」は〈畏れ多い〉〈もったいない〉が原義ですが、平安時代には〈恩恵を受けてありがたい〉という意でも用いられていました。そして、江戸時代の上方ではふつう「かたじけない」が用いられました。方言書の『浪花聞書』（一八一九年頃）には次のように記されています。

かたじけない　忝也　按に浪花の言葉に目上のものへむかいても忝といふてありがたいと云言葉もんくはつかわず

この記述を見ますと、上方では（目下だけでなく）目上に向かっても「かたじけない」という言葉を用いるのに対して、江戸では目下には「ありがとう」を用いたというように解釈されます。「ありがとう」は江戸で用いられた言葉であったことがわかります。

ハイ、ありがたう。コレ、御《ご》あいさつを申しやれ（浮世風呂　二・上）

ハイ〳〵是《これ》はありがたうございます。サア這入《はいり》ましよ。（浮世風呂　前・上）

ハイ〳〵、ありがたう存ます。ハヽヽヽ。扨お羨《うらやま》しい事でございますナ（浮世風呂　四・上）

丁寧な言い方では「ありがとうございます」「ありがとう存じます」などが用いられていたことがわかります。

「やさしい」は平安時代には〈身もやせる思いがする〉〈優雅だ〉という意でしたが、『日葡辞書』では〈慎み深く、礼儀正しく、かつ、愛情に満ちた人〉という現代的な意味の記述となっています。そして、類音の「やすい」が〈容易だ〉の意を持っていたことから、その類推で〈わかりやすい〉〈簡単だ〉の意も生じました。

むづかしい字を見ねへ。やさしく書けば「七百」という字だが、むづかしく書くと「六百」といふ字だ（浮世床　初・中）

「むずかしい」は古くは清音の「むつかし」で、平安時代には〈不快だ〉〈機嫌が悪い〉の意で用いられました。さらに、〈ごたごたして煩わしい〉意から、江戸時代に〈複雑で理解しにくい〉の意が生じました。

おきやアがれ。コレ今度《こんど》はむつかしいやつをいはふ。そのかはり、手めへ解《とか》ねへと酒《さけ》を買《かは》せるがい丶か（東海道中膝栗毛　初・発語）

心情形容詞から評価形容詞へと意味が大きく転じるとともに、江戸時代後期に濁音に転じて「むずかし」となったようで、前掲の「むづかしく」（浮世床　初・中）のほか『和英語林集成』初版（一八六七年刊）に「muzukashisa」（難しさ）と見えます。

最後に、「まるで」ですが、この語は「まるはだか（丸裸）」「まるあんき（丸暗記）」などの〈そっくりそのまま〉の意を副詞化したものです。「あたかも」「さながら」に対する口語的表現としてこの時代に登場しました。

　先《せん》の塩梅《あんべい》じやア丸《まる》で勝《かつ》た将棊《せうぎ》だア（浮世風呂　前・下）

漢語の多用

前代と同じく漢語が尊重されましたが、特に武士の会話には漢語が多く使われていました。たとえば、十返舎一九『東海道中膝栗毛』（一八〇二～一四年刊）の発端で武士に扮した男の言葉遣いに多くの漢語が見えます。

　明晩《めうばん》安倍《あべ》川原《かはら》におゐて勝負《しやうぶ》を決《けつ》せずとの返事《へんじ》、元来《もとより》身共も覚悟《かくご》のまへ、いかにもと挨拶《あいさつ》せし所に、家老《からう》中《ぢう》より双方《さうはう》をめされ、年来《ねんらい》御主人《しゆじん》の御知行《ちぎやう》を頂戴《てうだい》いたし居ながら、私《わたくし》の宿意《しゆくゐ》をもつて討果《うちはた》さんとは、殿《との》へ対《たい》して第《だい》一不忠《ふちう》（東海道中膝栗毛　発端）

このような背景には江戸時代には儒学が盛んに行われ、漢籍を読む機会も多かったことが挙げられます。

また、中国から新たに「剽軽《ひょうきん》」などの唐音による語も借用されました。

漢字表記を音読した語も「たいきん」（大金→おおがね）、「しんぱい」（心配→こころくばり）などが生じました。「身分」も漢語に見える〈体の部分〉というのとは別に、「身の分際」の意で〈社会的地位〉〈境遇〉などを意味する湯桶読みの語として使われました。

「月々タッタ十両ヅヽ」「ハテ、結構《けつかう》な御身分《ごみぶん》だ」（浮世風呂　四・中）

このほか、この時期に作られた漢語には「残念・本当・独身・直訳・高評・国産」などの語があります。

当て字

出版が隆盛になるにつれて、漢字の表記に当て字が用いられることも多く見受けられるようになりました。その一端を次に示しておきましょう。

「食事を堪能《たんのう》した」の「たんのう」は〈足りた〉という意の「足《た》んぬ」（ヌは完了の助動詞）が語源です。この「足んぬ」が室町時代に体言化し、サ変動詞で〈十分である〉〈満足する〉の意で用いられるようになりました。

　身の炎《ほむら》を燃やいて誹《そし》り回《まわ》って猶《なを》足んぬ（tannu）せねば（伊曽保　イソポの生涯のこと）

江戸時代にこの「たんぬ」が「たんの」（日本永代蔵　四・三）に変化し、さらに語末が長音化し「たんのう」となりました。

随分涙のこぼるるやうに口よせにて御湛応《たんのう》なされて下され（世間娘容気　二）

「堪」の音は「カン」で、漢語「堪能《かんのう》」は〈才能がすぐれている〉の意でしたが、類音・類義であることから、この字がよく当てられるようになりました。ただ、「たんのう」にはほかに「湛能・堪納・湛納・湛応」なども当てられました。

「氏《うじ》・素性《すじょう》がわからない」の「すじょう」は〈血統、氏〉の意の漢語「種姓」に由来します。この呉音読み「シュショウ」の「シュ」が直音化し、また連濁を起こして江戸時代には「スジョウ」と発音されるようになりました。このスは「種」の字音にふさわしくないように思われて、新たに〈生まれつきの性質〉の意の漢語「素性」などを当てるようになりました。江戸時代の『書言字考節用集』には「種性」のほかに「素姓」も見え、また「素生」のような〈生まれたもと〉と解釈した当て字も用いられました。

お蝶《てう》が素生《すじやう》はこれより後《のち》、六郎成清《ろくらうなりきよ》の正《たゞ》しにて、近常《ちかつね》が種《たね》なるよし相《あひ》わかり（春色梅児誉美　一二・二四）

漢語の語義変化

次に、この時代に漢語が意味変化して、今日のような語義が生じたものを少し挙げてみましょう。

「恰好」（「恰」は〈ちょうど〉の意）は、本来〈ちょうど好い〉意で、今日でも、形容動詞として「プレゼントに恰好な品」「恰好の獲物」のように用いられています。この原義である、形がちょうどよいことから、

〈姿、形、見かけ〉の意となりました。「格好」は当て字です。

いつそ恰好《かつかう》がよいネヱ（浮世風呂　二・上）

「挨拶」は「挨・拶」ともに〈押す〉意で、もとは〈押し合う〉という意でした。禅宗で、問答によって門下僧の悟りの度合いを試すことを言いましたが、これが〈応答の言葉、返事の言葉〉の意となり、江戸時代にさらに転じて〈交際を維持するための社交儀礼〉の意となりました。

きんじよの人々手つだひて、そこらとりかたづけ、めい〳〵くやみをのべ、あいさつして、みな〳〵ひとまづかへる（東海道中膝栗毛　発端）

「我慢」はもと仏教語で〈自分に執着する〉の意で、「自慢」とよく似た意味の語でした。ただ、「我慢」には、心の中で我意を張り通そうとする気持ちの強さもあり、その意味から江戸時代後期に〈辛抱する〉の意に転じました。

ゐこぢになつて出《だ》すめへと、今日《けふ》まじやア我慢《がまん》して居《ゐ》たけれど（春色梅児誉美　一・一）

「大丈夫」は〈立派な男子〉の意の漢語でしたが、室町時代には〈しっかりしているさま〉〈気の強いさま〉の意で形容動詞として用いられるようになりました。この段階では「大丈夫」と「丈夫」の違いはほとんどありませんでした。江戸時代になりますと、〈心配がない〉〈あぶなげのない〉の意となり、「じょうぶ（丈夫）」とは意味の上で差異化されました。

そふか銀座《ぎんざ》の宮芝《みやしば》さんなら節《ふし》は大丈夫《だいぜうぶ》だ（春色梅児誉美　三・六）

このほか、この時代に、漢語が意味を変化させ、今日のような語義が生じた例を次に少し列挙しておきましょう。

勉強〈努力をして困難に立ち向かうこと〉→〈しかたなくする〉〈学習する〉

勘弁〈物事の理非善悪をわきまえること〉→〈物事をうまくやりくりすること〉→〈他人の誤りを許すこと〉

景気〈自然の景色・ようす〉→〈人間の有様・ようす〉→〈商売などの状況〉

心外〈一心の外、心以外〉→〈思いのほか、意外〉→〈まったく予期に反して残念だ〉

結局〈囲碁を一番打ち終えること〉→〈はて、結末〉

7. 西洋の言語を翻訳する—新しい日本語の時代へ

翻訳と漢語

江戸幕府が、いわゆる鎖国に入った後も通商関係を持ったのはオランダでした。一八世紀前半には蘭学が奨励されるようになり、オランダ語を通して自然科学の分野を中心に新たな知識がもたらされました。そして、オランダ語の文章を翻訳することが始まります。西洋の言語を初めて翻訳するという未曾有の事業を前にして悪戦苦闘することとなりますが、杉田玄白『蘭学事始』（一八一五年成立）には、『解体新書』（一七七四年刊）を翻訳するときの苦労が次のように記されています。

譬《たと》へば、眉といふものは目の上に生じたる毛なりと有るやうなる一句、彷彿《はうふつ》として、長き日の春の一日には明らめられず。日暮るる迄《まで》考へ詰め、互ににらみ合て、僅《わづか》一二寸の文章、一行も解し得る事ならぬことにて有りしなり。

一日考えても一行も訳せないというありさまだったと述懐しているのです。このような苦心の結果、日本人独自の翻訳が始まることになりました。当時は西洋医学の知識があったわけでなく、またそのような新しい概念に相当する語もまだありませんでした。したがって、その翻訳にあたっては、創意工夫によって語を作り出すか、そのまま外国語を音写するか、いずれにしても言葉を創造するしかありませんでした。『解体新書』は漢文で翻訳されたこともあって、「神経・盲腸・視覚・粘膜・座薬・軟骨・十二指腸・横隔膜」などの漢語が、また、宇田川玄真によって「腺」という国字が作り出されました。

訳語の作り方には大きく分けて、直訳と意訳があります。直訳とは語を構成要素に分けてそれぞれに対応する訳語を当てること、意訳とは個々の要素の対応関係にこだわらずに語全体の意味を翻訳することです。次に『解体新書』以後に見られる直訳の例を少し挙げておきましょう。書き添えた書名はその語が初出するものです。

結膜　bind（結）vlies（膜）『解体新書』　粘膜　slijm（粘）vlies（膜）『解体新書』
引力　antrekkin（引）karacht（力）『暦象新書』　球根　bol（球）wortel（根）『厚生新編』

角膜　hoorn（角）vlies（膜）『眼科新書』　　　元素　grond（元）stof（素）『遠西医方名物考』
水素　water（水）stof（素）『遠西医方名物考』　炭素　kool（炭）stof（素）『遠西医方名物考』

ここでは、vlies（膜）やstof（素）を軸にして、逐語的に漢字が当てられています。こうした手法も訳語創出の一つの手がかりになったことは疑いありません。

外来語

翻訳のもう一つの方法が、外国語の読みをそのまま日本語音韻で定着させるというものです。前代からのポルトガル語に次いでオランダ語から、医学・化学などの分野の用語や物品名などで外来語として借用されました。

医化学関係…アルカリ　アルコール　エレキテル　ガス　カドミウム　カンフル　スポイト　チンキ
　ハトロン　メス　レンズ
物品名…インキ　オルゴール　ガラス　コップ　ゴム　コルク　サテン　スコップ　ズック　ブリキ
　ペンキ　ホース　ポンプ　ランドセル　ランプ
食品関係…コーヒー　コック　シロップ　ビール
生活関連…ドンタク　マドロス

幕末になると、英語やフランス語などを起源とする外来語も次々に用いられるようになりました。こうして、日本語は明治という新しい時代へと突き進んでいくことになります。

第7章

明治以降の日本語

1. 明治以降の言語と社会―現代語が成立する

明治以降の概観

一八六八年に首都が東京（それまでの江戸）に遷り、明治時代が始まります。江戸時代までは、鎖国の体制に守られて、言語の体系的側面ではかなりゆるやかな変化でした。これに対して、明治以降は急速に外国から新しい文化や事物が流入する中で、日本語が、特に語彙の面で激しい変化を遂げた時代であると言えます。新しい訳語を漢語によって造語したり中国語から導入したりして、漢語の使用が増大しました。一八八一年に刊行された井上哲次郎ら編『哲学字彙』は哲学に関する用語を集めた辞書ですが、そこには西洋の文物・概念に対する訳語が示されていて、今日でも用いられる多くの漢語が用いられ始めたことを示しています。

また、外国語の音をそのまま用いた外来語も急激に増えました。固有名は当初漢語で表記されることもありました。たとえば、フランスを「仏蘭西」、イギリスを「英吉利」、パリを「巴里」、ローマを「羅馬」、シェークスピアを「沙翁」などと書く類です。外来語を片仮名で書くという慣用は新井白石『西洋紀聞』（一七一五年頃成立）に始まりますが、それが一般的な表記としてますます浸透していきました。

新聞・雑誌・書籍といったマスメディアの発達は、印刷技術の向上と相俟って、書き言葉を庶民にも読みやすいものに変化させ、明治政府の政策による学校教育の普及が全国的な規模での国語教育を施したこともあって、文体や文字表記などに大きな変化を与えました。

言文一致体

書き言葉の改良も大きな改革の一つでした。明治維新前後から言文一致の主張が唱えられるようになり、次第に高まりを見せるようになります。その中で、若林坩蔵《かんぞう》の考案による速記法によって刊行された、三遊亭円朝口演の『怪談牡丹灯籠』（一八八四年刊）は、落語の語り、つまり話し言葉をそのまま書き言葉とすることを試みて、言文一致体のいわば先駆けとなりました。

そして、一八八七年には二葉亭四迷が『浮雲』を「だ」調と呼ばれる言文一致体の文章で出版しました。翌年発表された『あひゞき』では言文一致体がかなりの成功を収めていると評価され、にわかにこの運動は勢力を得ていきました。これに対抗して、山田美妙は「です」調を用いて『夏木立』（一八八八年刊）などを著しました。また、尾崎紅葉は『多情多恨』（一八九六年連載）で「である」調を用いて、言文一致体はかなりの成熟度に達しました。

小学校教科書の文章を言文一致にすることが認められ、一九〇三年発行の国定尋常小学読本（第一回国定教科書）には多くの口語文教材が採用されました。言文一致体は、文学という分野だけでなく新聞・雑誌などでも広く用いられた結果、次第に書き言葉の文体として確立されていきました。こうして、「である」「です」などを文末に用いる現在の口語体が定着し、話し言葉を基盤とした新しい口語表現が一般化してきたのです。

2. 現代表記が確立する

漢字とルビ

明治の初めにイギリスから導入された活版印刷技術によって、漢字仮名交じり文の大量印刷が可能になり、ルビ（振り仮名）付きの表記も普及していきました。

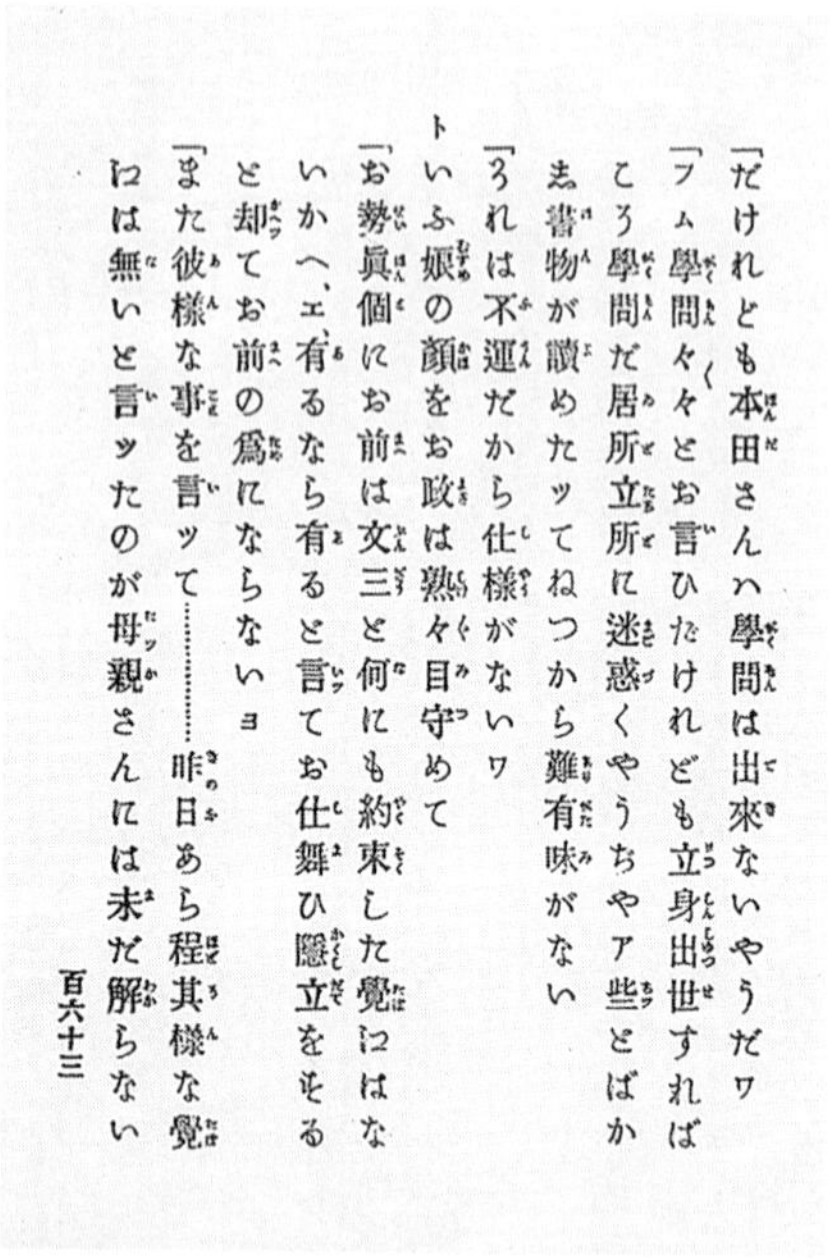
「だけれども本田《ほんだ》さんハ學問《がくもん》は出來《でき》ないやうだワ
「フム學問《がくもん》々々とお言《い》ひだけれども立身出世《りつしんしゆつせ》すれば
こそ學問《がくもん》だ居所《ゐど》立所《たちど》に迷惑《まごつ》くやうぢやア些《ちつ》とばか
り書物《ほん》が讀《よ》めたッてねつから難有味《ありがたみ》がない
「それは不運《ふうん》だから仕様《しやう》がないワ
トいふ娘《むすめ》の顔《かほ》をお政《まさ》は熟々《つく〲》目守《みつ》めて
「お勢《せい》眞個《ほんと》にお前《まへ》は文三《ぶんぞう》と何《な》にも約束《やくそく》した覺《おぼ》えはな
いかへ、エ有《あ》るなら有《あ》ると言《いつ》てお仕舞《しま》ひ隱立《かくしだて》をする
と却《かへつ》てお前《まへ》の爲《ため》にならないヨ
「また彼様《あん》な事《こと》を言《い》ッて……昨日《きのふ》あら程《ほど》其様《そん》な覺《おぼ》
えは無《な》いと言《い》ッたのが母親《おつか》さんには未《ま》だ解《わか》らない
百六十三

浮雲（日本近代文学館）

凡ソ三四十歩ニシテ一ツノ破屋《ハヲク》《アバラヤ》アリ（花柳春話　初）

右ルビが読み下すための読みで、左ルビが意味を記したものです。また、翻訳小説などでは漢字片仮名交じり文ということもあって、片仮名書きの人名の右側に傍線、地名には二重傍線が付されることもありました。

明治時代は漢字にはまだ多くの当て字が用いられていました。次に、雑誌『ホトトギス』に掲載された夏目漱石『吾輩は猫である』（一九〇五〜〇六年）に見える当て字の一端を挙げておきましょう。

三間（秋刀魚《さんま》）　言語同断（言語道断）　泣き度（たく）ても　話をし様（よう）

矢張（やはり）　切角（せっかく）　胡魔化（ごまか）して　出鱈目（でたらめ）

漢字を尊重する意識は、ある意味で今日まで続いているとも言えます。ちなみに、同書では「ヴァイオリン」の「ヴァ」は「ワ」に濁点を付した仮名で書かれています。

仮名遣いと漢字制限

学校教育では歴史的仮名遣いが採用されて、統一的な仮名遣いが行われるようになり、平仮名および片仮名の字体も一九〇〇年の小学校令施行規則改正によって統一されました。こうした言語政策の動きは昭和へと続き、さらに平成にも及んでいます。第二次世界大戦後の国語改革、たとえば一九四六年の「現代かなづかい」によって表音的な仮名遣いが施行され、「当用漢字表」によって使用する漢字が制限されることとなりました。その後、漢字制限は一九八一年に告示された「常用漢字」に引き継がれますが、文字表記の効率化を図ることは社会活動を円滑にするためにも重要な施策と言えます。

このように、明治以降は言語自身が変化すると同時に、人為的に改革を進めたという側面も大きいのが特徴的です。

ローマ字

ローマ字についても少し触れることにしましょう。一八七五年に設立された羅馬字会が「羅馬字を用ふるには、其子字は英吉利語に於て通常たる音を取り、其母字は伊太利亜語の音（即ち独乙語又は拉丁語）を採用する」という方針で発表したのが、いわゆる「ヘボン式」です。つまり、子音は英語に、母音はイタリア語（ドイツ語またはラテン語）に準拠するというもので、ヘボン（James Curtis Hepburn 一八一五〜一九一一）が『和英語林集成』三版（一八八六年刊）にこれを採用したところから、この名称で呼ばれるようになりました。

一方、田中館愛橘（一八五六〜一九五二）は、羅馬字会式つづり方が発表された同年の八月に、それが英語のつづりに偏っていることを批判して、日本語固有の音韻に対応したつづり方を提案しました。これが「日本式」と呼ばれているものです。「シ」si、「チ」ti、「フ」huなどと表記する方式です。この日本式と羅馬字会式（標準式）の主張は対立したままでしたが、文部省がこれを一本化して、一九三七年に内閣訓令によってローマ字のつづり方が定められました。これが、日本式をさらに徹底させ、いっそう現実の音声に準拠した「訓令式」と呼ばれるものです。

しかし、一九五四年の内閣告示「ローマ字のつづり方」として、再び英語寄りの折衷的なものが提示されました。そのため、混乱した状態が再び生じて、今日に至っています。

3．現代語音韻と方言アクセント

外来語の音韻

次に、音韻について見ますと、前代と比べて大きく変化した部分はなく、特に母音についてはまったく変わりません。外来語の発音の中で、次のような子音と母音からなる音節に前代になかったものが用いられるようになりました。

シェ［ʃe］	ジェ［ʒe］	チェ［tʃe］	ツィ［tsi］	ツェ［tse］
ティ［ti］	トゥ［tu］	ディ［di］	ドゥ［du］	
ファ［Φa］	フィ［Φi］	フェ［Φe］	フォ［Φo］	ヒェ［çe］
クヮ［kwa］	クィ［kwi］	クェ［kwe］	クォ［kwo］	
グヮ［gwa］	グィ［gwi］	グェ［gwe］	グォ［gwo］	
イェ［je］	ウィ［wi］	ウェ［we］	ウォ［wo］	

これらは外国語の習得が進むにつれて、徐々に獲得されてきたものです。古くビルディングを「ビルヂング」、チェロを「セロ」（セロ弾きのゴーシュ）などと言っていましたが、原音に近い発音に定着してきました。しかし、これらはすべて単音自体は従来から存在しているものです。たとえば「ファイト」の「ファ」

は、「フ」の子音と母音「ア」が結合したものであり、「チェロ」の「チェ」は「チャ・チュ・チョ」の子音と母音「エ」が結合したものです。「グワ」も「ガ」の子音に「ワ」が添えられたもの、「イェ」も母音「イ」と「エ」が結びついたものです。

このように、前代までは単音どうしの結合がなかったというだけで、新たに単音として獲得されたものはまったくありません。つまり、日本語の音韻体系の、いわば空き間であった所に入り込んだものと言うことができます。このうち「シェ・ティ・トゥ・ファ・クヮ・イェ・ウォ」などは、これまでも見てきましたように、江戸時代以前に音節として実際に存在していたものです。歴史上一度消滅した発音が外来語において復活したということになります。

音韻の変化

語中のガ行鼻音、たとえば「私が」「大型《おおがた》」の「ガ」[ŋa] などは、東京を中心として次第に用いられなくなる傾向にあることは前に述べたとおりです。日本語の歴史の上では鼻濁音のグループがついに全滅しようとする段階を迎えていると言えましょう。

話し言葉では、「やっぱし・ぴったし・ばっかし」などのように、促音の次の次に位置する「り」が「し」に変化する現象が顕著に見られます。江戸時代の後期から見られるもので、形容詞活用語尾の「し」に引かれた変化とも考えられますが、今後の日本語を変えていく可能性を秘めた一つとも言えるでしょう。新しさを求めて、変化形が生じるとともに、それを是正しようとする動きが今後も繰り返されることでしょう。

現代のアクセント

アクセントでは共通語において平板化が進んでいます。特に外来語において、拍数の少ない語は「**ガ**ラス」「**ク**ラブ」のように、語頭を高く、次からは低く発音されるのが一般的です。しかし、最近は「ガ**ラス**」「ク**ラブ**」というように、語頭を低く、次からはそのまま高く発音されることが目立つようになりました。和語でも「**カ**レシ」（彼氏）を「カ**レシ**」と発音するなど、個別的な変化はさらに盛んに見られるようになるでしょう。

ところで、ここで現代の方言について少し触れておきましょう。歴史的変化においても地理的分布においてもアクセントの型の対応が見られるということを前に述べましたが、方言アクセントは次のように分類されています。

京阪式アクセント……近畿・四国の大部分・福井・石川・佐渡・九州西南部・沖縄
東京式アクセント……愛知・岐阜・新潟以東（一部を除く）・中国地方・九州東北部
二型アクセント　……鹿児島市
一型アクセント　……宮崎県都城市・鹿児島県志布志町
無アクセント　　……東北南部・栃木・茨城・九州中部・種子島・五島列島

東京のアクセントは二拍名詞では三種類でしたが、鹿児島方言では「ハ**ナ**ガ」（鼻）と「ハナ**ガ**」（花）の二種類となるため、そのようなアクセントを「二型アクセント」と呼んでいます。また、都城方言は高低関係を認識することはできますが、その型は「ハ**ナ**、ハナ**ガ**」（鼻）のように文節末尾で常に高くなるという一種類だけの「一型アクセント」です。さらに、仙台方言ではハナ（鼻・花）では、たとえば「ハナ、ハナ**ダ**、コ**ノハナ**、コ**ノハナダ**」などというように、アクセントの型の知覚がありません。これは「無アクセント」と呼ばれています。アクセントの型が統合を繰り返すと、型の種類が減少していくという原則から見れば、最も変化の進んだものが一型アクセントでありますが、一型しかないということは高低関係が音韻論的な機能を失っているということです。知覚さえない無アクセントは日本語の変化における最先端のものであり、同時に最終の段階にあるということもできます。ちなみに、今後もアクセントが音韻論的価値を失う方向に推移すると見られます。

方言アクセント

さて、統合した後に、新たな規則で類を分化させることもあります。代表的な地域の二拍名詞のアクセントを次に具体的に示しておきましょう。

<table>
<tr><th></th><th>第一類</th><th>第二類</th><th>第三類</th><th>第四類</th><th>第五類</th></tr>
<tr><td>京都</td><td>高高</td><td colspan="2">高低</td><td>低高〜低低＝高</td><td>低降〜低高＝低</td></tr>
<tr><td>富山</td><td>低低</td><td colspan="2">高低（語尾i、u）
低高＝低（語尾a、o、e）</td><td>低低</td><td>高低（語尾i、u）
低高＝低（語尾a、o、e）</td></tr>
<tr><td>東京
広島</td><td>低高＝高</td><td colspan="2">低高＝低</td><td colspan="2">高低</td></tr>
<tr><td>大分</td><td colspan="2">低高＝高</td><td>低高＝低</td><td colspan="2">高低</td></tr>
<tr><td>秋田</td><td colspan="2">低低</td><td>低降〜低高＝低</td><td colspan="2">高低（語尾i、u）
低降〜低高＝低（語尾a、o、e）</td></tr>
<tr><td>鹿児島</td><td colspan="2">高低〜低高＝低</td><td colspan="3">低高〜低低＝高</td></tr>
<tr><td>所属語</td><td>飴　顔　水</td><td>歌　紙　夏</td><td>足　月　花</td><td>糸　海　空　舟</td><td>秋　雨　陰　春　鮒　窓</td></tr>
</table>

富山のアクセントは第二・三類と第五類が、そして第一類と第四類が統合したというものですが、そのような類の統合とは別に、語尾にくる母音の広狭で型を異にしていることがわかっています。すなわち、語尾がi（海《うみ》）・u（夏《なつ》）という狭母音の場合には「高低」型、語尾がa、o、eというより広い母音では「低

高（付く助詞は高）」型として発音されています。これは秋田のアクセントなどにも見られるものですが、それは新たな規則による分化であって、平安時代に存在した類が再生されるということではありません。つまり、類という観点から見れば、一度統合すれば再び分離するということはないのです。その点で見ると、富山のアクセントは京都のアクセントから変化したものとも言えますし、また東京や広島のアクセントも一四世紀後半の京都のアクセントを母胎として、第四類と第五類が統合したものとも考えられます。

アクセントの系譜

そこで、類の統合という観点から代表的な方言アクセントの系譜をたどってみると、次のようになります。

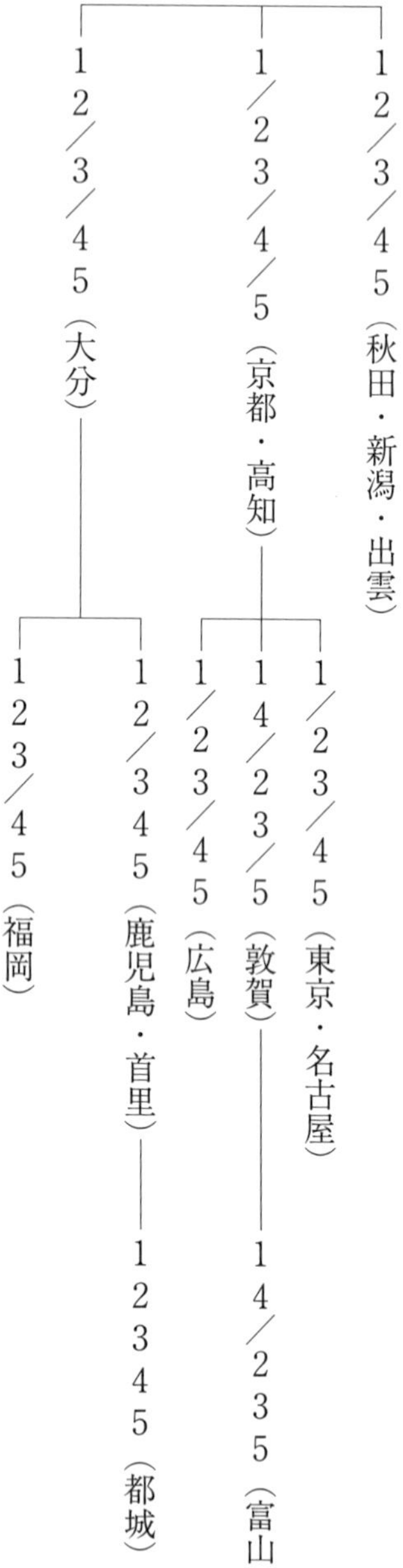

すなわち、平安時代の京都アクセントを基盤とする枠組みですべての方言アクセントがとらえられ、その

生成の過程もある程度推測することができるということを意味します。

そこで、大分のアクセントに注目してみましょう。ここでは、第二類は第一類と統合していて、第三類とは別の型となっています。すなわち、南北朝時代の京都で生じた、第二・三類の統合というアクセント変化と関係していません。九州全体に、オ段長音の開合が何らかの形で区別されていたり、「チ・ツ」が非口蓋音であったり、また二段活用が残存していたりする現象も認められますので、それらを考え合わせますと、九州方言は院政時代以降の中央語からは影響を被っていないというように推測できます。秋田や出雲も同じように南北朝時代以降の中央語の影響はあまりないようです。

そして、これらは、柳田国男が唱えた方言周圏論、すなわち文化の中心地を中心として同心円状に層をなして、より古い言い方が周辺に分布するという見方とも矛盾しません。影響を被っていないということは、言語的にはそれ以前に分化して、独自の発展の道をたどったことを意味します。

東京アクセントの形成

では、東京のアクセントはどうでしょうか。どうも一四世紀後半以降の京都で話されていたようなアクセントを母胎として形成されたと見るのが自然のように思われます。このような見方をいち早く唱えたのは金田一春彦でした。彼は次のような過程を推測しました。

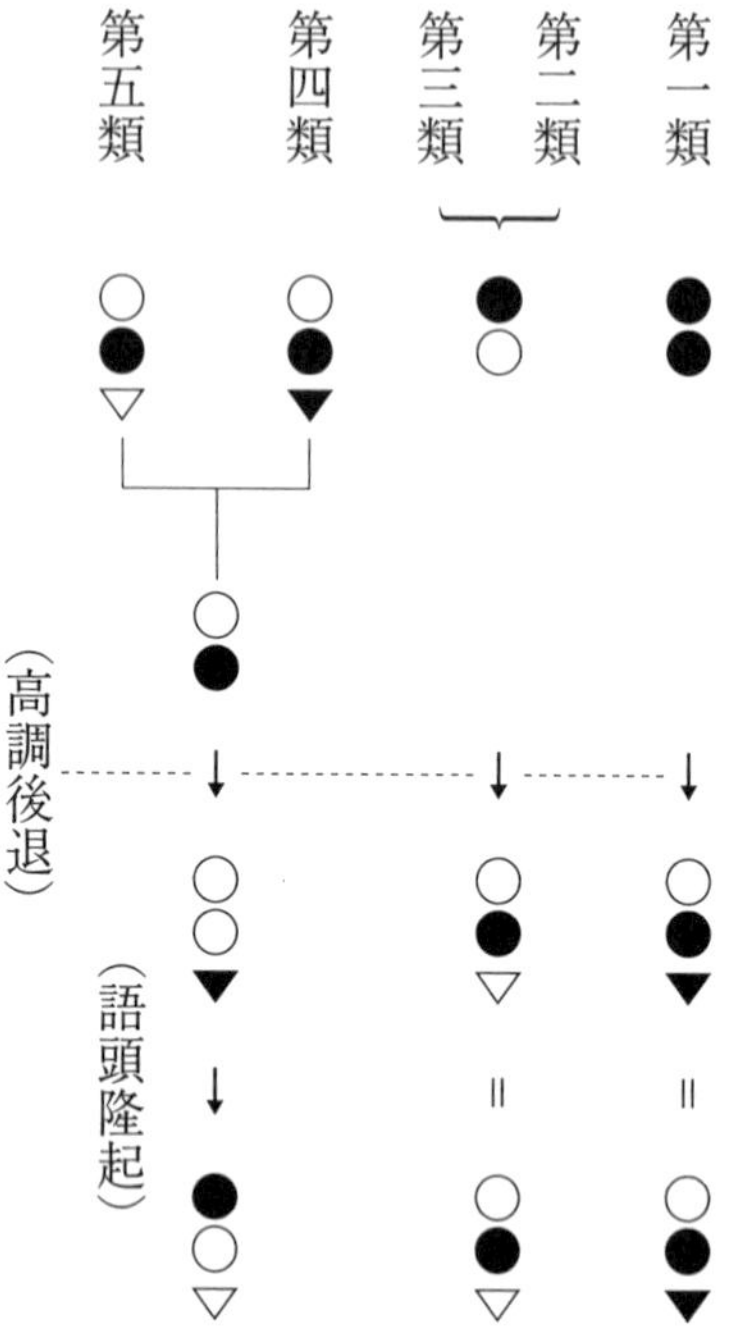

（1）南北朝時代以降、第四・五類が「低高」型として統合し、種類は三つとなった。

（2）一様に、高い部分が一拍分後ろにずれるという現象が起こった（一拍分低くずれる型に変化した）。

こうして、第四・五類の名詞は低平調となった。

（3）第四・五類は低く始まり二拍連続して低調であるため、語頭が高く始まるように変化した（第三類が第二類に統合した過程に同じ）。

状況証拠だけしかありませんので、断定はできませんが、おそらくはこのような変化が実際に起こったと見て問題ないように思われます。京阪式と東京式のアクセントは、糸魚川から県境を横断して岐阜県揖斐川に至るラインを境界にして東西に分かれていますが、この東側の地域は奈良時代から「あずま」と呼ばれていた所でした。アクセントに相違があるだけでなく、「買った・買《こ》うた」「早く・早《はよ》う」「借りる・借《か》る」「行かない・行かん」など、さまざまな文法項目においてもほぼ同じところに境界線が位置しているということは、日本の東西を考える上で興味深い事実です。

4. 現代語法ができあがる

動詞の活用

文法の話題に移りましょう。一字漢語動詞は「感じる」「信じる」のように前代で一段化していましたが、明治に入ると、五段活用化する例も生じました。

愛する愛さんはさて置いて、私は唯可哀そうだつたのだ（平凡　一三）（二葉亭四迷）

可能動詞―ラ抜き言葉

可能を表す言い方としては、前代でも四段活用の未然形に助動詞「れる」が付いた形が多く用いられていましたが、明治以降は可能動詞が次第に多用されるようになりました。そのため、近年いわゆる「ラ抜き言葉」が増加していますが、この言い方は「見れる」（『子をつれて』葛西善蔵　一九一八年刊）、「寝れる」（『蟹工船』小林多喜二　一九二九年刊）など古くから見えます。

一般的に可能の意の派生動詞は五段活用を下一段化したものですが、子音終止語幹（語尾のuを除く要素）に「eる」が付くという類推によって成り立っているところがあります。

kak-u → kak-eru（書く・書ける）

mir-u → mir-eru（見る・見れる）　　taber-u → taber-eru（食べる・食べれる）

つまり、五段活用から可能動詞への派生を一般化したという側面があります。さらに、可能の意を表す場合、五段活用の未然形には「れる」が、それ以外の未然形には「られる」が付くという接続のしかたであったものから、これを単純化して、すべての動詞においてその未然形に「れる」が付くようになったと分析することもできます。

乗ら・れる　　見・れる　　食べ・れる　　来・れる

これは、「れる」という多義語において、受身・自発・尊敬の場合とは接続に差異を生じさせることで、意味上の分化を明示できるという利点もあります。つまり、その合理性においてラ抜き言葉は一般化する方向で推移することに支障はほとんど見当たらないのです。

無語幹の動詞には「見れる」「寝れる」のように古くから見えますが、現在では「起きれる」「食べれる」のような一拍語幹でも違和感がなくなっています。ただし、二拍語幹の「あつめれる」「おしえれる」などが一般化するのはもう一歩と言うところでしょうか。

助詞

接続助詞の「から」は明治前期でもふつうに用いられていましたが、明治二〇年代になると、「ので」が次第に勢力を得ていきます。それは山の手言葉において「ので」が用いられていたためで、品位のある語として使用が拡大していきました。

終助詞では「かしら」が「かしらん」から転じて、次第に女性に用いられていきました。

其《そ》れから上着は何衣《どれ》にしやうかしら（浮雲　一・六）

「わ」は前代では男性にも用いられましたが、軽く確認する意で女性が多く用いるようになりました。

それは不運だから仕様《しやう》がないワ（浮雲　一・六）

あなたの手は温い手ね。この手はいい手だわ。（或る女　後・四七）

「て」は明治以降、女性語として多用されるようになった語の一つです。上昇調のイントネーションを伴って質問・反語や依頼の気持ちを表しています。

それでも母親《おつか》さんは何時《いつ》もお異《かはん》なすつたことも無《な》くツて（浮雲　一・四）

ちょいとお母さんの喉に触らして（蓼喰ふ虫　六）

「よ」は古くから用いられた語ですが、次第に聞き手に働きかける気持ちを込めて用いられるようになりました。今日でも文中での「そしてよ、あいつがよ…」、文末での「来ましたよ」などに見られます。特に女性語としての「よ」は、高いイントネーションを伴って直接断言しない意を、低いイントネーションを伴って甘えた依頼の意を表します。

ええ、少しはよくなりましてよ。（或る女　前・五）

切ってよ、鋏持って来たから。（雪国）

「てよ」「だわ」などの女性語は一八九六、七年頃に流行《はや》り出した言葉で、当時は「てよだわ言葉」などとも称されました。女学生たちの間で使い始められて、その当時は変な言葉遣いだとされました。もと下層階級の女性が用いていたものを真似したのが始まりだと言われています。確かに、『安愚楽鍋《あぐらなべ》』には、遊郭で「よ」の使用が禁じられていたことが記されていますから、明治の初めは俗っぽい言い方であったようです。

角《かど》ゑびのはやことに岡本《をかもと》の「くるはヨ」「ゆくはヨ」金瓶大黒《きんぺいだいこく》じやア「あ、やだヨ」といふことばを禁《ふう》じられたシ（初・堕落個《なまけもの》の廓話《くるわばなし》）

ただ、この語はその後、女性語として広く用いられるようになりました。

助動詞

推量の「みたいだ」は明治中期以降の成立で、「みたようだ」から生じました。

「牢屋《らうや》みたいだな」と兄が低い声で私語《ささや》いた（行人）。

否定や推量をめぐっては、明治初年には「ないだろう」がすでに見え、一八九〇年以降「ただろう」「たでしょう」「ないでしょう」という言い方が多用されていきました。

酒を見かけちゃアにげられねへだらう（安愚楽鍋　初・諸工人《しよくにん》の侠言《ちうツぱら》）

マンザラ泥棒だとも思はなかっただらふよ（「海舟先生高談」『女学雑誌』五〇〇号）

おやお前さんお帰りか、今日はどんなに暑かつたでせう（にごりえ　四）

殿下さまでも利かないでせう（吾輩は猫である　一〇）

5. 漢語が急増する

漢語と和語

最後に、語彙について、まず、明治初めの状況を見てみましょう。仮名垣魯文の『安愚楽鍋《あぐらなべ》』（一八七一～七二年刊）には、さまざまな階級の男女が牛鍋屋にやってきて会話する場面が描かれていますが、その中に登場する田舎武士はむずかしい漢語を使っています。

コヤ女子《をなご》なにを因循《いんじゅん》《マゴヽヽ》してをるか勉強《ツトメ》して神速《しんそく》《スミヤカ》にせい（中略）イヤかゝる物価沸騰《ぶつかふつとう》《シヨシキカウジキ》の時勢に及ンで割烹店《かつぽうてん》《リヤウリヤ》などへまかりこすなんちふ義は所謂《いはゆる》激発《げきはつ》《ヤケニナル》の徒でござる。（初・鄙武士《いなかぶし》の独盃《ひとりのみ》）

この本は前代に隆盛した木版刷りによるもので、前に示したような右ルビが本文、左ルビが意味を示すという方式も江戸時代にすでに広く行われていたものです。そこで、右の例を見ますと、武士が漢語を多用していること、読者に漢語理解を促す左ルビから見て、漢語が日常的にはあまり使用されていなかったこと、同じ漢語でも「割烹店」より「料理屋」、「物価沸騰」より「諸色高直《かうぢき》」（二下・覆古《ふくこ》の方今話《いまやうばなし》。商人の言葉に使われています）の方が一般的であったことなどがうかがえます。漢語には、庶民にとって難解なものが多くあったようです。

同じことですが、『浮雲』（一八八八〜八九年刊）の中に、お勢が文三に、下女の鍋は漢語がわからないと話す場面が見えます。

私が余《あんま》り五月蝿《うるさく》なツたから到底解《たうていわか》るまいとはおもひましたけれども試《こころみ》に男女交際論を説《とい》て見たのですヨさうしたらネ、アノなんですツて、私の言葉には漢語が雑《ま》ざるから全然《まるつきり》何を言ツたのだか解《わか》りませんて

（浮雲　一・三）

明治中頃では下層階級の女性は漢語の理解が進んでいなかった反面、教養のある女性は漢語にかなり通じていたということがわかります。

和語の語義変化

ところで、『安愚楽鍋』に「ポンコツ」という語が出てきます。

ポンコツを決《き》められて人の腹《はら》へ入《はい》りやア、てめへたちの役《やく》がすんで畜生《ちくせう》の業《がう》が滅《めつ》して人間に生まれかはる道理《どうり》じやアねへか（三・当世牛馬問答）

「ポンコツ」は〈拳骨《げんこつ》でなぐること〉の意で、「げんこつ」と英語 punish の混淆したものかという説があ

りますが、「げんこつ」をベースにして語頭がオノマトペを意識した「ぽ」に変えられたというのが穏当でしょう。混種語というよりも和語の一種と見るべきものです。これに対して、「ポンコツの車」などという場合の〈老朽化したさま〉を表す「ぽんこつ」は、阿川弘之の小説『ぽんこつ』（一九五九〜六〇年刊）から普及したもので、自動車をポンポンコツコツと叩いて解体する擬音語に由来します。ただし、もともと「ぽんこつ」に叩いて殺すという意味も含まれていましたから、この両者は間接的には関係がありそうです。

このようなオノマトペによる造語は現代でも「チンする」「チューする」などというように多用されています。和語の増殖力の中では、今後もオノマトペによるものが優勢であることでしょう。

次に、和語の語義変化についても少し挙げておきましょう。「つつましい」は「包む」と同源で、平安時代では〈気が引ける〉〈遠慮される〉の意でした。これに対して、「つづまやか」という「約《つづ》まる」〈縮まる〉と同源で〈簡略である〉〈狭く小さい〉という意を表す語が、鎌倉時代に〈質素だ〉という意を生じ、「人はおのれをつづまやかにし」（徒然草　一八）のように用いられました。室町時代には、この形容詞形「つづましい」が生じて、やがて「つましい」という形でも用いられました。この「つづましい」は明治以降に清音化して「つつましい」という形となった結果、今日のように「つつましい生活」というふうにも用いられるようになったのです。

和語の意味用法の変化

副詞「とても」は、本来否定を伴って「とてもできない」というように用いられていました。たとえば、次の例では「じ」と呼応しています。

Art! それや何なるぞ、とても浅猿しき恋に争はんとにはあらじと思へば、（田舎教師 二六）

ただ、その呼応関係に隔たりがあることから、直後の形容詞、たとえば右の例では「浅猿しき」を修飾していると解釈する傾向が強くなって、程度の強調の意に転じたと考えられています。そして、これが広がり出した時期は、次の芥川龍之介の文章によると一九二〇年前後のようです。

「とても安い」とか「とても寒い」と云ふ「とても」の東京の言葉になり出したのは数年以前のことである。勿論「とても」と云ふ言葉は東京にも全然なかつた訳ではない。が、従来の用法は「とてもかなはない」とか「とても纏まらない」とか云ふやうに必ず否定を伴つてゐる。（澄江堂雑記 一九二四年）

この「全然」は明治に入ってから用いられた語で、もともと肯定でも否定でも用いられ、〈すっかり〉〈すべて〉の意を表しました。

代助にはこの社会が今全然暗黒に見えた。（それから 一五）

この場合、まだ程度の強調という意味はありませんでした。それが次第に否定と呼応するように意識されて、いわゆる陳述副詞の仲間入りをするようになりました。

一方では、三千代の運命を、全然平岡に委《ゆだ》ねて置けない程の不安があるならば、（それから　一三）

これが、直後の形容詞を修飾して程度の強調を表すようになるのは昭和の前半のようです。

ほんとうに死ぬなんて全然あほらしい。（マルスの歌　三）（石川淳　一九三八年発表）

類義語の「まったく」は本来程度の強調を表したのが、院政時代から否定を伴う用法を生じ、さらに明治に入って肯定でも用いられていました。

自分の観察したところでは、常に男子の気にもとる代り、不幸にも女子の気に適《かな》ふ面貌《かほだち》が有るが、この男のかほつきは全くその一ツで、桃色で、清らかで、（あひゞき）

この「まったく」のような語法が「とても」「全然」の意味用法に影響を与えたのでしょう。同じ語ではあっても、長いスパンで見ますと、時代によって、「まったくいい」と言ったり「まったくよくない」と言ったりと、その用い方には揺れがあることがよくわかります。

新漢語の出現

漢語は江戸時代まではなだらかに増えてきたのに対して、明治以後は急激に増加しました。翻訳における漢語の創出は『解体新書』（一七七四年刊）に始まることは前に述べましたが、幕末から明治初めにかけては急速に西洋の文物や知識が移入されたことから、その新たな概念に対応させるために、漢語を大量に用いるようになったからでした。このような漢語を「新漢語」と呼んでいます。特に、明治の前半は知識人たちが漢語による訳語を大量に作り出しましたが、その代表的な人物である西周は次のような漢語を訳出しています。

概念　主観　客観　技術　圧力　意志　観念　観察　否定　定義　命題　情操　知覚　原因

このほか、福沢諭吉が「演説・革命」など、中村正直が「科学・戯曲・経験」など、井上哲次郎が「絶対・形而上」などの訳語を定着させました。

新漢語の由来

新漢語の由来には、次の三つのタイプがあります。

①中国語からの借用　　……権利・会議・銀行・教育・空気・電気・物質・化学・新聞
②中国古典語からの転用……自由・文化・観念・文明・思想・革命・社会・関係・経済
③日本における造語　　……哲学・理想・象徴・教養・感性・国際・郵便・目的・放送

まず、①は当時中国語で用いられていた漢語で、漢訳洋書や英華字典などを通して日本語で用いられるようになったものです。幕末・明治初年の知識人は英語などによるのではなく、中国で翻訳された漢文を読み理解することで、西洋の知識を学び、その新しい概念を表す漢語をそのまま日本語に取り込むこともありました。英華字典の中でも、ロブシャイド編『英華字典』（一八六六〜六九年刊）は当時最大の収録語数を誇るもので、原語と漢語とが対訳されているものですから、日本でも翻刻され大いに利用されました。この影響は和英辞典に及び、新たな漢語が定着し普及していくことになりました。
②は、まったく新たに造語するのではなく、中国古典に使われていた旧来の漢語を転用して、新しい概念に当てたものです。当時の知識人は漢文の素養を基盤として漢籍や仏典にその訳語を求め、たとえば『荘子』などに典拠のある「宇宙」「機械」、『法華経』などに見える「演説」などに訳語としての新しい意味を付与する一方、『書経』の「洪範九疇」から「範疇」、『論語』の「務民之義」から「義務」というように変形させて、新たに語を作り出すこともありました。明治期前半は漢籍などに出典のある漢語で訳出しましたが、のちには③のように字義によって新たに造語することが多くなりました。
③は、日本で独自に漢字を当てて組み合わせた純粋の和製漢語です。中国語では「国営・人工」のような主述構造や、「断行・独占・自治」のような連用修飾・被連用修飾の関係によるものは文のレベルとしてとらえられるのに対して、日本語では漢字を組み合わせると漢語を構成するところから、多様な漢語が造語されることにもなりました。
このような、新漢語の翻訳の手段には次のようなタイプがありました。

（１）直訳による……良識（bon sens）・脚光（foot light）・死角（dead angle）・冷戦（cold war）
（２）意訳による……主義・抽象・個人・国際・現象・劇場・民主・形態・象徴・論理
（３）音訳による……浪漫（roman から）・包帯（bandage にあてた「繃帯」から）
　　　　台風（「大風」の音訳 typhoon から）・淋巴（lympha から）

外来語の漢字表記

ここで、外来語の音訳・意訳に当たる漢字表記のうち、定着を見たものを示しましょう。次の語はどのような外来語を記したものか、ちょっと考えてみてください。①から⑳までが一般名詞、aからjまでが地名です。

①麦酒　②珈琲　③煙草　④更紗　⑤硝子　⑥瓦斯　⑦洋燈　⑧曹達　⑨燐寸　⑩護謨　⑪洋琴　⑫合羽　⑬手巾　⑭三鞭酒　⑮金字塔　⑯布顛　⑰南瓜　⑱数夫　⑲襯衣　⑳檬果　a西班牙　b土耳古　c伯剌西爾　d瑞典　e墨西哥　f倫敦　g伯林　h華盛頓　i桑港　j河内

中には謎解きのようなものもありますが、読めましたでしょうか。一応ヒントを出しておきますと、一般名詞のうち、奇数のものは意訳、偶数のものは音訳によるもので、aからeまでは国名、fからjまでは都市名です。では、次に正解を示します。

①ビール　②コーヒー　③タバコ　④サラサ　⑤ガラス　⑥ガス　⑦ランプ　⑧ソーダ　⑨マッチ　⑩ゴム　⑪ピアノ　⑫カッパ　⑬ハンカチ　⑭シャンパン　⑮ピラミッド　⑯プディング（プリン）　⑰カボチャ　⑱スープ　⑲シャツ　⑳マンゴ　aスペイン　bトルコ　cブラジル　dスウェーデン　eメキシコ　fロンドン　gベルリン　hワシントン　iサンフランシスコ　jハノイ

一般名詞の漢字表記はポルトガル語やオランダ語から借用され、日本語に早くに定着した語において多く見られます。なるべく二字で訳そうとしているところから見ても、それが漢語になぞらえられていたことが感じられます。ちなみに、外来語の漢字表記は、漢字使用の本家である中国語では今も行われていることで、特に地名では、パリは日本語「巴里」、中国語「巴黎」、ニューヨークは日本語「紐育」、中国語「紐約」となるなど、異なった表記となっている場合も見られます。

漢語の急増

明治初めごろにはcompany（会社）を「組合《くみあい》」、insurance（保険）を「請合《うけあい》」（福沢諭吉『西洋旅案内』）のように和語で訳す試みも行われました。しかし、漢字・漢語は和語に比べて抽象的な意味を表せるものが多く、造語能力でもまさっていたことから、一般には漢語が訳語として用いられました。幕末以降の近代化の過程で学問や技術が急速に発達したのも、新しい概念に対応する訳語を短期間に造り、簡潔かつ明晰な漢語が駆使できたことがその大きな要因であるとも言え、漢語の果たした文化的役割はきわめて重要です。

大量の新漢語が作り出されるという状況は、一八八七（明治二〇）年前後まで続きました。それ以降はやや落ち着きを見せているとはいえ、明治期における漢語の急増は、漢語の使用頻度を高めることになり、昭和に入ると、和語よりその使用比率が高くなっています。国立国語研究所が一九五六年の現代雑誌九〇種の異なり語数を調査していますが、和語が三六・七％に対して、漢語は四七・五％を占めています（外来語は九・八％です）。さらに、二〇〇二年の『新選国語辞典　第八版』（小学館）の見出し語の語種調査では、漢語が四九・三％を占めることが報告されています。

漢語の使用比率が高まった中で、漢字制限に起因して、漢語をめぐっていくつかの注目すべき点があります。特に一九四六年に「当用漢字表」が告示されますと、その表にない漢字は同音の別の漢字で書き換えるか、もしくはその音を仮名で書くか、どちらかになりました。「同音の漢字による書きかえ」（一九五六年）には「慾」の代用として「欲」を用いるほか、次のような書き換えの例が示されました。

叡智→英知　聯合→連合　穎才→英才　防禦→防御　熔接→溶接　火焔→火炎
銓衡→選考　沈澱→沈殿

また、別字による言い換えでは「梯形→台形」「闊葉樹→広葉樹」などがありました。

こうして、装いを新たにした漢語が使われる一方、漢字制限によって、表外の漢字が仮名で書かれ、「あくせく働く」「あだっぽい」などというように漢語が仮名表記されたり、「語い（語彙）」「せき髄（脊髄）」のように漢字と仮名の交ぜ書きで書かれたりするようになりました。アクセク（齷齪）・アダ（婀娜）はふつう仮名で書かれ、あるいは「あだっぽい」を「仇っぽい」と訓で当て字もされるように、元来は漢語であっても今日では漢語の意識が薄らいでいるものもあります。

現代においても、漢語の造語力が衰える気配は見られません。「激―」「新―」「非―」「反―」「―性」「―的」などの造語成分は多くの新語を作り出しています。ただ、近年は、外国語を漢語で翻訳せず、原音のまま片仮名で表記することが多くなったために、次第に外来語が増える傾向にはあります。しかし、漢字表記からその語の意味がある程度理解できるという点で、今後も漢字に頼ることが多いことは疑いありません。

和製漢語

翻訳を通してではなく、新たに登場した漢語を少し挙げておきましょう。

漢字表記の音読から生じた語には「ことわりなし」から「無断」、「転げ落ちる」から「転落」、「かなすじ」から「金脈」、「にがわらい」から「苦笑」（bitter smile の直訳かとする説もあります）などが生じました。

また、「敢行・改札・出演・中継・安価・極端　激増・好評・構成」などの和製漢語も現れました。

大正時代以降のものには「弾圧・発禁・洗脳・団地・公害・留年・時効・協賛・駅弁・公開・観光・派遣・電子」など、時勢を反映するものも少なくありません。また、「発表会・宇宙線・建設業・決算期・選挙権・責任者・組織力」などの一字接辞を持つ三字漢語や、「卒業論文→卒論」「高等学校→高校」「航空母艦→空母」などの略語も増大してきています。特に、略語によって生じる新しい語形は、各構成要素の最初の文字をとる場合が圧倒的に多くを占めます。「国連」（←国際連合）、「安保」（←安全保障）、「日教組」（←日本教職員組合）など、枚挙にいとまがありません。

漢語の語義変化

「家庭」という意では明治初期まで「家内」「家」が用いられていましたが、明治二〇（一八八七）年代になりますと、雑誌を中心に「家庭」という語が用いられるようになりました。

家庭といふ当節殊に流行の新語は、初め誰かが英語のホームを訳したのなりとか承はり候へ共（手紙雑

誌　一・八号（一九〇四年）小島烏水「宏大なるホーム」）

「得意」は漢籍に見える〈自分の意にかなう〉意でしたが、〈ひいきにする、ひいきの人〉の意から、江戸時代には今日「得意先」「お得意さん」のように用いる意が生じました。これが〈自信を持って誇り高ぶるさま〉の意になるのは明治以降です。

> 今もネ母親《おっか》さんが得意になつてお話しだつたから私が議論したのです（浮雲　一・五）

「芸能」は本来は貴族などが教養として身につけるべき才芸・技芸のことを指しました。『日葡辞書』には“Artes liberaes”（自由学科＝ヨーロッパの大学の伝統的な教養課程の諸学科）と説明されているように、文学から囲碁に至るまで広い範囲を含んでいました。それが、学問・芸術・技芸などについてのすぐれた能力の意でも用いられるようになり、今日のような大衆的演芸の総称で使われるのは大正以降のようです。

「通帳」は古く「かよひチョウ」と言っていました。「かよい」は江戸時代に年貢や金銭などの記録帳のことを言い、近代には〈預金・貯金の帳面〉を指すようにもなっていました。この「通帳」を「ツウチョウ」とも音読することが多くなるのは昭和に入ってからのようです。

「強引」は〈強く引くこと〉が原義ですが、ふつうには〈無理やりに〉の意で用いられています。この語は一九三一年刊の『ウルトラモダン辞典』にその由来が次のように記されています。

> 元来は角力用語であるが、一般には無理に、無理押しにといふ意。主として学生間に用ゐられる。

このほか、意味変化のあった漢語を少し列挙しておきましょう。

異性〈性質の異なること〉↓〈男女の性の違い〉
温存〈いたわり大切にする〉↓〈もとのままにとっておく〉
器用〈役に立つ大切な器物〉↓〈役に立つ才能がある〉↓〈技が優れている〉↓〈本職でないのに上手にこなす〉〈手先の技がすぐれている〉
敬遠〈つつしんで遠ざける〉↓〈疎んじて遠ざける〉
相当〈合致する〉〈ほかと釣り合うこと〉↓〈程度がかなりである〉
人気〈活気〉↓〈世間の評判〉↓〈人々からもてはやされること〉

漢語の語形変化

字音の交替によって漢語の語形が変化するものも多くありました。前代から漢音の勢力が増し、呉音から漢音に代わる傾向が顕著です。『安愚楽鍋《あぐらなべ》』に見える漢語で、現在と読み方が違う例を次に挙げてみましょう。

うえき（有益）　ばんもつ（万物）　いっけ（一家）　ぢりょう（治療）　ぐんじゅ（群集）
けんごん（建言）　はいみょう（俳名）　じゃくてき（雀踊〈躍〉）

いずれも呉音が用いられていたのですが、現代では漢音に交替している語です。ほかにも、明治時代において呉音から漢音へと変化した語を少し示しておきます。

希望（↑けもう）　女性（↑にょしょう）　勢力（↑せいりき）　破壊（↑はえ）　飛行（↑ひぎょう）

日没（↑にちもつ）　発熱（↑ほつねつ）　図書（↑ずしょ）　言語（↑ごんご）　雑談（↑ぞうだん）
書籍（↑しょじゃく）　礼服（↑らいふく）

漢音が江戸時代以降優勢になっていたことは、江戸を改名した「東京」の読み方からもうかがえます。『怪談牡丹灯籠』（一八八四年刊）は次の一節で話が始まります。

> 寛保《くわんぽう》三年の四月十一日、まだ東京《とうけい》を江戸と申しました頃、（怪談牡丹灯籠　一・一）

『浮雲』にも「とうけい」という振り仮名がありますから、明治前半は「とうけい」という漢音読みがふつうであったことがわかります。のちに、古くから都の呼称である呉音の「きょう（京）」に取って代わりました。このように、逆に漢音から呉音に変化したものは少ないようで、「省略（↑せいりゃく）」「音信（↑いんしん）」などがそれに当たります。

漢語における字音の交替はその時代の優勢な字音を採用するということですから、儒学を背景として浸透した漢音だけでなく、慣用音にも当てはまるものです。たとえば、次に挙げる語は『安愚楽鍋』に見える語で、のちに慣用音へと変化したものです。

さんげ（懺悔）［ザンは慣用音］　じりう（自立）［リツは慣用音］

6．多様な外来語が用いられる

明治期の外来語

明治初めの外来語を『安愚楽鍋《あぐらなべ》』に見てみましょう。人名・地名や特殊な語を除き、また前代からの使用の見えるガラス・ビール・ドンタク・シャボン・テンプラなどのほかには、次のような外来語が見えます。

奴論建《どろんけん》（オランダ語 dronken）　食台《ていぶる》　牛乳《みるく》　伝言機《てれがらふ》　コック・割烹人《こっく》　紺四郎《こんしらう》（英語 consul 領事）

チーズ　バター　スップ・スウプ　まんてる（オランダ語 mantel）　チョッキ（英語 jacket からか）

フランケット（英語 blanket）　ミニウト（英語 minute）　ヲーテコロリ（フランス語 eau de Cologne）

コンペイニ（英語 company）

引き続きオランダ語からの借用もありますが、英語やフランス語に由来する語も見られます。漢字表記を添えることで、意味の理解を補う工夫が行われているのは興味深いことです。右以外に『安愚楽鍋』にはもう一つ外来語が見えます。

なんだか気に入ツたやうであなた異人ペケありますか（三・下）

ある女性が英国人に気に入られて、「あなたは外国人は（結婚相手として）駄目ですか」と尋ねられている場面です。この「ペケ」は中国語の「不可（bùkě）」に由来すると見られる語です。「ロートル」も〈老人〉の意の中国語「老頭児（lǎotour）」に由来するものです。また、朝鮮語からも「チヨンガー」〈独身の男性〉、「パッチ」〈ももひき〉などが借用されました。

外来語の急増

明治以降、外来語はきわめて大量に生み出されていくことになりますが、英語からの借用が多く、特に一九四五年以降はアメリカ英語が他を圧倒しています。英語の伝来は一八〇九年頃からとされ、英語を起源とする外来語は全体の八〇％以上を占めると言われるほどです。英語からの外来語はあらゆる分野の言葉に渡っていますが、それ以外の外国語からの外来語には受容した文化の分野が特徴的に表れています。そこで、それらの例を少し挙げておきましょう。

◎フランス語から

軍隊関係…ゲートル　ズボン　マント
美術関係…アトリエ　オブジェ　クレヨン　コラージュ　コンテ　デッサン　デフォルメ
演劇関係…グランプリ　コント　シネマ　デビュー　バレエ　ボードビリアン　レビュー
音楽関係…アンコール　アンサンブル　エチュード　オクターブ　コンクール　バラード
服飾関係…アップリケ　シュミーズ　シルエット　ブルゾン　ベレー　ランジェリー
料理関係…アラカルト　オードブル　オムレツ　カフェー　グラタン　グルメ　コロッケ　シェフ　シュークリーム　ビュッフェ　ポタージュ　マヨネーズ
その他…アベック　エスプリ　クーポン　サボタージュ　ディスコ（テーク）　デカダンス　バカンス　ピエロ　フィアンセ　ブルジョア　ルポルタージュ

◎ドイツ語から
哲学思想関係…アウフヘーベン　イデオロギー　カリスマ　ザイン　テーゼ　メルクマール
医学関係…アレルギー　ガーゼ　カプセル　カルテ　ノイローゼ　ホルモン　ワクチン
理化学関係…エネルギー　グリコーゲン　コラーゲン　ツベルクリン
音楽関係…コンツェルト　セレナーデ　バス　バリトン　メヌエット
山岳・スキー関係…アルペン　ゲレンデ　ザイル　シャンツェ　シュプール　ピッケル
その他…アルバイト　ゼミナール　ファンファーレ　メルヘン　プロレタリア
◎イタリア語から
音楽関係…オペラ　カルテット　ソナタ　ソプラノ　テンポ　トリオ　フィナーレ
料理関係…エスプレッソ　スパゲッティー　パスタ　ピザ
その他…カジノ　トトカルチョ　ファッショ　マドンナ
◎ロシア語から
政治経済関係…インテリ（ゲンチャ）　カンパ（ニア）　ノルマ
その他…ツンドラ　トロイカ　ペチカ
近年はアジアの諸言語からの借用も多くなり、中国語・朝鮮語などから料理食品関係を中心に増えています。

和製外来語

外来語には日本で作られた語も少なくありません。次のような語がそれです。

イージーオーダー　オフィスレディー　クリームソーダ　サービスセール　サイドビジネス　シーズン
オフ　ジーパン　シンボルマーク　ソフトクリーム　テーブルスピーチ　ナイター　バカンスシーズン
プラスアルファ　ホームドクター　マザーコンプレックス　ライトバン

これらを和製外来語と言いますが、英語に由来するものが多く、その場合には和製英語と呼ぶこともあります。漢字を用いて和製漢語を作ったように、外来語も定着度が高まりますと、必要に応じて新しく合成されることももっとももなことです。ただ、それらは日本語の語彙であって、英語ではないことは十分に認識しておく必要もあります。

戦後の特徴として「ＧＨＱ（General Headquarters）」「ＤＫ（dining kitchen）」「ＣＤ（compact disk, cash dispenser）」など、頭文字のアルファベットを連ねて読むだけの、いわゆるＡＢＣ略語が増加したことも指摘できます。このＡＢＣ略語は多くは「ＵＳＡ」「ＥＵ」「ＵＮＥＳＣＯ」「ＰＴＡ」などのように、外国語から直接入ってきます。ただ、このような手法は「ＯＬ（↑office lady）」「ＣＭ（↑commercial message）」のように和製外来語にも見え、最近では和語にも「ＫＹ」（空気が読めない）のように及んでいます。ＡＢＣ略語は漢語の略語と同様、今後もさらに増加することでしょう。

略語の外来語ではほかに、音節の省略によって作られたものも数多くあります。まず、下略して「ビル（デイング）」「プロ（フェッショナル、―ダクション）」「スト（ライキ）」「オペ（レーション）」というように、語頭の二拍からなる場合が多いのですが、「テレビ（ジョン）」のように三拍、「イントロ（ダクション）」「インテリ（ゲンチャ）」「リストラ（クチュアリング）」のように四拍からのものもあります。そして、複合語では各要素の語頭二拍から合成されるものが多くを占めます。

セクハラ（←セクシャル－ハラスメント）　ゼネコン（←ゼネラル－コンストラクター）

パソコン（←パーソナル－コンピュータ）　エンスト（←エンジン－ストップ）

中には「アテレコ」のように、音を当てることから「アフレコ（←after recording）」をもじった語も作られています。ちなみに、一拍ずつからなる語には「ベア（←ベース－アップ）」などがあります。もちろん、混種語としても「省エネ」「アル中」など多く見られます。

7．日本語はどこに向かうか

日本語の未来に向けて

日本語は今後も、特に語彙の面で激しく変化していくと予想されます。しかし、言語の歴史を踏まえますと、話し手・書き手にとって使い勝手がいいように言葉が変化していくのは止めようがありません。言語表現の負担を軽減化させたり、類推によって使いやすくしたりする方向に変化していくことは自然の成り行きと言えます。

書き言葉では、言文一致体の「である」「だ」が基調になりつつも、「です」「ます」の丁寧体がさらに勢力を増し、「なのだ。」「(する) んだ。」「(そういう) わけ。」などの口頭語が用いられる機会も増えるものと見られます。漢字は表記の手段としては今後もしばらく定着していくと想定されますが、文字が語の音を表すということが強く意識されるようになると、頻用される文字に限れば一二〇〇字程度、あるいはそれ以下にいずれは整理されていくものと予想されます。

教育の普及によって、規範性が重んじられることから、音韻や文法の面では大きな変化はないものと思われます。ただ、アクセントは平板化していき、いずれは日本語から消え去る時がくることでしょうし、文末の表現や間投助詞には今後も変化が見られることでしょう。そして、敬語は今後も改まった場面で「させていただく」「してくださる」など授受表現を加味した語法が使用される一方、丁寧語「です」「ます」の多用という簡略化された敬語表現へと進むものと考えられます。テレビを始めとする電子メディアの発達によって、共通語とされる東京の言葉が全国の方言に強い影響を与えています。そのため、全国各地の方言に見られる独特の語形や語法はますます減少していく方向にありますが、日本語の歴史を背景とした、それぞれの言語の独自性にも敬愛の念を持って配慮することが求められるでしょう。

現代は、瞬時に情報が世界を駆けめぐる時代です。明治時代のように一人の知識人が海外の学問や文化を咀嚼して紹介する状況にはありません。特に専門的な分野の用語は漢語に翻訳している余裕もないように見受けられます。したがって、まずはカタカナ言葉として借用し、その概念がある程度定着し使用が一般化したところで、適当な訳語を考案するというのが現実的な対処のしかたであると思われます。海外の文化、特に料理・服飾を始めとしてさまざまな概念や事物が今後も流入してくるでしょうから、外来語がますます増大していくことは疑いありません。ただ、それは日本語の語彙を豊かにしていくことでもありますから、一概に否定的に見る必要はありません。そこには自ずから取捨選択が働き、体系調整を行っていくに違いないのですから。

参考文献〔本文の記述とかかわるもの、啓蒙的なものを中心に紹介しておきます〕

［概説（通史）］

亀井孝・大藤時彦・山田俊雄編『日本語の歴史』（全七巻　別巻一）平凡社　一九六三〜一九六六

土井忠生・森田武『新訂　国語史要説』修文館出版　一九七五

沖森卓也編『日本語史』おうふう　一九八九

沖森卓也編『資料　日本語史』おうふう　一九九一

小松英雄『日本語はなぜ変化するか―母語としての日本語の歴史―』笠間書院　一九九九

山口仲美『日本語の歴史』岩波書店　二〇〇六

『国語学叢書』（全一二巻）東京堂出版　一九八五〜一九八七

『日本語の世界』（全一六巻）中央公論社　一九七二

［時代別］

馬淵和夫『上代のことば』至文堂　一九六八

山口佳紀『古代日本語文法の成立の研究』有精堂　一九八五

沖森卓也『日本語の誕生―古代の文字と表記―』吉川弘文館　二〇〇三

築島裕『平安時代語新論』東京大学出版会　一九六九

宮島達夫『古典対照語彙表』笠間書院　一九七一

沼本克明『平安鎌倉時代に於る日本漢字音に就ての研究』武蔵野書院　一九八二

大野晋『係り結びの研究』岩波書店　一九九三

小林芳規「中世片仮名文の国語史的研究」広島大学文学部紀要特輯号3　一九七一

山本真吾『平安鎌倉時代に於ける表白・願文の文体の研

究』汲古書院　二〇〇六
松村明『江戸語東京語の研究』東京堂出版　一九五七（増補　一九九八）
森岡健二『改訂　近代語の成立　語彙編』明治書院　一九九一
田中章夫『近代日本語の文法と表現』明治書院　二〇〇一

【分野別】

馬淵和夫『国語音韻論』笠間書院　一九七一
金田一春彦『日本語音韻音調史の研究』吉川弘文館　二〇〇一
前田富祺『国語語彙史研究』明治書院　一九八五
陳力衛『和製漢語の形成とその展開』汲古書院　二〇〇一
小林芳規『図説　日本の漢字』大修館書店　一九九八
笹原宏之『国字の位相と展開』三省堂　二〇〇七
石垣謙二『助詞の歴史的研究』岩波書店　一九五五
小林賢次『日本語条件表現史の研究』ひつじ書房　一九九六
金水敏『日本語存在表現の歴史』ひつじ書房　二〇〇六
徳川宗賢編『日本の方言地図』中央公論社　一九七九
沖森卓也編『図説　日本の辞書』おうふう　二〇〇八

【辞典・事典】

『日本国語大辞典』小学館　二〇〇二（第二版）
『時代別国語大辞典　上代編』三省堂　一九六七
『時代別国語大辞典　室町時代編』三省堂　二〇〇一
国語学会編『国語学大辞典』東京堂出版　一九八〇
飛田良文ほか編『日本語学研究事典』明治書院　二〇〇七
山口明穂・秋本守英編『日本語文法大辞典』明治書院　二〇〇一

わ行

ん行

や行

ら行

ま行

は行

な行

た行

さ行

か行

索　引

あ行

著者略歴

沖森卓也（おきもり　たくや）

1952年、三重県生まれ。現在、立教大学名誉教授。博士（文学）。1975年、東京大学文学部第三類国語国文学専修課程卒業。1977年、同大学修士課程を修了し、東京大学文学部助手となる。その後、白百合女子大学文学部専任講師・助教授を経て、1985年立教大学文学部助教授、1990年同大学教授となり、今日に至る。専攻は日本語学、特に日本語の歴史的研究。著書に『日本古代の表記と文体』（2000　吉川弘文館）、『日本語の誕生―古代の文字と表記―』（2003　吉川弘文館）、『日本古代の文字と表記』（2009　吉川弘文館）、編著に『日本語史』（1989　桜楓社）、『資料日本語史』（1991　桜楓社）、『三省堂五十音引き漢和辞典』（2004　三省堂）、『図説　日本の辞書』（2008　おうふう）、共編著に『日本辞書辞典』（1996　おうふう）、『日本語表現法』（1998　三省堂）、『ベネッセ表現読解国語辞典』（2003　ベネッセ）、『文字と古代日本』（2004　吉川弘文館）、『図解日本語』（2006　三省堂）などがある。

はじめて読《よ》む日本語《にほんご》の歴史《れきし》

2010年　3月25日　初版発行
2022年　5月30日　第9刷発行

著者　沖森《おきもり》　卓也《たくや》

カバーデザイン　竹内　雄二

発行者　内田　真介

発行・発売　ベレ出版
〒162-0832　東京都新宿区岩戸町12　レベッカビル
TEL. 03-5225-4790　FAX. 03-5225-4795
ホームページ https://www.beret.co.jp/

印刷　株式会社　文昇堂

製本　根本製本株式会社

落丁本・乱丁本は小社編集部あてにお送りください。送料小社負担にてお取り替えします。

ISBN 978-4-86064-255-6 C2081　　編集担当　脇山和美